困ったときには図書館へ

～図書館海援隊の挑戦～

神代 浩

はじめに

「図書館って、何ができるところですか?」「無料で本を読んだり借りたりできるところでしょ?」「他には?」「え? 他に何かあるんですか?」

今図書館について道行く人々にインタビューしたら、おおよそこんなやりとりになるだろう。銀座で買い物する家族連れに聞いても、新橋SL広場を行きかうビジネスマンに聞いても、巣鴨地蔵通り商店街でおじいちゃん、おばあちゃんに聞いても、大体同じ反応が返ってくるだろう。

その一方で、最近図書館が何だか賑やかである。小説や映画の舞台になったり、各地で新しいタイプの図書館が誕生したり、これらをめぐって賛否両論が繰り広げられたりしている。

私自身、少し時間はさかのぼるが四年前、文部科学省で社会教育課長を務めていた。図書館法を所管し、そこに規定された公立図書館(地方自治体が設置)と私立図書館(日本赤十字社、一般社団法人、一般財団法人が設置)を担当する立場である。その当時も議論はそれなりに盛んであったが、どちらかと言えば図書館=無料貸本屋と捉える出版業界などからの批判が強く、図書館界全体としてはあまり元気がないように見えた。

しかし、日本各地の図書館を訪ねるうち、住民が抱える様々な課題の解決を支援することで、地域社会から厚い信頼を得ているところに出会った。そこでは何か困りごとがあったら、まず図書館へ行く。司書に相談して本や資料を紹介してもらい、自ら学ぶことで解決に向けて進んでいく。図書館にはそんなこともできるのである。

このような図書館を応援し、増やしていくことで日本の図書館全体をもっと元気にできないか？　そう考えて始めたのが「図書館海援隊」という、国の政策としては少々奇異なプロジェクトである。「奇異」という意味は、国が政策を実行する上で代表的な手法である法律も予算も関係なく始めたからである。

奇異なやり方なので当然様々な困難はあったが、徐々に輪は広がってきている。

そこで、図書館海援隊発足の経緯からこれまでの活動について一度振り返り、まとめておきたいと考えた。そして、今後の図書館（特に公共図書館）のあるべき姿について問題提起をしておきたい。これが本書の目的である。

本書は今申し上げた図書館海援隊の歩みをまとめた第１編と、その一つの到達点とも言うべき昨年十一月の「図書館海援隊フォーラム２０１３」の報告書（第２編）から成る。重複する内容もあるので、手っ取り早く海援隊の全体像を知りたい方は第１編をお読みいただければ十分である。具体的にどこの図書館がどんな取組をしているかを詳しく知りたい方は第２編も参照いただきたい。

なお、図書館には冒頭に述べた公立図書館、私立図書館のほか大学図書館、小中高校にある学校図書館など様々な種類があるが、本書で主に取り上げるのは公立図書館である。ただ、呼び名としては広く人々にサービスを提供するという意味で「公共図書館」を基本的に使うことにする。正確に言えば公共図書館は公立図書館を包含する概念であるが、我が国の場合はほとんど同じと考えてよい。

では、最後までよろしくお付き合いのほど、お願い申し上げます。

目次

第2編

第1編

第1章　図書館を取り巻く現状と課題

我が国の図書館はいまどのような状況に置かれているのか。まずは基本的なデータを確認しておきたい。

◆図書館数

文部科学省が文部省時代からほぼ三年に一回実施している社会教育調査によると、図書館の数は昭和三〇年度以降着実に増加し、平成二三年十月一日現在では三二七四館を数えるまでになっている。これを他の社会教育・文化・体育施設と比較すると、数の上では社会体育施設や公民館など図書館より多い施設はあるものの、半世紀以上にわたって一貫して増加傾向にあるのは図書館だけである。

この傾向は、バブル崩壊以降の経済低迷、これに伴う国や地方自治体の財政悪化、合併による市町村数の減少、あるいは近年の人口減少傾向といった事情の下でどのように考えればいいのだろうか。戦後の経済成長に伴い、物質的豊かさを手に入れた国民が精神的豊かさを求める中で図書館に対するニーズが高まっているのだと考えることもできるし、逆に市町村数や人口が減少している割には、まだまだ図書館という知的インフラの整備が行き届いていないのだと見ることも可能だろう。

図１　施設数の推移

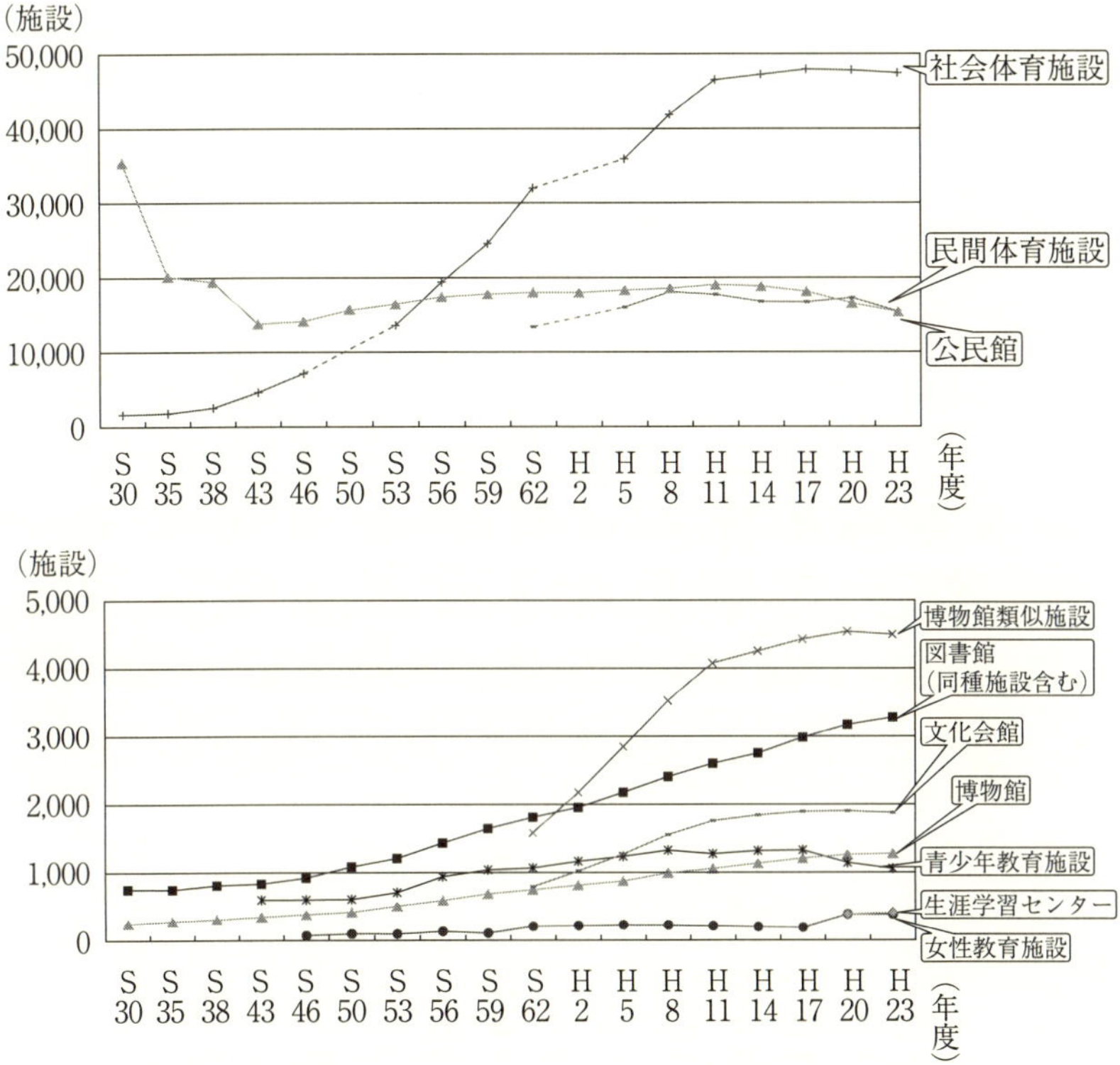

◆利用状況

では、図書館はどの程度利用されているのだろうか。前述の社会教育調査では、図書の貸出業務に焦点を当てたデータを公表している。それによると、図書館利用カードを作成するなどした登録者の数は平成七年度の約三六八九万人をピークに一時減少したものの、直近の平成二二年度には三四〇〇万人近くにまで回復している。

これに対して本を借りた人、すなわち帯出者数はほぼ一貫して増加しており、平成二二年度には延べ約一億八七六〇万人、一人当たりの年間利用回数に換算すると一・五回となる。

貸出冊数も増加の一途をたどっており、平成二二年度には約六億八二三〇万冊。一人当たりに換算しても右肩上

図２　貸出冊数の推移

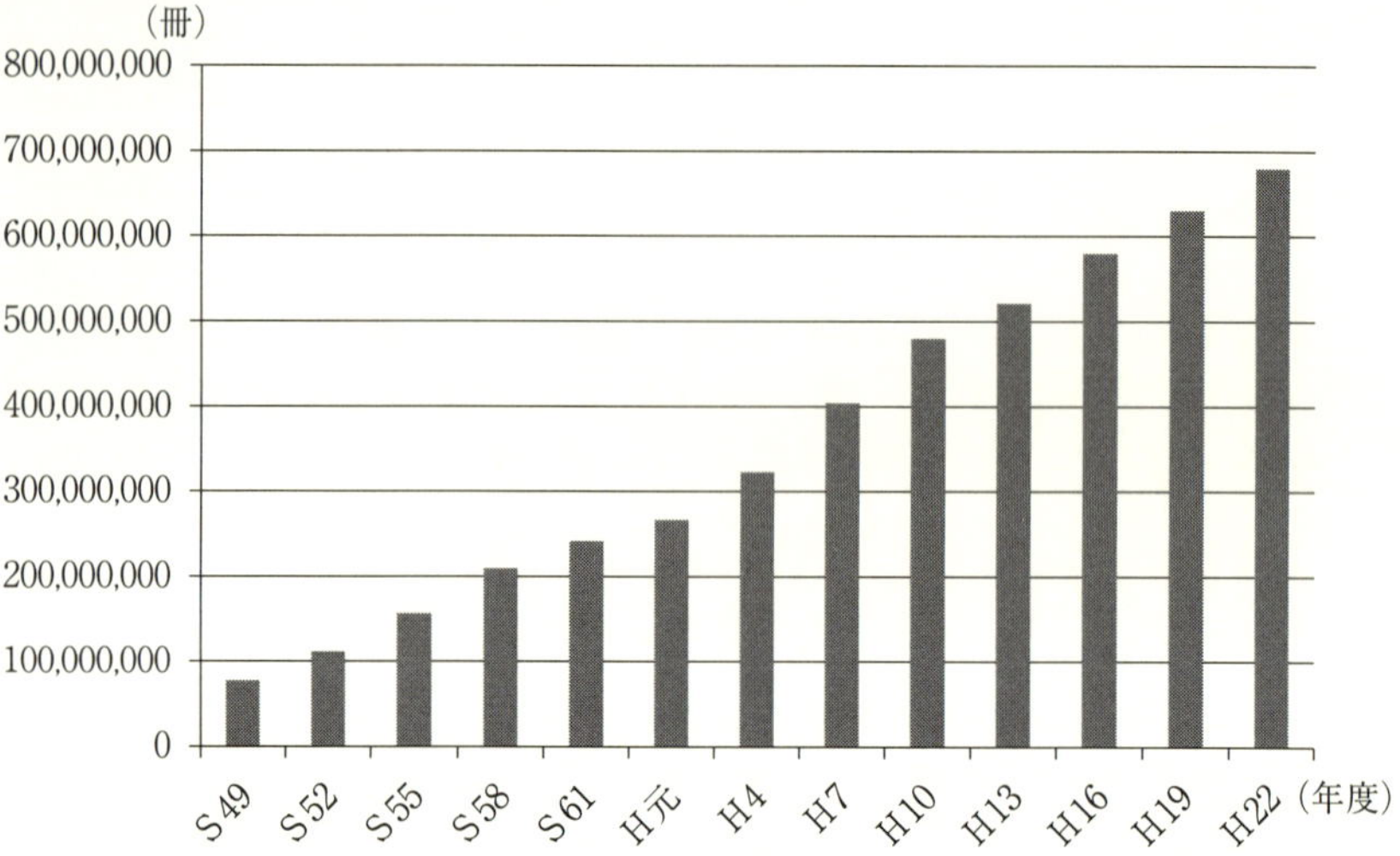

がりで増加しており、平成二二年度には年間五・三冊貸し出している計算となる。

あくまで全般的状況ではあるが、日本国民の図書館利用は拡大傾向にあると見ていいだろう。ただ、登録者数に増減があるのに対して貸出冊数がずっと増えているという傾向を見ると、図書館を頻繁に活用するいわゆるヘビーユーザーと全く利用しない人たちとに分かれつつあると見ることもできる。

◆職員数の推移

では、拡大する利用に対して図書館側のサービス提供体制はどうなっているのだろうか。

社会教育調査によれば、図書館数の増加に合わせて職員も増加している。ただ、専任か兼任・非常勤かという区分で見ると、専任職員は平成十四年度をピークに減少傾向にあるのに対し、兼任・非常勤職員の数が逆に急増している。比率で見ても、平成十七年度に両者はほぼ半々となり、平成二〇年度以降は兼任・非常勤が専任を上回る事態となっている。

昭和六〇年代頃から非正規雇用の労働者は増加傾向にあ

図３　職員数の推移

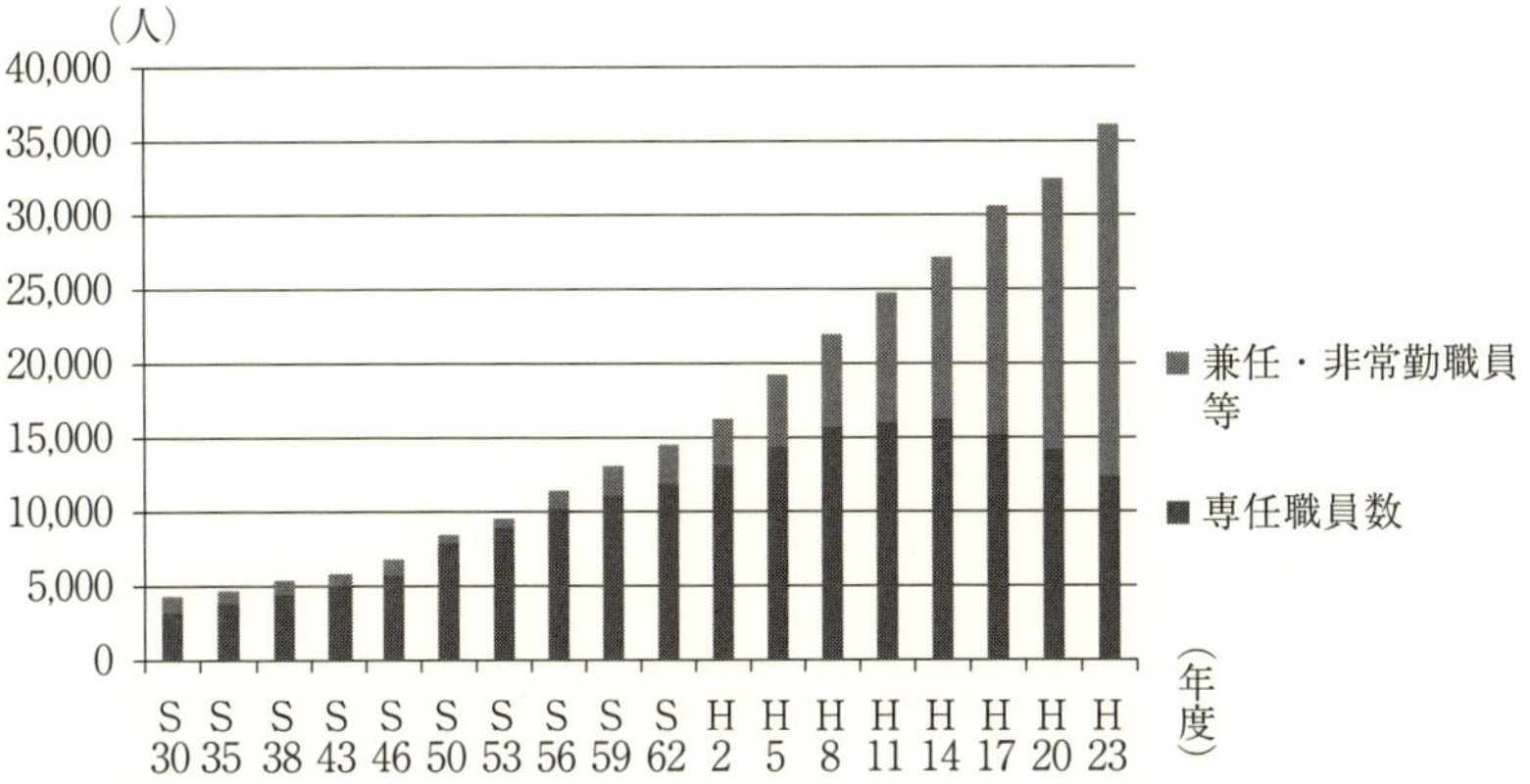

り、これに伴う労働条件・環境に関する課題が官民問わず注目されるようになってきた。このことが後述するように図書館海援隊の誕生に大きな影響を及ぼすことになるのだが、当の図書館自身が同様の課題を抱えているという点をここでは押さえておきたい。

◆資料購入費

図書館を運営する上で欠かせないのが資料購入費である。これについては公益財団法人日本図書館協会が平成五年から不定期に調査しているが、同年の一館当たりの資料購入費が一四六九万円だったのに比べ、平成二四年には八八〇万円まで減少している。

◆「無料貸本屋」と呼ばれて

その一方で、公共図書館を「無料貸本屋」と捉え（かつては漫画の単行本などを有料で貸し出す貸本屋があった。朝ドラ「ゲゲゲの女房」などでご覧になった方も多いだろう）、図書館のせいで本屋の売り上げが落ちているという批判がしばしば起こっている。

確かに一館当たりの資料購入費が減少しているのに、ベストセラー

図４　資料購入費

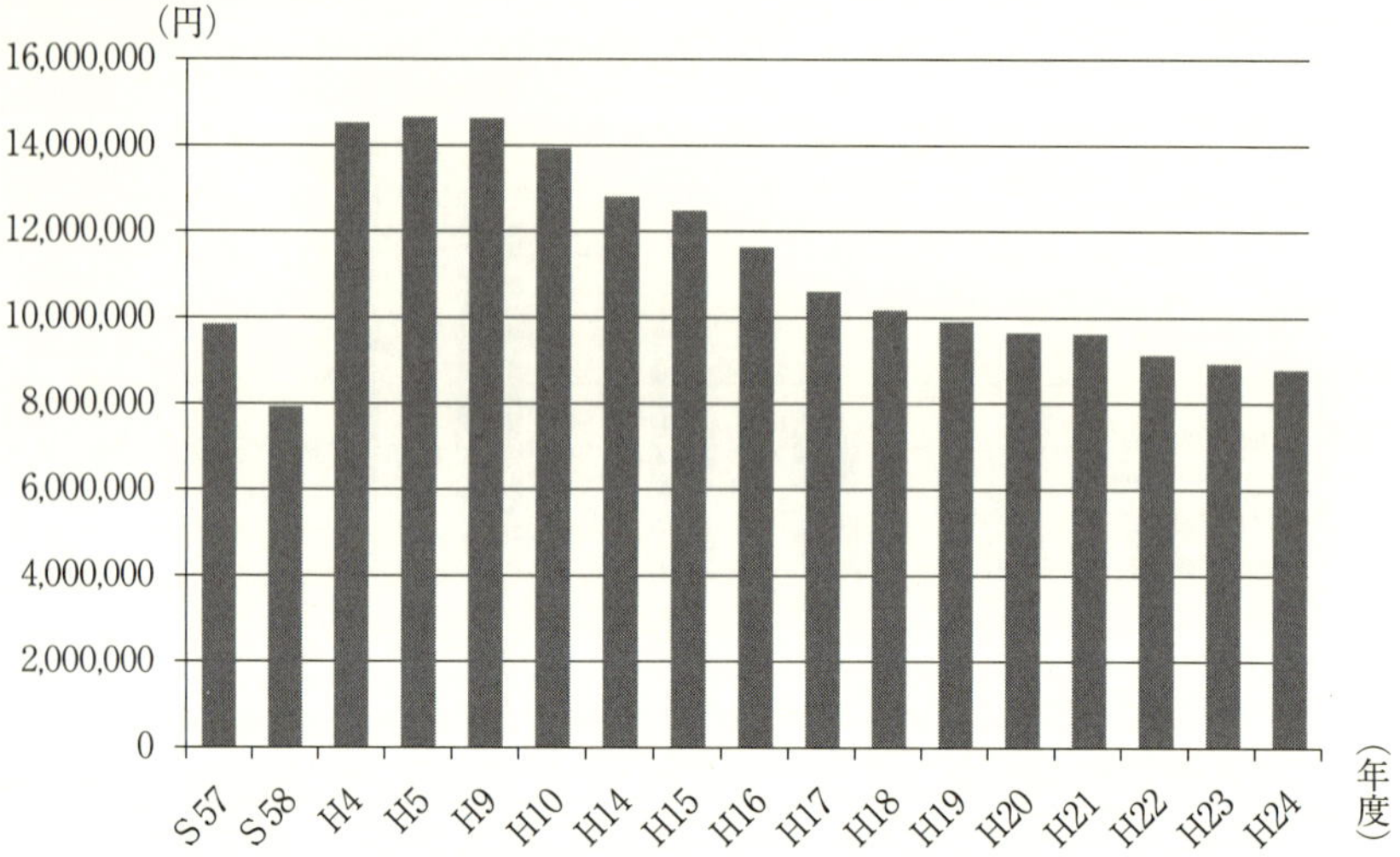

になった小説などを何十冊単位で購入して貸し出している公共図書館が現在でもあることは否定しない。

この批判に対して一部の図書館は「住民が借りたい本を購入して何が悪い」といった半ば開き直りに近い反論をしたために、批判の火に油を注ぐといったこともあった。

◆業務委託、指定管理者制度の導入

さらに一方で、図書館に限らず公共サービスをより効率的に提供する観点から民間のノウハウ、能力を活用しようとしう動きが昭和五〇年代以降少しずつ強くなってきた。当初は業務の一部委託から始まったが、やがて公共施設の運営をまるごと民間に任せられるようにしようとの声が高まり、平成十五年に指定管理者制度が導入された。

これにより、公立図書館の運営も民間企業などに数年単位で委託できるようになった。社会教育調査ではその実態把握を平成十七年度調査から開始し、同年度の導入率は一・八％だったが、平成二三年度には一〇・八％まで増加している。

公立図書館への指定管理者導入については、経費節減とサービス向上につながるとして評価する意見がある一方、三年程度の短い単位で公共施設の運営者が変わりうることを捉えて安定的なサービス提供の点から問題がある、そもそも図書館に指定管理者はなじまないといった否定的な意見もある。

その是非について論じるのは本書の目的ではないのでこれ以上触れないが、その後大手レンタルショップ・書店ツタヤを経営するカルチュア・コンビニエンス・クラブ（ＣＣＣ）を指定管理者とした佐賀県武雄市図書館の出現なども あり、図書館界を今も揺るがす大きな課題の一つとなっていることは確かである。

◆必要な公共施設だが元気がない？

ざっと図書館を取り巻く現状を見てみた。これから書く内容は、時計の針を平成二〇年まで戻すことになるが、その当時の図書館を取り巻く状況も基本的には変わらないと考えていいだろう。

すなわち、図書館は我が国の国民にとって身近な存在であり、必要性も認められ、それなりに利用されている公共施設であることは間違いない。しかし、そのようなニーズに応えるにしては、専任職員の率の低下や資料費の減少に象徴されるように、図書館自体の「健康状態」がいささか心配な状況である。つまりあまり元気がないんじゃないか？　というのが、当時の私の正直な印象であった。

第2章　仕事に困ったら図書館へ～図書館海援隊誕生物語

前章で述べた我が国の図書館に対する認識は、私が社会教育課長に就任するはるか以前から一部の人々の間で既に共有されており、何とかしようという動きも起こっていた。

図書館海援隊誕生の話をする前に、兄貴分とも言うべきビジネス支援図書館の動きについて紹介することをお許し願いたい。

（なお細かい話で恐縮だが、年の記載については、前章では統計調査の紹介が中心だったため年号を用いたが、以後は西暦で原則として記載することとする。）

◆ビジネス支援図書館推進協議会

一九九〇年代、一部の図書館関係者は書籍の閲覧・貸出業務にとどまらないサービスの向上を模索し、海外の先進事例などの情報を収集していた。

また通産省や経済界などの人たちは、バブル崩壊後従来型の景気対策ではなかなか効果が上がらないことにだんだん焦りを感じ始めていた。これまで日本経済を引っ張ってきた大企業は韓国・中国の同種企業の台頭で国際競争力が低下し、体質改善を迫られる。その一方でGDP世界第一位の米国では次々とベンチャー企業が生まれ育ち、一時は背中が見えていたはずだったのが、逆に再び遠ざかっていく。では日本でもベンチャーを育てようと様々な支援策を講じてみても、なかなか成果が見えてこない。

それぞれに悩みを抱える両者が目を付けたのが、ニューヨーク市の公共図書館であった。九〇年代末に菅谷明子さんが図書館振興財団発行「図書館の学校」や中央公論に寄稿したレポートは、彼らの間でセンセーションを巻き起こしたようである（詳しくは「未来をつくる図書館－ニューヨークからの報告－」（岩波新書、二〇〇三）参照）。

これまで図書館側は自分たちが経済成長に貢献できるなど考えもしなかったし、経済界の中でも一部に読書好きの経営者がいたとは言え、気分転換やスキルアップのためならともかく、会社を発展させたり新しいビジネスを起こしたりするのに図書館が役に立つなどとは想像だにしていなかった。図書館は趣味として本を読んだり借りたりするところ、およそ金儲けとは無縁の存在と考える人たちがほとんどだっただろう。

しかし、ニューヨーク公共図書館のビジネスマンや起業家に対するきめ細かいサービスを知ると、そのような考えが何とも浅はかであったことを思い知らされる。それどころか、少し考えれば図書館がビジネス発展に貢献できるのはごく当たり前であることがわかる。

図書館には、館によって蔵書数の差はあれ、あらゆるジャンルの図書を備えていることは間違いない。ビジネスや産業、起業やベンチャーに関する本だって当然置いてある。新入社員が社内や取引先で恥をかかないためのマナー本、経営学、企業会計や法務などに関する専門書、全国紙はもちろん業界紙、業界の動向がわかる統計資料、優れた経営者の自伝・評伝などなど、様々な図書・資料が揃っている。これらをうまく活用すれば、新たな商品開発や経営立て直しなどに役立つ情報が得られるはずである。

実際米国では既に一九世紀の段階から本を読み漁り、そこで得た知識を生かして一代で巨大産業を築き上げた人物が珍しくない。

さらに面白いのは、ニューヨークという大都市の公共図書館が市の予算で設立されたのでなく、そうやって成功した大富豪たちが、自分たちの経験を次世代の人たちに生かしてもらうために、私財を投じて設立した図書館が母体になっているということである。

（これに対して、今年の朝ドラで注目されている柳原白蓮が嫁いだ炭鉱王、伊藤伝右衛門は字も読めなかったが、裸一貫から身を起こして財を築いたような人物を評価する風潮が少なくとも当時の日本にあったことは確かである。もっとも、膨大な本を読みこなして得た知識を基に財を成した岩崎弥太郎のような例もあるが。）

このような取組に注目した図書館関係者、研究者、経済界の関係者などが二〇〇〇年十二月に設立したのが、ビジネス支援図書館推進協議会（以下「ＢＬ協議会」）である。ＢＬ協議会のウェブサイト（http://www.business-library.jp/）の表紙ページには、以下のような設立目的と言うべき文章が記されている。

「図書館の持つ冊子情報源やデータベース等活用すれば、市民の起業とＮＰＯやＳＯＨＯを含むマイクロビジネス等の創業を喚起し、また、地域経済の担い手である中小企業やベンチャービジネスの支援を行うことが可能となります。

これにより、地域における創業の増加と中小企業の活性化を図ることができ、図書館は、地域経済の発展に寄与することができます。」

この中で重要なのは、「ビジネス」という概念が幅広いことである。個人事業者から大企業までが行ういわゆる営利活動全般にとどまらず、ＮＰＯなどが行う非営利活動まで視野に入れているのである。

これもニューヨーク市立図書館の運営方針に影響を受けたと考えられるが、例えば新聞記事などのデータベースや業界の動向を観察するのに欠かせない統計資料などの中には高価なものが多く、中小企業やこれから会社を立ち上げようとする若者にとっては入手しにくい。これらの資料を図書館が購入して無料で提供することで、二つの格差を大幅に縮小することができる。すなわち、所得がもたらす情報格差と居住地域（大都市か地方か）がもたらす情報格差である。ベストセラー本を何冊も揃えることとは全く異なる、これぞ公共図書館でなければできない役割である。

ＢＬ協議会が取り組む活動としては、「現在の図書館の実情を調査してビジネス図書館構想の可能性について調査」「ビジネス図書館のあるべき姿について調査」、そしてビジネス司書の養成、企業家講座の開講など「モデル事業を展開する」ことが挙げられている。

これまでの活動の中から特に成果を挙げていると私が感じる具体例を二つ紹介したい。

（１）ビジネスライブラリアン講習会（ＢＬ講習会）

私がＢＬ協議会の活動の中で最も成功し、図書館界に大きな影響を与え続けていると考えるのがこの講習会である。

ＢＬ協議会は発足当初の二〇〇一年から二〇〇三年にかけて、中小企業診断士、ＩＴの専門家、大学の（図書館情報学でなく）経営学の研究者などを招き、図書館からビジネス関連情報をどう効果的に提供するかに関するセミナー、講習会を各地で開いていた。そして、二〇〇四年七月、静岡で初めて四日間にわたるビジネスライブラリアン講習会を開催した。以後ほぼ毎年実施し、今年度で十二回を数える。

図書館でビジネス支援サービスを始めましょうと言ってもすぐにできるわけではない。司書などの図書館職員がまずはビジネス支援とは何かを学ぶとともに、ビジネスに関連する情報を提供するために必要な専門的知識、技術、経験、柔軟な発想力の向上が求められる。BL協議会はこのようなビジネス支援スキルを総合的に身に付けられる講習会を開催することにしたのである。

例えば、静岡での講習会のプログラムは表1のとおりである。BL講習会の講師陣を見ると、既にビジネス支援サービスに取り組んでいる図書館の職員が実例を紹介するというものもあるが、企業の現役社員や企業付置研究所の研究員なども含まれ、これ以前に図書館関係者が開催してきた研修・講習の類とは明らかに異なることがわかる。

ただ、講習のタイトルを見ると、「企業（技術）情報源の活用」「統計情報源の活用」「Ｗｅｂ情報及び商用データベースの活用」など、司書であればある程度こなせて当然と言えるようなスキルに関するものもある。要はビジネス関連資料の特性を正しく理解し、ビジネス界の人たちがどのような情報を欲しているかについて認識を高めることを目標としているのである。

BL講習会の内容は講義だけではなく、後半には具体的なサービスのプランニングを行うワークショップも組まれ、受講者たちは自分が所属する図書館でどのようなことができるか、実際に企画してみて参加者同士で議論し、講師陣から指導を受ける。各職員が今後に生かせるネタを持ち帰ることができるプログラムになっている。

実際BL講習会に参加した図書館員たちが全国のビジネス支援図書館をリードしていくわけだが、私がこの講習会のパワーを感じるのは、参加者たちの間で強固なネットワークが築かれているのを目にするときである。

図書館海援隊を発足させ、全国の元気な図書館員たちと知り合う中でしばしば目にする光景は、彼らが集まるとすぐにBL講習会のミニ同窓会が始まるということである。同じ回の参加者同士で再会を喜び合い、互いに近況報告をしてみたり、仕事上知り合った図書館員同士が、よくよく話してみると実はBL講習会の先輩後輩だっ

表1　2004年BL講習会プログラム（所属・肩書はいずれも当時のもの）

	講義領域	時間	講習タイトル	講　師
1日目 1月27日（木）	ビジネス支援概論Ⅰ	11:00 ～ 12:30	『日本経済の現状とビジネス支援サービスの必要性』	竹内 利明（電気通信大学客員教授・ビジネス支援図書館推進協議会会長）
	ビジネス支援概論Ⅱ	13:30 ～ 14:50	『図書館におけるビジネス支援サービスのポイントとプランニング方法』	常世田 良（浦安市教育委員会）
	ビジネスの基礎知識	15:00 ～ 19:00	ビジネス・シミュレーションゲーム	Gusiness スタッフ
2日目 1月28日（金）	ビジネス情報源の活用Ⅰ	9:00 ～ 12:00	マーケティング実例とその情報源の活用 企業（技術）情報源の活用 統計情報源の活用	菊池 健司（日本能率協会総合研究所） 石川 浩一（日本能率協会総合研究所）
	ビジネス情報源の活用Ⅱ	13:00 ～ 14:30	行政情報源・法律及び特許情報の活用	田村 行輝（神奈川県立川崎図書館）
	ビジネス情報源活用演習と評価	14:40 ～ 17:00	ビジネス情報源の収集・評価・組織化の基本	豊田 恭子（ゲッティイメージズ）
3日目 2月17日（木）	ビジネス情報源の活用Ⅲ	11:00 ～ 12:00	WEB情報及び商用データベースの活用	小野田 美都江（アサヒビールR＆D本部）
	ビジネス情報源の活用Ⅲ	13:00 ～ 16:00	WEB情報及び商用データベースの活用	〃
	ビジネス・レファレンス・スキル	16:10 ～ 19:00	ビジネス・レファレンス演習 －課題発表と比較検討－	大串 夏身（昭和女子大学教授） 斎藤 誠一（立川市中央図書館）
最終日（4日目）2月18日（金）	企画力・発表力養成Ⅰ ワークショップ	9:00 ～ 12:00	ビジネス支援図書館サービスのプランニング（ワークショップ）	山崎 博樹（国立国会図書館関西館） 蛭田 廣一（小平市中央図書館） 豊田 高広（静岡市立中央図書館） 山重 荘一（目黒区立図書館） 松本 功（ひつじ書房） 斎藤 誠一
	企画力・発表力養成Ⅱ	13:00 ～ 16:40	ワークショップのまとめと発表（プレゼンテーション）	竹内 利明 糸賀 雅児（慶応義塾大学教授） 山崎 博樹
	修了	16:45 ～ 17:00	閉講式 （修了論文の説明）	竹内 利明

たことがわかったりするのである。

一回の参加者は二〇名ほどなので、十二回開催したと言っても単純計算でまだ二四〇名ほどしか修了者はいないのだが、彼らの他の図書館員に対する影響力はかなり大きいと感じている。そして現在の図書館海援隊の活動を支えているのも、ＢＬ講習会に参加した司書たちなのである。

二〇一〇〜二〇一一年にかけてはさらなるスペシャリスト養成のため、第1回ビジネスライブラリアン中級講習会も開催している。

（2）産学官民!! 情報ナビゲーター交流会

他方最近の取組で私が高く評価しているのが、二〇一一年十一月に一般財団法人機械振興協会などと共に開催した「産学官民!! 情報ナビゲーター交流会」である。

これは公共図書館、専門分野に特化した資料を収蔵する専門図書館、経済に関する官民のシンクタンク、研究所などに勤務する人たちを、それぞれの分野が発展するために有益な情報を提供し、成功へと導いていくという意味で「情報ナビゲーター」と捉え、そのような人々の仕事の共通性に着目してより広範なネットワークとして発展させていくことを目的としたものである。

産学官民の各分野から取組の紹介があり、終了後の懇親会においても交流会で発表できなかった参加者たちが次々とマイクを持って自分たちの活動紹介をする。実はこのとき私は懇親会だけしか参加できなかったのだが、この流れに乗ってちゃっかり図書館海援隊の宣伝をさせてもらった。

第二回の交流会は今年六月に開催されている。

話は変わるが、図書館海援隊を発足してしばらくした頃、国や自治体などの行政機関の職員に対する研修を行う民間会社の人にこう言われたことがある。「最も人づきあいが下手な行政職員は、図書館職員など社会教育担当者です」

これは私にとってはショッキングな一言だった。しかし、これまで資料整理業務が中心で利用者と接するのは図書カードの作成や本の貸し借りなど限られた場面しかないまま何年も勤務してきた図書館員であれば、そう言われても仕方のない面はあるのかもしれない。

図書館がビジネス支援サービスを開始、充実させようと考えるのであれば、図書館員がビジネス関連情報について精通するとともに、自分だけの知識では対応しきれない問合せがきたときに代わりに答えてくれる人たちをどれだけ知っているかが鍵となる。となれば、このような交流会は自身の人的ネットワークを拡大するには格好の機会となるはずである。

この他にもＢＬ協議会は日本型のビジネス支援サービスのあり方について調査研究を行ったり、図書館によるビジネス支援という発想に対する人々の理解を広げるためのイベントを開催したりしている。設立以来十五年にわたる活動により、徐々にではあるが図書館におけるビジネス支援の土壌が整備されてきたように感じる。

◆「これからの図書館像」

国もＢＬ協議会の動きに早くから注目し、経済財政諮問会議がまとめた「骨太方針２００３」には「ビジネス支援図書館の整備」との記載が盛り込まれた。

これを受けて文部科学省では二〇〇四年九月に「これからの図書館のあり方検討協力者会議」（主査：薬袋秀樹筑波大学大学院図書館情報メディア研究科教授）を立ち上げ、同会議は二〇〇六年三月「これからの図書館像－地域を支える情報拠点を目指して－」と題された提言をまとめた。

この中で「これからの図書館サービスに求められる新たな視点」として、「レファレンスサービスの充実と利用促進」「課題解決支援機能の充実」が盛り込まれている。「レファレンス」とは「参照」という意味だが、図書館業界の用語で、単に利用者が捜している本がどこにあるかを教えるだけでなく、利用者が知りたいことに答えてくれる本や資料としてどんなものがあり、どのように利用したらよいかについて情報提供やアドバイスなどを行うサービスである。「相談サービス」といった方がわかりやすいかもしれない。

何はともあれ、公共図書館が目指すべき方向性は明らかになった。あとはいかに実現するかである。

◆年越し派遣村

二〇〇八年の大晦日、普段の年ならテレビは各地の大掃除の様子や買い物客で賑わう市場など、年の瀬の慌ただしさと新しい年を迎える期待感が入り混じった人々の様子を映し出すのだが、この日だけは違った。

日比谷公園にテントがいくつも張られ、そこに派遣切りなどで失業し、社員寮にも住めなくなった人たちが集まってくる。多くのボランティアが炊き出しをしたり、就職や生活保護の相談に応じたりしている。「年越し派遣村」の誕生である。

これまでも恵まれない人々に対してＮＨＫや救世軍などが歳末に募金活動を行ってきたが、彼らの活動は明らかにこれらと様子を異にしていた。野党の議員を中心に多くの政治家が派遣村を訪れ、実行委員会のメンバーとともに政府の雇用政策を批判し、派遣村に頼らざるを得なくなった人々に対する救済策を要求した。これを受けて厚生労働省が一月二日から講堂を宿泊所として提供する事態にまで発展したのである。

結局「年越し派遣村」はハローワークが業務を再開する一月五日まで設置されたが、この一週間足らずの間に集まった失業者は約五〇〇人、運営などを支援したボランティアは一六八〇人と言われている。

私はこの様子をテレビで観ながら、何とも言えない違和感を抱いていた。確かに派遣切りなどに遭って行き場を失ってしまった人々に雨露をしのぐ場所、暖かい衣服や食事は必要である。しかし、最低限の衣食住を提供されたからと言って、さあ次の仕事を探しましょう、と言われてもそんな気持になれるだろうか？

ここから私の妄想が膨らみ始めた。日比谷公園には芝生の広場がある。そこにサッカーのゴールを置いて、当時日本代表のゴールキーパー、川口能活選手あたりが前に立つ。そこに向かって一人ずつＰＫをしてもらってはどうだろう？　もし、見事ゴールを決めたらさぞスカッとするに違いない。あるいは野外音楽堂で「派遣切り」をテーマにした「詩のバトル」だとか川柳大会を催してはどうだろう？　今までためていた鬱憤を一気に晴らすこともできるのではないか？　老朽化したとは言え日比谷公会堂も少しぐらい使えるだろう。そこでカラオケ大会を開くのも悪くないかもしれない……

しかし、当時の私には彼らのために具体的にできることが思い浮かばなかった。あくまで妄想は妄想のままで、もやもやと私の頭の中に漂い続けるだけであった。

◆社会教育課長就任

それからしばらく経ったある日、私は生涯学習政策局社会教育課長へ異動となった。社会教育課で仕事をするのは初めてだったが、馴染みのない課ではなかった。若い頃旧文部省が生涯学習社会への移行を推進するために、いわゆる「生涯学習振興法」（正式名称は「生涯学習の振興のための施策の推進体制等の整備に関する法律」）を成立させるためのプロジェクトチームに加わっていたとき、社会教育課の同僚たちもいたからである。

私の社会教育に対するイメージは、生涯学習社会を実現するために学校教育と両輪となって進めるべきもの、という一応教科書的理解であったが、この法律が成立して以降、多くの都道府県や市町村の教育委員会では、生涯学習が社会教育に取って代わるものとの誤解が広がっていった。この影響で社会教育の関係者にだんだん元気がなくなってきているような印象を持っていた。

課の職員たちから業務の説明を聞いても私の印象に間違いはなかった。そこで、まずは今でも元気な社会教育関係者を探し出すことから始めてみた。

◆糸賀先生との出会い

図書館に関して言えば、すこぶる元気な人物がすぐ私の目に留まった。慶應義塾大学の糸賀雅児教授である。ある日、私は糸賀先生に図書館を元気にする知恵をいただきたく、お話を伺うことにした。

そのとき先生が私に放った言葉は今でも忘れられない。「歴代社会教育課長の中で、直接私と話をしたいと言われたのは、あなたが初めてです」

糸賀先生の図書館の現状に対する認識は私とおおむね共通していた。ただ、一つ大きな違いがあった。全国の図書館を見て歩いてこられた先生は、元気いっぱいの図書館が各地にたくさんあることをご存じだった。今後の図書館振興策に関して、これからも知恵を貸してほしいとお願いすると、快諾いただいた。

◆ディスカバー図書館 inとっとりⅡ

その後しばらくして、糸賀先生から早速お誘いが来た。彼が近年注目している鳥取県立図書館が十一月、二〇周年記念イベントとして、現代における図書館の可能性を探る「ディスカバー図書館 inとっとりⅡ」というイベントを企画している。ぜひ参加して文部科学省の政策を説明してほしいとのことだった。その前に鳥取県立図書館はじっくり見ておくべき、ともおっしゃる。もちろん喜んで行くことにした。

会議前日の夜鳥取入りし、糸賀先生や関係者の方々と懇親の場を持った。そこで先生から紹介されたのは、鳥取県立図書館を革命的に変えた前館長の齋藤明彦さんだった。

鳥取県は片山善博氏が知事を務めていた時代に県立図書館の大改革に乗り出した。そのときに館長に就任したのが齋藤さんなのだが、驚いたのは異動前の彼のポストが県教育庁の教育総務課長だったということである。

図書館長というポストには、これまで校長など学校の教員か教育委員会事務局である教育庁の職員、あるいは司書の資格を有する図書館員が就く場合がほとんどで、しかもその多くは定年前の「最後のお勤め」として任命される。この状況は今でもあまり変わっていない。

その一方で、総務課長は教育庁の中でも最重要ポストの一つである。教育庁全体の仕事を総括し、事務方のトップである教育長を支え、議会対策の前面に立つ激務である。県に採用された職員の中で最も優秀な者たちから選ばれるだけでなく、いずれ教育長あるいは県庁の幹部にまで出世することが期待されるほどの人物であることを意味する。そのような人が県立図書館長に任命されるというのは、図書館関係者には申し訳ないが、普通に考えれば明らかに左遷である。

しかし、齋藤さんは片山知事の図書館に対する考え方を完全に理解し、これに沿った図書館へ変貌させるために館長に抜擢されたのである。焼きガニを食べながら齋藤前館長の苦労話を伺うのはなかなか刺激的だった。

翌朝イベントの会場へ行く前にすぐ近くの県立図書館を訪問した。入る前にまずびっくりしたのは、入口横にリーフレットを入れた棚がずらりと並んでいることである。しかも、リーフレットのタイトルを見ると「いじめ」「多重債務」「交通事故に遭ったら」「交通事故を起こしたら」「介護」など、およそ人生の中で誰にでも起こりそうな事柄ばかり。

その中の一枚を取り出すと、見開きになっていて、例えば「いじめ」と書かれたリーフレットには表紙にいじめに関連する本のタイトルが並び、開くと新聞、雑誌、判例などの情報、いじめに関する相談窓口の連絡先などが並ぶ。そして裏表紙には館内の地図があり、これまで紹介された本や資料がどこにあるかが示されている（図5参照）。

図書館業界でこのような資料のことを「パスファインダー」と呼ぶ。日本語で言えば道しるべである。糸賀先生の説明によれば、いじめに遭った子がいきなり相談センターへ電話をかけようとしてもなかなか勇気が要るし、一度や二度の相談で自分の置かれた状況などをきちんと説明して有効な手立てを教えてもらえるとは限らない。しかし、このリーフレットがあれば、自分の力である程度の情報を得ることができる。誰かに相談するにしても、予備知識を持った上で尋ねれば、自分に必要な情報やアドバイスをより得やすくなる。このように課題を

図５　パスファインダーの例

法情報検索マップ

トラブルを抱え、お悩みの方へ
図書館で情報収集してみませんか?

～ いじめ ～

平成21年4月1日改定　法情報サービス委員会

【パンフレット・リーフレット】　マップ番号　①

資料名	発行
教育相談のご案内	鳥取県教育センター

【インターネットホームページ】　マップ番号　②

サイト名	管理者
「インクーネット人権相談受付窓口」	法務局
「鳥取地方法務局HP」→「インターネット人権相談受付（24時間受付）」	

【関連する図書：ご家族向け】　マップ番号②　棚50番中央

書名	著者名	出版社	出版年
Q&A＊子どものいじめ対策マニュアル解決への法律相談	三坂彰彦ほか/編	明石書店	2007.11
	背ラベル：371.4/ミサカ/一般		
いじめの連鎖を断つあなたもできる「いじめ防止プログラム」	砂川真澄/編著	冨山房	2008.11
	背ラベル：371.4/スナカ/一般		
大人が知らないネットいじめの真実	渡辺真由子/著	ミネルヴァ書房	2008.7
	背ラベル：371.4/ワタナ/一般		

【関連する図書：学校関係者向け】　マップ番号…書名欄に記載

書名	著者名	出版社	出版年
学校でのいじめ対策　すぐに役立つ100のアイデア ③棚50番中央	アラン・L.ビーン	東京書籍	2005.4
	背ラベル：371.4/ヒン/一般		
Q&A＊学校事故対策マニュアル④棚51番左側	松本美代子/編著	明石書店	2007.4
	背ラベル：374.9/マツモ/一般		

※ここで紹介している資料は一例です。書架にはこの他にも多数の資料があります。
詳しくは裏側の"館内マップ"をご覧ください。

お問合せ先：鳥取県立図書館　〒680-0017　鳥取市尚徳町101
電話：0857-26-8155 FAX：0857-22-2996
E-mail：toshokan@pref.tottori.jp

（1ページ）

【関係法令　及び　解説】
・子どもの権利に関する条約　・学校教育法　・児童福祉法　等

◇法令を見る　マップ番号⑤棚42番　中央

書名	著者名	出版社	出版年
六法全書　平成21年度版 Ⅰ　および　Ⅱ	菅野和夫ほか/編	有斐閣	2009.3
	背ラベル：320.9/ロッホ－1/一般 320.9/ロッホ－2/一般		

※総務省が提供しているホームページ「法令データ提供システム」
（http://law,o-gov.go.jp/）では、法令をキーワード等で深すことができます。（無料）

◇分かりやすい解説・口語版　マップ番号⑥　棚50番右側

書名	著者名	出版社	出版年
教育法規便覧　平成21年版	窪田真二	学陽書房	2008.8
	背ラベル：373.2/クホタ/一般		
解説教育六法　平成21年版	解説教育六法編修委員会/編	有斐閣	2009.3
	背ラベル：373.2/カイセ/一般		

※ここで紹介している資料は一例です。書架にはこの他にも多数の資料があります。
詳しくは裏側の"館内マップ"をご覧ください。

【過去の新聞で関連情報を探す】マップ番号⑦
パソコンを使いキーワードで過去の新聞記事を探すことができます。（コピー可、1枚10円）2階郷土資料室:日本海新聞、1階インターネットコーナー:日本経済新聞。

【判例を探すことができます】マップ番号⑧
1階インターネットコーナーのパソコンで判例（裁判の判決例）を探すことができます。
（キーソードや関連法令から検索できます）

【資料相談カウンター】マップ番号⑨
お探しの情報が見つからないときは、資料相談カウンターへお越しください。図書館職員が本・雑誌・新聞・インターネット等を利用して情報をお探しします。また、県内相談機関の紹介等も行っています。お気軽にご相談ください。秘密は厳守します。

（2ページ）

より早く解決するための道しるべの役割を果たしてくれる、とのことだった。

実はこの中には「離婚」というタイトルのものもあり、糸賀先生ともども、持って帰るかどうか一瞬迷ってしまった（あくまで、「一瞬」である）。

館内を見学してさらに驚いたことが二つある。一つは「ビジネス支援」「闘病記文庫」など、ある特定のテーマに沿った図書や資料を集めたコーナーが設置されていたこと。普通図書館へ行けば、本は日本図書分類法に基づく番号によって棚に並べられている（そもそも図書館が所蔵する全ての本が棚に並ぶわけではなく、多くは書庫に保管されるのだが、その際の保管の仕方も基本的には同じである）。

後でも触れるが、テーマに沿ったコーナーを作ろうとすれば、分類法上別のカテゴリーに属する本であっても同じ棚に並べる必要が出てくる。テーマについて利用者が手に取りたい本、あるいは「こんな本もあったのか」と気付かせてくれる

【法律関連雑誌】マップ番号⑩

タイトル	タイトル	内容
法曹時報	法曹会	法律関係者を対象とした研究解説誌
法律のひろば	ぎょうせい	法律関係者を対象とした研究解説誌
判例時報	判例時報社	法曹関係者を対象とした判例誌
ジュリスト	有斐閣	様々な法律関係者を対象とした実用法律雑誌
法学セミナー	日本評論社	各種資格試験をめざす人を対象としたセミナー誌
法律時報	日本評論社	法律関係者、専門学者向けのジャーナル誌
税理	ぎょうせい	税務を中心とした経理･経営･診断等を解説
タイムズ	判例タイムズ社	法学の研究論文、判例の速報や解説を掲載

【県内　相談機関】

○鳥取県教育センター教育相談課
住所：鳥取市湖山町北5-201
電話：0857-31-3956　(代表)
0857-28-8718　(いじめ)

○鳥取県教育委員会事務局
住所：鳥取市東町1-271
電話：0857-26-7930　(小中学校課)
0857-26-7540　(高等学校課)

○鳥取地方法務局
住所：鳥取市東町2丁目302番地
電話：0857-22-2475　(人権相談室)
0120-007-110　(子どもの人権110番)
◆倉吉支局
住所：倉吉市駄経町2丁目15
電話：0858-22-4108
◆米子支局
住所：米子市旗ヶ崎2-10-12
電話：0859-22-6161

○人権に関する相談窓口
◆県庁人権推進課(県庁本庁舎5階)
住所：〒680-8570 鳥取市東町1丁目220番地
電話：0857-26-7677　(相談専用ダイヤル)
◆中部総合事務所県民局(1階)
住所：〒682-0802 倉吉市東巌町2
電話：0858-23-3270　(相談専用ダイヤル)
◆西部総合事務所県民局(1階)
住所：〒683-0054 米子市糀町1丁目160
電話：0859-31-9649　(相談専用ダイヤル)
※面接相談は予約制です。
※E-mailでのご相談
jinkensoudan@pref.tottori.jp

(3ページ)

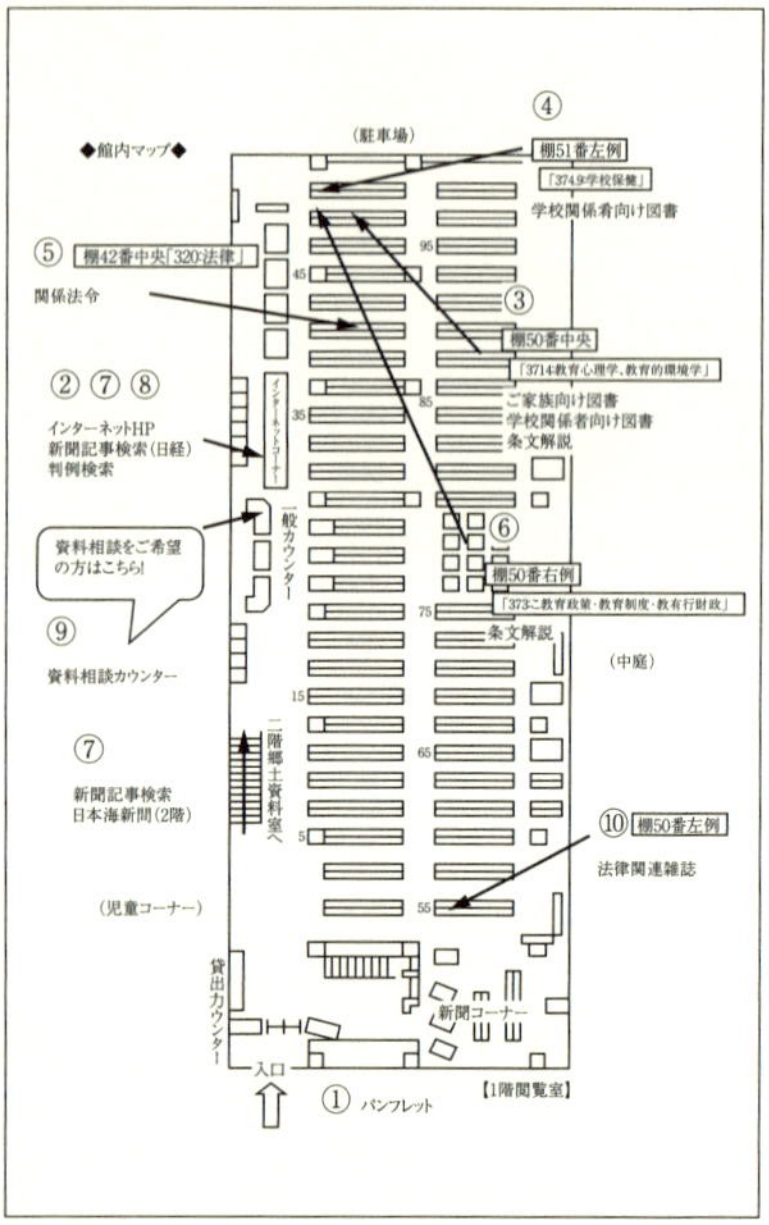

(4ページ)

ような本をいかに揃えるか、これぞ図書館の専門職員たる司書の腕の見せ所である。

もう一つ驚いたのは、カウンターの周りに利用者が集まっていたことである。貸出や返却を待っているのだろう、と思われるだろうが、それだけではない。「○○について知りたいのだけど、どんな本がありますか?」といった相談、問合せをしたくて並んでいる人たちである。

鳥取県立図書館を訪れる人たちは、「これからの図書館像」の中で強調されていた「レファレンスサービス」を当たり前のように利用しているのだ。県民の意識がそこまで高いということは、図書館側がこのサービスの存在をいかに効果的に県民に知らせ、利用を後押ししてきたか、ということの証しでもある。

さて、「ディスカバー図書館inとっとり　Ⅱ」では、県内外の図書館関係者や教育委員会の職員、あるいは一般の方々を前に文部科学省の施策を説明したのだが、正直当時の私には彼らの興味関心を惹き付けるようなネタは何も持ち合わせていなかった。ひたすら、鳥取県立図書館の取組を高く評価し、このような図書館をもっと各地に増やしたいと希望を述べることしかできなかった。

この日は私の説明の後に国立国会図書館の長尾真館長（当時）の講演、そして糸賀先生が司会を務めるパネルディスカッションが続いた。元々私の出番は寄席で言う前座であったのだが、長尾館長の図書館に対する広く深い見識、そして糸賀先生の生き生きとした語り口、聴衆の心をつかみ、時に笑わせ、時に頷かせる話術の前に、私はただ悔しい思いを抱いたまま東京へ戻るしかなかったのである。

このときの出張で出会った素敵な人物をもう一人紹介しておきたい。営業課長の小林隆志さんである。およそ図書館員のイメージとは似つかない、脂ぎった顔に堂々とした体格（ちなみにプライヴェートのメールアドレスは「出腹キング」と読める）。似顔絵入りの名刺を渡され、文部科学省の役人だからと言って少しも物怖じするところがなく、すぐに意気投合した。

小林さんは図書館の利用価値を住民だけでなく、行政職員や学校の先生や県議会の議員などに幅広く伝える営業マンであるとともに、彼らの課題解決のためにどのような協力ができるか、様々な提案をするプロデューサーでもある。このような人物が図書館の中核的職員として活躍しておられることに、またも新鮮な驚きを感じたのである。彼とも今後また一緒に何かやりましょう、と約束して別れた。

◆あるスーパー司書からのメール：「労働者の直面する問題と図書館のできること」

鳥取から帰ると慌ただしく日々は過ぎ、またも年末が近付いてきた。景気・雇用状況は一向に改善の気配を見せず、またも多くの派遣切りなどで路頭に迷う人々が増えそうである。厚生労働省や東京都などの自治体は、今度こそ後手に回ったと言われないように、「公設派遣村」設置に向けた準備を始めた。

好機到来である。社会教育課長になって以降、鳥取だけでなく首都圏の公共図書館にも足を運び、意外と言っては失礼だが、現場で日々奮闘しておられる元気な司書の方々に何人もお会いすることができた。そうやって知り合った方々に対し、「派遣切りなどで失業した人々に対し、図書館として何かできることはありませんか?」と、あのときの「もやもや」を素直にぶつけてみたのである。

すると、数時間後に一通のメールが返ってきた。鳥取県立図書館の若い司書、高橋真太郎さんが一枚のペーパーを送ってきた。それが図6である。

私はこれを見てぽかんと口を開けてしまった。「労働者の直面する問題と図書館のできること」と題されたその表には、左端に「仕事をやめる」、右端に「仕事をはじめる」とあり、その間彼らが遭遇するであろう様々な課題が上段に黒字、その課題に対して図書館にできることが下段に赤字でセットで書いてある。

役所の仕事というものは、順調にいかないのが普通である。一つの案件が処理されるまでに多くの時間とエネルギーを要し、しかもその結果が最善のものかどうか、いつも悩まされる。

しかし、このペーパーは大袈裟でなく感動的なものであった。私が投げた渾身のストレートを、彼はものの見事にバックスクリーンへ打ち返したのだ。そんなホームランを打たれた投手は、悔しさを通り越してむしろすっきりした気分になるという。あのときの私も正にそんな気持であった。

これなら、何かできるかもしれない。私はそう確信した。

図6　労働者の直面する問題と図書館のできること～離職から再就職まで～

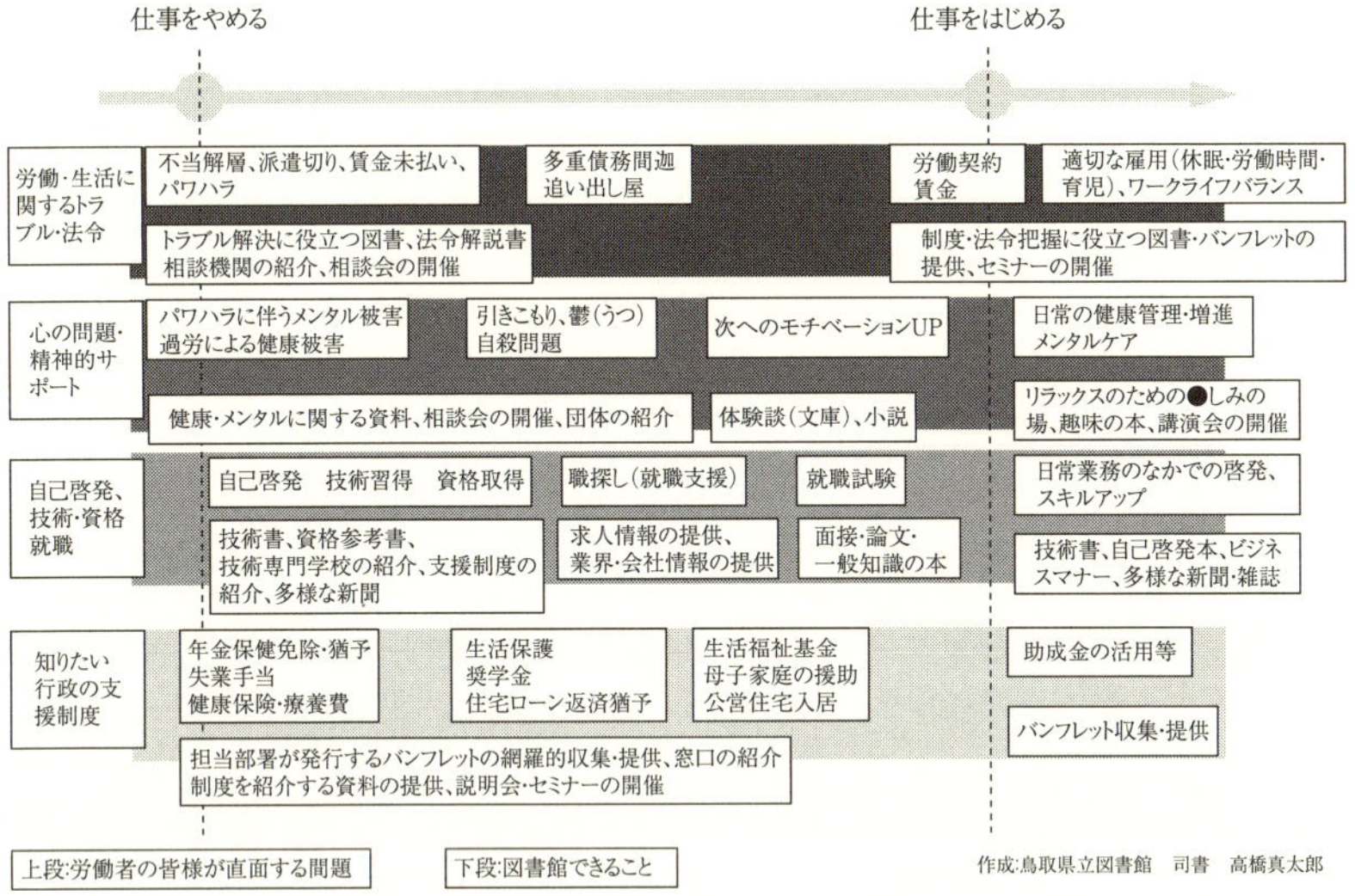

◆図書館海援隊発足

私は早速知り合った図書館の人たちにこの表を送り、みなさんの図書館で失業者支援のためにできることを知らせて下さい、と改めてお願いした。十二月のせわしない日々の中、日常業務だって大変だろうに、以下の七つの図書館が応えてくれた。

北海道立図書館
秋田県立図書館
東京都立図書館
神奈川県立図書館
大阪市立中央図書館
鳥取県立図書館
福岡県小郡市図書館

何だ、たったの七館か、と思われるかもしれない。また
なぜそんなまどろっこしいことをするのか、と問われるか

もしれない。文部科学省なら都道府県教育委員会宛に「都道府県立図書館及び市町村立図書館に対し、失業者向けのサービスを新たに始めるように」と通知一本流せば、すぐ全国でサービスが展開できるではないか、と言われるかもしれない。

これまでの文部科学省であれば、そのような手法を取ったであろう。しかし、私はあえてそうしなかった。理由は二つある。一つは、教育委員会に対する通知を通した指導・助言は、学校教育に関しては日常的に行われているが、社会教育においてはあまり一般的な手法ではない。だから、もし前述のような通知を出せば教育委員会側がどのように受け止めるか、不安があった。おそらく予想される反応の一つは「で、何をすればいいのですか？」と「指示」を仰ぐような問合せである。これに対して「例えばこんなこと」などと「助言」すると、教育委員会によってはこれを文部科学省からの事実上の命令と受け止めて図書館にやらせるかもしれない。中には逆に放置するところもあったかもしれない。

そしてもう一つの理由だが、仮に対応していただいたとしても、文部科学省から言われて何かするというのでは、本当に利用者が求めるサービスを提供できるか、心許なかったのである。図書館それぞれに事情はある。蔵書数、床面積、職員数、様々である。国から一律にこれをやってほしいということでなく、失業問題に各図書館が自らの見識を持って向き合い、自分たちの図書館でできることをできる範囲で取り組む。そういった気概のある図書館にまずは一歩踏み出してもらいたかったのだ。

こうして手を挙げた七つの図書館の職員と、糸賀先生など私の提案に賛同して下さった方々との間でネットワークができた。さて、このプロジェクトを何と名付けようか？　たまたまだが、翌二〇一〇年のＮＨＫ大河ドラマは坂本龍馬が主人公であった。彼が立ち上げた海援隊こそ、このプロジェクトの名にふさわしい。なぜなら海援隊が藩の枠を超え、日本という国を何とかしようとして立ち上がった志士たちの集まりであったのと同様、このプロジェクトも都道府県立、市町村立の垣根を超え、図書館の力で日本を良くしたいという志を有する図書館員たちの集まりであるからだ。

こうして「図書館海援隊」という名称が決まった。半分はノリだが、半分は本気である。

ただし、このネットワークには唯一の弱みがあった。それは、立ち上げのタイミングである。公設派遣村の需要が最も高まるであろう年末年始には、公共図書館は休館している。本来であれば、たとえ一日でもこの期間中に開館してほしかったのだが、限られた時間の中でいきなりそこまでの対応をお願いするわけにはいかない。また、雇用問題自体は正月が明けたからと言って解決するものではないし、図書館が役に立てる場面は当分続くだろう。まずは図書館に仕事探しのお手伝いができることを広く世間に発信することが必要だろうと考え、図書館海援隊発足は翌年最初の開館日である一月五日からとした。そして、同日文部科学省から記者発表及びホームページへの公表を行うことにしたのである。

◆各参加館の取組

七つの図書館の取組は、文部科学省のホームページ（http://www.mext.go.jp/a_menu/shougai/kaientai/1288363.htm）から見ることができる。一見てんでバラバラのようだが、各図書館が自分にできることからまず始めたことがご理解いただけると思う。

この中でビジネス支援図書館としても実績のあった秋田県立図書館の取組について、副館長の山崎博樹さんから具体的に紹介していただくことにしたい。

◆図書館でテープカット？

もう一館、私に図書館海援隊（以下、特に説明のない限り「海援隊」と表記）発足のきっかけを与えてくれた鳥取県立図書館の動きも紹介しておきたい。彼らはまず館内で既に設けていたお勧め本コーナーや資料展示などでサービスを開始したのだが、並行してより貧困・困窮者に特化した新しいコーナーの検討を始めた。

そして二月十九日に資格取得や就職支援に関する本、ハローワークの求人票など関連資料を集めた新たなコーナーを設置した。しかもここに「働く気持ち応援コーナー」というタイトルを付けた。単に「就職支援コーナー」などと題するよりも、どこか親しみと温かみを感じさせる見事なネーミングである。

さらに、開設当日には館長が平井知事などの県の幹部と並んで、テープカットまで行ったのである。

このときの写真が送られたのを見て、私は思わず噴き出したが、すぐに唸らされてしまった。これほど彼らの本気度を如実に表すものはない。このことを小林さんに伝えたところ、「当館ではテープカットの道具を常に用意しています」と事もなげに言われた。また噴き出すとともに、さらに唸らされてしまったのである。

◆この程度のことならうちでも

図書館海援隊結成については、幸い年明けのニュースが少ない時期に発表したこともあり、複数の新聞に掲載された。例えば、一月七日付日本経済新聞夕刊では「職探し　図書館が応援」と題して東京都立中央図書館や記者が独自に取材した図書館の取組を紹介するとともに、囲み記事でも「困窮者支援　7自治体連携」「『図書館海

コラム

○課題解決支援サービスに向けた秋田県立図書館の取り組み

山崎　博樹　秋田県立図書館副館長

1　はじめに

ビジネス支援図書館サービスの取り組みは、従来の公立図書館のイメージから脱却する様々な新しい取り組みに波及している。二〇〇六年三月に文部科学省が取りまとめた『これからの図書館像』では図書館が地域の情報拠点となるための機能として課題解決支援サービスが挙げられており、全国の公立図書館では様々な支援サービスが行われ始めている。秋田県立図書館は一八九九年に開館して以来一一〇年の歴史を持ち、長年、地域資料の収集や研究者等を対象としたレファレンスサービス等を中心としてきたが、一九九三年に新館オープン後、利用者層も子どもや学生から一般社会人、高齢者まで様々な年代に広がった。その状況下で二〇〇〇年にビジネス支援図書館協議会が設立され、当館でも平成十三年（二〇〇一）年度にビジネス支援サービスを開始し、さらにシニア支援、自殺防止、生活者への支援、子育て支援、健康情報支援と連続して提供を始めた。これら課題解決支援サービスを導入して十一年が経過したが、利用者のセグメントを細分化し必要な情報を提供する課題解決支援サービスは当館サービスの主力となっている。本稿では当館が取り組んだサービスの概要について紹介する。

2　健康情報コーナー及び生活支援サービスの概要

当館は現在十ヶ所のターゲット別コーナーがあるがその中から「健康情報」、「生活支援」コーナーを紹介する。

（1）「健康情報」コーナーの設置

平成十三（二〇〇一）年度から一定テーマの図書展示を設け、月替わりでテーマを変更して紹介してきた。その当時開催した健康をテーマとした展示が好評であったため、閲覧室内の四類の書架の横に「健康を考える本コーナー」を常設した。これは平成二三（二〇一一）年度に、専門医療情報と一般健康情報の図書を区分し「健康情報」コーナーとして独立することとなった。展示されている図書のリストは当館ホームページで公開し、市町村図書館から図書セットの貸出を行っている。コーナーの人気は高く貸し出しも多いため、毎朝開館前の補充が欠かせない状況である。医療の書架にあるだけでは目にとまりにくい本でも、利用者の対象別に提供することにより利用が増え、また病気等の分野を絞ることにより、関係機関との連携も進んでいる。

（2）生活支援コーナーの設置

①「闘病記」コーナー

テーマ展示のひとつとして、二〇〇八年に「闘病記」を実施した。このテーマが好評であったため、平成二一（二〇〇九）年度に「闘病記」コーナーを常設した。当館の所蔵資料から、医学、伝記、ノンフィクション等を中心に、排架している。背表紙に「闘病記」というシールを貼付し、MARC の件名に「闘病記－〇〇（病名）」と入力し、業務システムからリスト出力や検索が容易にできるようにしている。また、件名による検索は、一般利用者用と市町村図書館用のWeb-OPACからも可能としている。

②「生きる力を与える本」コーナー

秋田県は自殺率が高く、県、大学、民間団体が共同で自殺予防の取り組みを続けている。二〇〇九年に筆者が自殺予防に役立つ本のコーナーを提案し、さらに秋田県健康推進課から自殺予防対策の協力依頼もあり、同年十二月に「生きる力を与える本コーナー」を設置することとなった。図書約二〇〇冊に加え健康推進課から提供を受けたチラシ、パンフレット、相談窓口カード等を置いている。図書は伝記・エッセイ・ハウツー物と様々で、メンタルヘルスに関するものも排架されている。地元新聞に取りあげられたこともあって利用が多く、県教育庁から学校での自殺予防の取り組みについて相談があり、学校向け図書リストも提供することになった。二〇一〇年に子ども向けの「生きるってなに?—子どもの心を豊かにする1冊の本—」コーナーを設けている。

③「生活課題」コーナー

平成二一（二〇〇九）年度頃には金融詐欺が盛んに報道され始め、図書館でも何かできないかという議論が館内であった。その結果、平成二二（二〇一〇）年度に誕生した「生活課題」コーナーには年金問題、クレジット被害等Q&A的な資料三〇〇冊を各分類からセレクトして提供している。その際、今まで提供していた「闘病記」「生きる力を与える本」「シニア」コーナー等をまとめ「生活課題」コーナーとすることになった。このコーナーは「健康情報」「大活字本」のコーナーと隣接し、相互の利便性を増す配置としている。

さらに図書館海援隊に加入直後、金融広報委員会の担当者が当館を訪れ、当館と金融広報委員会の連携が開始された。文部科学省から図書館海援隊の説明があり、地元の図書館と協力を依頼された背景があったようだ。担当職員間で協議を行い、当館で以前から実施していた秋田ふるさとセミナーの一部で「お金について

生活支援コーナー

金融広報委員会との連携セミナー

考える講座」を開催し、金融広報委員会より無償で講師を派遣してもらっている。それまでは、歴史や文化に関するテーマを主体とした講座が多かったが、このセミナーにより新しい利用者を呼び込むことができた。現在は独立の講座として毎年数回実施しており、内容も子育て、マネープランと内容も幅広いものとなっている。（写真1、2）

3　ビジネス支援サービス

当館は平成十三年（二〇〇一）年度からビジネス支援サービスを開始したが、具体的にはビジネス支援コーナー、ビジネスレファレンス、商用データベース、ビジネスセミナーを提供している。ビジネス支援コーナーには様々な資料を提供している他、Wi-Fi環境やパソコン用の電源も提供しているため、仕事の場として多くのビジネスマンに利用されている。また当館に豊富にある地域資料は、地域ブランドを活用するビジネスに有効で、商品パッケージに多く利用されている。図書以外でもチラシ、ポスター、写真、地図等の資料がビジネスに役立つケースがあるようだ。ここ十一年間で県内の様々な企業を支援し、当館と支援企業との連携で、段ボール製の展示台やもみ殻を用いた書架等も製品化する等、当館へのビジネス関連の相談は年二〇〇件程度ある。（写真3）

現在は文部科学省の「公民館等を中心とした社会教育活性化支援プログラム事

ビジネスカフェの様子

図書館内のビジネス支援サービス成果物コーナー

業」を受諾し、雑誌スポンサー制度を用いたビジネス支援に取り組んでいる。過去にビジネス支援を行った県内企業に呼びかけ、当館の雑誌に広告を提供してもらうことを条件に雑誌を寄贈してもらっている。またこの事業ではビジネスセミナー、ビジネスカフェを定期的にスポンサー企業に提供している。ビジネスカフェでは、スポンサー企業に向けて当館の情報サービスを説明し、さらに参加企業からも商品紹介等を行っている。これは異業種交流の一つといえるが、参加企業間でのつながりが生まれ、実際に商談活動も行われている。この事業を進める中で、図書館職員が県内の中小企業診断士協会、若手経営者勉強会、銀行取引先交流会等、様々なビジネス関連団体に講演を頼まれるようになり、そこで図書館のビジネス支援サービスの周知を図ることができるようになった。（写真４）

４　成果と課題

現在、当館では様々な利用数値が増加しており、新館移転後の二〇年間では入館者数は一・五倍、貸出冊数は二・三倍、レファレンス件数は二〇倍の利用増となっている。資料購入費の減少が続いた中で利用が増えているのは、当館の様々な取り組みの効果が現れたものと考えている。また、平成二六（二〇一四）年度からはビジネス支援や生活支援に関する資料の重点収集を行う一三〇〇万円の予算の増額が行われた。

生活・ビジネス支援サービスを含めた課題解決支援サービスは、まだ利用者に広く浸透しているとは言い難い。関係機関との連携、来館者や非来館者への広報を強化していかなければならない。また、課題解決支援サービスで利用者へ適切な情報提供を行うために、図書館職員には時代の要請を捉えてサービスに反映させる企画力、実行力等、総合的な力が求められており、どのように職員を育成していくかは大きな課題である。

援隊』を結成」という見出しで取り上げていただいた。

これらの記事や文部科学省のホームページを見て、いくつかの図書館から問合せや「うちも参加したい」との連絡が来るようになった。中でも熱心だったのは、横浜市中央図書館である。吉田倫子&薫さん（ちなみに二人は姉妹ではないが、当時同館の課題解決支援サービスをリードする名コンビだった）を中心に、「この程度のサービスならうちでもやってるんだから、手を挙げないと」と言って早速参加してくれた。

これこそ、私が望んでいたことである。今回取り上げたようなサービスは、別に最近初めて取り組み出したことでも何でもなく、意識の高い図書館であれば既に実施していることである。「なあんだ、それくらいのことで文科省のホームページに載せてもらえるのか」という気になってくれれば、しめたものである。

「働く気持ち応援コーナー」テープカット

重要なことは、各図書館が工夫を凝らして提供している情報提供サービスを、より多くの人に知ってもらうことである。すなわち広報手段の一つとして、国がそのような図書館に関する情報を集約して記者発表し、ホームページにアップするわけだ。

◆サービスの拡大

また、当初は派遣切りなどにあった貧困・困窮者向けの支援に重点を置いたが、世の中には他にも様々な課題を抱えた人々がおられる。

そこで、結成から約一ヶ月経った二月八日には、地域や住民の課題解決を支援するため、関係部局と連携しながら、医療・健康、福祉、法務等に関する支援を行っている図書館でも参加OKということにした。この段階で参加館は一五館になった。

◆連携先の拡大：ハローワーク、法テラス、金融広報委員会

図書館による課題解決支援サービスを充実させるためには、図書館員だけの能力ではとても足りない。図書館の司書はどこにどんな本があるかについては専門家だが、本の内容について理解を深めるには限界がある。

例えば、仕事を見つけるための支援をしようとすれば、先に述べたように資格に関する本、自分が就職したい業界に関する本、労働法制に関する本などを集めたコーナーを作ることはできる。そして、そこに求人票があればより効果的なコーナーになるわけだが、そのためにはハローワークの協力が不可欠である。法律相談会を開こ

うとすれば弁護士、経営に関する相談会なら公認会計士や中小企業診断士などにご登場願うこととなる。

海援隊に参加している図書館は既に様々な専門家集団・機関と連携していたが、そのことをもっと知ってもらう必要がある。このため、法テラスや金融広報委員会などにも海援隊の活動について説明に行った。

彼らの反応は共通していて、まず「図書館でそんなことができるんですか」と来る。しかし、連携の実例を紹介しながら話を進めると、その有効性について必ず理解が得られ、最後は資料提供や専門家の派遣などについて積極的に協力していただけることになった。

ただ、そこで残念なのは、一言「ただし、このような連携をまだどこの図書館でもやっているわけではないのです」と断っておかなければならないことだった。彼らの側から働きかけても反応を示さない図書館の方が実際は多いのが実情であったからだ。

しかし、意欲のある図書館の取組を文部科学省が応援して他の図書館に広めていくのと並行して、彼らの側からも図書館に働きかけていただければ、図書館員の意識変革をより速く進められることは間違いない。そのような思いで私は出向いていたのである。

その一方で、資格関連の図書を多く手掛けるある出版社が、こちらからお願いもしていないのに海援隊参加館に図書を寄贈する、なんてなことも起こった。見ている人は見ているのだなあ、と嬉しくなった。

コラム

○安藤晴彦さんから見た図書館海援隊「地域経済活性化と公共図書館の今日的ミッション」

1　図書館の「政策」と地域経済活性化

国民にとって最も敷居が低く多くの人々が出入りする行政機関である公共図書館の潜在パワーに気付いている霞が関の官僚は極めて少ない。各府省には附属図書館があるが、図書館政策の所管が文部科学省であり、直接の担当者が一・五人という事実も知られていない。そもそも、図書館の「政策」があることさえ理解がない。

公共図書館がビジネスをサポートする、つまり、起業のインキュベータ（孵化器）となり、地域の中小企業の戦略情報ソースを提供し、ビジネスマンや失業者の戦いを支援し、地域経済の発展に貢献するという「ビジネス支援図書館」を日本に初めて紹介した菅谷レポート（菅谷明子、進化するニューヨーク公共図書館、中央公論、一九九九、八月号、pp. 270-281）は、中小企業政策や創業・ベンチャー政策の最前線で戦ってきた筆者には衝撃だった。ニューヨーク公共図書館が、ゼロックス、ポラロイド、パンナム太平洋航空路線、リーダーズ・ダイジェストなどベンチャーの揺りかごであり、現に米中小企業庁と連携した経営支援政策を実施していることに驚きを隠せなかった。アメリカのビジネス支援図書館は、雇用流動化や情報化の進展の中で、高度情報へのアクセスが難しい個人や中小企業への支援は図書館本来の使命に合致し個人の自立や地域経済活性化にも資するものとして、一九〇四年以降、全米各地に広まったという。

戦後の護送船団的な中小企業政策の大転換となった中小企業経営革新支援法の企画立案時に大きな力を貸して下さった竹内利明先生からお話を伺ったとき、一も二もなくお手伝いさせていただくことにした。二〇〇〇年末の御用納めの夕方、閑散とした通産省の一室で竹内先生や図書館界のサムライたちとお目にかかった。「ケイレツや護送船団が壊れた今日の中小企業の生残りには情報こそが生命線となる。それを提供するのが公共図書館の使命だ」との図書館側からの発言には深い感銘を受けた。当時、シリコンバレーの活況を支えるベンチャーの孵化器としてのインキュベータが注目され、日本全国で整備が進められていた。しかし、形だけ真似ても単なる箱物整備にとどまり、根幹かつ魂である経営支援機能に乏しく成功事例は限られていた。公共図書館には、スペースがあり、情報源があり、土日夜間も開館し、さらに中小企業や個人への経営情報提供を使命とする志の高いサムライ司書がいれば、新たな日本型インキュベータとなると、大きな可能性を感じ取った。

霞が関の府省横断的シンクタンク独立行政法人経済産業研究所の創設作業を終え、菅谷さん主宰の二〇〇二年九月の政策シンポジウム「動きはじめたビジネス支援図書館～図書館で広がるビジネスチャンス～」(http://www.rieti.go.jp/jp/events/e02092301/report.html)で、図書館の創業支援への期待について講演させていただいた。当時、内閣府経済財政運営総括で骨太方針など小泉構造改革に参画し、「失われた十年」への処方箋として、創業活性化を重要アイテムとして内部で議論していた。同年六月閣議決定の「骨太方針２００２」で一円起業を含む一連の起業促進政策が経済活性化戦略の中に盛り込まれた。翌年も検討を続け、関係官庁の抵抗など紆余曲折を経つつ、「骨太方針２００３」で「『起業』による就業機会の拡大を図るため、(略)ビジネス支援図書館の整備等により、総合的な事業化・市場化支援を推進する」と、日本で初めて政府の公式文書に「ビジネス支援図書館」の文言が明記された。ちなみに、閣議決定文書は非常に費用対効果のよい霞が関内広報ツールとなる。全府省が一字一句相互チェックするため、地方自治所管の総務省を始め関係府省に「ビジネス支援図書館」が日本経済再生に大きく貢献する可能性をアピールできた。

その後、担当部署が変わっても直接・間接にビジネス支援図書館をお手伝いした。二〇〇三年にワシントンでの国際会議に出席する合間に、近郊のアーリントン公共図書館を短時間訪れ、地域に根差したビジネス支援を目で見てきた。総合科学技術会議では、二〇一〇年七月の「科学技術基本政策の基本方針」で、「創業活動を活性化する基盤整備とし（略）ビジネス支援図書館における情報提供を含め（略）『顔の見える』ネットワーク構築を進める」、「草の根の活動から始まり急速な展開を見せているビジネス支援図書館など各地域の公共図書館の取組とも十分に連携して、広く国民への科学・技術コミュニケーションを充実させていく」と記載された。知的財産戦略本部の「知的財産推進計画２０１１」及び「同２０１２」で、それぞれ「ビジネス支援図書館を含む各地の公共図書館が（略）地域の中小企業に（略）情報提供を行う取組を奨励する」、「ビジネス支援図書館を含む各地の公共図書館が（略）知的財産の活用に資する情報提供や相談を通じて、地域の中小企業における知財人財の育成に貢献することを奨励する」と期待が示された。後者の原案策定時には文部科学省から「ビジネス支援図書館」は閣議決定文書になじまないとの削除意見が出たが、「骨太方針２００３」の前例を示し納得してもらうという珍現象が起きた。長年経って広報効果も薄れたと言える。

この間、ビジネス支援図書館推進協議会が創設され、創業のみならず地域経済を支えるカラフルなビジネス支援が全国二〇〇館以上で展開されている。

2　図書館海援隊との遭遇

二〇一〇年六月に、神代さんにお目にかかった。一月の図書館海援隊の立上げと貧困・困窮者支援など「地域の問題解決」の熱心な活動は聞いていた。それまでは霞が関では孤軍奮闘の感があり松永明さんだけが唯一の頼れる同志だったが、図書館の本家本元の文部科学省幹部が熱心に取り組まれていることに深い感動を覚えた。しかも、図書館本流の幹部が中心にいながらも、霞が関流の上意下達方式ではなく、まさにグラスルーツで、地域のことは地域で取り組む草の根・創発型だったのは画期的だった。

この基本精神の表れが、図書館海援隊の派生ユニット「サッカー部」のユニークな活動で、アイデアと情熱あふれる前例のない大胆な取組に大いに注目した。今日の日本では、サッカーは若者を中心に強い求心力がある。実際に、新エネルギー政策を担当していた際に、相談を受けていた鹿島アントラーズのエコ活動と連動し、追加予算なしで新エネルギーや燃料電池の政策広報を行ったが効果絶大だった。日本代表選手に究極のクリーンカー燃料電池車に試乗してもらい広報ツールを作ったほか、来場者に新エネルギーに親しんでもらうミニイベントをスタジアムで開催した。集客に無駄な予算＝血税をかけずに、互いにwin-winとなった楽しい経験がある。

図書館海援隊サッカー部の活動は、図書館を軸とした「ダービー」から、地域間の観光交流や産業交流に発展し、さらには政府の重要政策であるクールジャパン強化にもつながる。しかも、自発的で自由な発想と官民が連携する草の根の強さを持っている。地域活性化の新たな「政策」として大いに期待される。

3　図書館海援隊への期待

グラスルーツは霞が関が不得意な政策手法だが、グローバル・ネットワーク時代にこそ、Think locally, act globally が重要だ。地域が、自分たちの地域の課題解決に取り組むことが大切である。昔、「日本の禍機」と言われたが、今日の日本も益々困難な時期を迎える。一九〇四年にアメリカで公共図書館のミッションが再定義され公共図書館が地域の活性化に立ち上がったように、日本全国の公共図書館こそが最も身近な知的戦略拠点として立ち上がり、図書館海援隊・ビジネス支援図書館の活動の輪が更に広がることを強く期待する。様々な「地域の問題解決」の成功事例を数多く生み出すことで、志の高い図書館員が多くいるのに、例えば、指定管理者化の流れに有効な対抗策を打ち出せず、今日的ミッションの定義にやや迷いが見られる図書館界のマジョリティに良い刺激を与え、点から面に重層的に各地の活性化に活躍いただきたいと切に願う。

第3章　サッカー好きなら図書館へ～「派生ユニット」の誕生

◆口蹄疫対応

図書館海援隊が発足した二〇一〇年の前半に多くの人々を不安に陥れたのは、宮崎県で発生した口蹄疫の問題だった。四月二三日、宮崎県都農町で感染が確認されて以降、県南部を中心に次々と感染報告がなされるとともに、消毒や移動制限などの対策が連日取られてきたが、収束が確認されたのは七月四日。その間五市四町で飼育していた二九万頭近い牛、豚が殺処分された。経済損失は二三五〇億円とも推計される。これらの市町以外の地域の酪農家にも大きな不安をもたらすとともに、消費者の牛、豚に対する買い控えも起こるなど、大きな社会問題となった。

このときも私は海援隊の仲間たちに「何か図書館でできることはないですか？」と呼びかけた。すると鳥取、広島、愛媛など宮崎県に近い県立図書館が口蹄疫関連の図書や県の農政担当部局から提供された資料などを展示した。その情報をまとめて六月二八日に文部科学省からも記者発表した。科学関係ならともかく、まさか文部科学省がこんな形で口蹄疫対策を打ち出すとは誰も思わなかったに違いない。

しかし、このとき何ともつらい出来事が起こった。それは、海援隊に参加したにもかかわらず地元宮崎の県立図書館は身動きが取れなかったことである。県が感染予防のため図書館など人が集まる公共施設を休業することにしたからである。

最も図書館が役に立てるときに開館できない。職員のみなさんの無念さは察するに余りある。ただ、海援隊のメンバーにできるのは、せいぜい励ましのメッセージを彼らに送ることくらいだった。海援隊発足と年末年始が重なりそうになったときもそうだったが、社会の課題に図書館が適時適切に対応することの難しさを痛感した。（今年度宮崎県立図書館は、資料費が大幅に削減され、全国の図書館関係者から心配の目で見られている。口蹄疫問題の時に存在感を発揮できれば、こんなことも起こらなかったのではないかと、胸が痛む。）

◆仲間を求めて

一方で記者発表やホームページで海援隊の動きを発表するだけではなかなか参加館は増えない。時には面白い取組をしている図書館をこちらから見つけて勧誘に行かねばならない。そんなときに頼りになるのが糸賀先生である。

あるとき先生のお誘いで行ったのが滋賀県東近江市である。市の中心部からかなり離れた田んぼの真ん中にある図書館がすごいのだと言う。最寄の駅で落ち合い、レンタカーを借り、当時東京大学大学院在学中だった府川智行さんが「人間ナビ」を務め、私では危険なので恐縮の極みだが糸賀先生ご自身の運転で東近江市立永源寺図書館へ向かった。

田植えが終わって緑が映える田んぼの中に、その図書館はあった。決して中は広くない。しかし、限られたスペースを工夫して様々な課題解決支援コーナーが設けられていた。こういったサービスの仕掛け人である嶋田学さんの元に、来館してきた人たちが気軽に声をかける。何気ない世間話を通じて嶋田さんは今市民が何を知りたいかを敏感に察知し、これに応えるコーナーを作っておられた。

実は先に述べた口蹄疫対策のときに市町村立図書館で唯一情報コーナーを作って下さったのがこの図書館で

あった。小さな図書館でも小さいなりにできることはあるのである。

七月には、海援隊発足当初唯一市町村立図書館から参加した福岡県・小郡市立図書館の永利和則館長の誘いで、福岡県・佐賀県・熊本県中小図書館研修会に講師として呼ばれ、鳥取県立図書館の小林さんとともに参加した。別の出張先から前日夜福岡に着いたのだが、研修会当日の朝、福岡県には大雨洪水警報が出ていた。博多駅に行くと多くの列車が運転見合わせとなっている。しかし、私たちが乗る小郡方面の列車は何とか動いている。多少遅れはあったが無事到着。館長の出迎えで市長に挨拶し、会場の市立図書館に着いた頃には、何と雨が上がっていた。

その後小林さんとは何度か一緒に会議やイベントに出席したが、雨が降ったことがない。ひょっとしたら最強の晴れ男コンビかもしれない。

冗談はさておき、研修会の熱気はすばらしかった。七〇名近い参加者からは活発な質問、意見が飛び交い、終了後の懇親会も大いに盛り上がり、「今からうちも海援隊に参加します！」と宣言する人まで現れた。

この調子で全国各地を回れば、さらに海援隊に参加する図書館は増えるだろう。私は自信満々で帰京した。

◆異動‼

それから数日後、私は茶封筒に入った一枚の紙を受け取った。人事異動の内示があるので明日〇時に事務次官室へ来てほしいとのこと。

私は凍りついた。社会教育課長になってからまだ一年しか経っていない。まさかこの時期に異動だなんて、全く予想していなかった。

しかし、より悩ましいことは異動の後どうするかである。普通であれば、担当を外れた業務については後任に引き継ぎ、自分はこれ以上手を出さないということになる。普通どころか、社会人としてごく当たり前のことである。幸い私の後任は私よりはるかに優秀な人物だったから、海援隊のネットワークをさらに発展させてくれるだろう。その点の心配はなかった。

ただ、これまでに知り合った元気な図書館員や研究者、関係者の方々とのお付き合いをどうするか。これまた「異動したので今後は関係ありません」と区切りをつけるのが普通のやり方だろう。

しかし、私のうぬぼれかもしれないが、私と彼らとの関係は通常の仕事上の知り合いという次元を超えていた。図書館海援隊は有志の集まりであり、彼らは同志である。図書館を世の人々の役に立てるようにしたいという志は、異動しても変わるものではない。志から出発した関係はそう簡単に切れるものではないし、もちろん切りたくない。

その一方で、後述する図書館総合展への登壇以来など、彼らから私に対するアプローチは異動後も変わることがなかった。お呼びでないならともかく、呼ばれたからには応えないわけにはいかない。

というわけで、異動後も私と海援隊との関係は続くことになった。ただし、後任の社会教育課長の仕事を邪魔しないように気を使いながら、私にできることをするという形で。

◆図書館総合展へのお誘い

二〇一〇年八月、私は国立教育政策研究所へ異動となった。担当は全国学力調査の問題作成、実施、結果分析など、小中高校の教育課程政策に関する調査研究である。社会教育サイドから学校教育の本丸とも言える部署へどっぷり漬かることとなったのである。

異動から一ヶ月ほど経ったころ、来客があった。いつもの糸賀先生、そして図書館総合展実行委員会の佐藤潔委員長と飯川昭弘さんである。

図書館総合展とは、毎年秋にパシフィコ横浜で行われる図書館業界最大のイベントである。広大な展示スペースには図書館や関係団体はもちろん、出版社、書店など図書館に本を納入している企業、そしてその関連業界・団体のブースが所狭しと並ぶ。「関連業界」の中には、例えば本棚を作る会社、図書館における情報検索サービスを開発・提供するＩＴ企業などが含まれる。会場へ行くと、いかに多くの企業・団体が図書館に関わっているかを目の当たりにすることになる。

図書館総合展のもう一つの柱は、図書館をテーマにした講演、シンポジウム、フォーラム、そして「ライブラリー・オブ・ザ・イヤー」といったイベントである。十を超える会場で三日間、朝から夕方までこのようなイベントが目白押しである。全国から図書館関係者や業界人たちが新たな出会いとアイデアを求めて集まってくる。

これらのイベントの中で目玉となるのは実行委員会自身が主催するイベントである。佐藤さんたちが来訪された趣旨は、主催イベントの一つである特別フォーラムのテーマとして、図書館海援隊を取り上げてもらえないだろうか、そして私に基調講演をしてもらえないだろうか、というものだった。

糸賀先生はさらに大胆なアイデアを持ってこられた。特別フォーラム全体の構成について、前半は海援隊をテーマにした基調講演及び事例報告、後半は図書館に関心の高い四人の知事・元知事によるシンポジウムにしたいというのである。

これは願ってもない話だった。全国から集まる図書館関係者を前にして海援隊の紹介ができる。参加館の拡大に役立つだけでなく、図書館関連業界の方々からの支援も得やすくなるだろう。

しかし、ここで一つ考えねばならないことがあった。すなわち、先に述べた異動のことである。確かに海援隊を立ち上げたのは私だが、今海援隊を担当しているのは今の社会教育課長である。現課長を差し置いて私がしゃしゃり出ていいものなのか。

これに対して、佐藤さんたちは既に答えを用意しておられた。現課長には実行委員会主催の別のイベントに参加してもらいたいと考えているので、海援隊についてはぜひお願いしたい、とのことだった。であれば、何の問題もない。喜んでお引き受けすることとした。

◆サッカー部誕生

その一方で、海援隊は早くも私の想像をはるかに超えるスピードで自立し、独自の動きを始めようとしていた。これがサッカー・クラブチームとの連携である。

サッカーと図書館。これまた両極端に位置するようなイメージがある。学校のグラウンドで必死にボールを追いかける男子。それを遠くの木陰で本を読みながら見つめる女子。最近は男女逆のパターンもあるだろう。サッカーに夢中な子供は「本なんか読む暇があったら身体を動かしたい」と思い、本を読む子供は「運動は苦手。静かに読書するのが好き」と思っているだろう。ひょっとしたらこの二人はいずれ付き合い始めるかもしれないが、サッカーと読書の間に何か接点があるのだろうか?

しかし、ここに目を付けた図書館員がいた。より正確に言えば、サッカーに目を付けた図書館員と図書館に目を付けたクラブチーム職員がいたということである。

二〇〇九年あたりから地元のJリーグクラブチームとの連携を行う図書館が現れ始めたようだ。例えば、川崎フロンターレは所属する主力選手のお薦め本をまとめたブックガイドを発行した。これに対し、川崎市立麻生図書館はこのブックガイドやフロンターレのユニフォームなど関連グッズを集めたコーナーを設置した。さらに、フロンターレの選手が図書館へ来て子供に絵本の読み聞かせをしたり、フロンターレのホームゲームに図書館員が出向いて古本市を開催したりした。

このような動きが各地の図書館、クラブチームの間で広がりつつあった。私がこの動きを知ったのは、異動する前後あたりだったかと思う。海援隊のメーリングリストでサッカー関連の話題が増えてきたからである。

何より重要なことは、この動きについて当初私は全く関わっていなかったということである。文字通り図書館員たちの発想と行動力によって始まった活動なのである。そして十月の読書週間を契機にクラブチームと連携する図書館のネットワークを正式に立ち上げようという話になった。この年はサッカー・ワールドカップ開催の年であるとともに国民読書年でもある。これ以上ないタイミングである。

そこで一つの問題が生じた。海援隊に参加していない図書館の中でもクラブチームとの連携を始めるところが出てきたのだ。さて、どうするか。筋から言えば、そのような図書館にはまず海援隊に参加してもらうのが適切かもしれない。

しかし、そのとき私の頭に浮かんだのは、当時一世を風靡していたアイドルグループ、モーニング娘。だった。彼女たちは常時数人から十数人で活動しているが、メンバー全員でステージに立つこともあれば、タンポポやミニモニ。のように、一部のメンバーが独自の歌をリリースしてコンサートを開くこともある。このような活動は派生ユニット（あるいはグループ）と呼ばれ、その構成メンバーの中にはモー娘。以外のメンバーが含まれる場合もある。

あるとき私は、クラブチームとの連携を進める図書館員たちは、正にこの派生ユニットと重なるのではないか、と思い当たった。そこで、彼らのことを「図書館海援隊サッカー部」と名づけてはどうか、と提案したのである。

私の提案はメンバーの賛同を得（もっとも最初からみんながすんなり納得したわけではなかったことが後にわかる）、こうして派生ユニット第一号サッカー部が誕生した。

サッカー部員たちはその年の読書週間（十月二七日〜十一月九日）を中心に、地元クラブチームなどとの連携事業を企画・実施し、文部科学省ではその実績をまとめて十一月十九日にプレスリリースを発表した。合言葉は「図書館からスタジアムへ行こう‼　スタジアムから図書館へ行こう‼」。三一の図書館がＪ１の一〇チーム、Ｊ２の一一チーム、ＪＦＬやなでしこリーグの五チームとタイアップし、館内にチーム紹介の展示コーナーを設けたり、選手によるおはなし会などを実施したりした。

中でも最高傑作と言えるのが「バトル・オブ・スパ〜図書館で〝温泉ダービー〟⁉秋の陣〜」である。愛媛県立図書館の天野奈緒也さんがリーダーシップを発揮したこの事業は、著名な温泉地とＪ２のクラブチームがある自治体の図書館同士で、対戦相手のチームだけでなくホームタウンの温泉地など観光情報を紹介するものである。サッカーのサポーターは地元チーム応援のため、アウェーでも積極的に出かける人が多いことに目を付け、どうせ行くならサッカー観戦だけでなく温泉始め観光も楽しんでもらおう、そのために役立つ情報を地元の図書館かた提供しようというのである。このようなアイデアが旅行会社の社員でなく図書館員から文字通り「湧き出て」きたのである。

ちなみに二〇一〇年シーズンはザスパ草津、大分トリニータ、愛媛ＦＣの三チームが参加し、草津町立図書

表1 「バトル・オブ・スパ」戦績表

2010年シーズン

順位	クラブ	勝点	試合	勝	分	敗	得失点差
1	愛媛	12	4	4	0	0	5
2	大分	6	4	2	0	2	0
3	草津	0	4	0	0	4	－5

2011年シーズン

順位	クラブ	勝点	試合	勝	分	敗	得失点差
1	草津	13	8	3	4	1	－2
2	鳥栖	12	8	3	3	2	3
3	愛媛	12	8	3	3	2	2
4	大分	10	8	2	4	2	0
5	鳥取	5	8	1	2	5	－3

2012年シーズン

順位	クラブ	勝点	試合	勝	分	敗	得失点差
1	大分	12	6	4	0	2	6
2	山形	10	6	3	1	2	－1
3	草津	9	6	3	0	3	－1
4	愛媛	4	6	1	1	4	－2

2013年シーズン

順位	クラブ	勝点	試合	勝	分	敗	得失点差
1	神戸	13	6	4	1	1	7
2	山形	8	6	2	2	2	1
3	愛媛	6	6	2	0	4	－4
4	群馬	6	6	1	3	2	－4

出典：愛媛県立図書館のウェブサイト中「愛媛プロスポーツアーカイブズ」（http://www.ehimetosyokan.jp/contents/prosports/prosports.htm）

館、大分県・宇佐市民図書館、愛媛県立図書館を中心に交換展示が行われた。結果は四勝〇敗で愛媛ＦＣが「優勝」した。さらに天野さんたちは優勝トロフィーまで作り、当時愛媛ＦＣのキャプテン、福田健二選手に授与までしたのである。渡す方も渡す方だが、受け取るために選手をマジで図書館に派遣したクラブチーム側も大したものである。

交換展示が行われた図書館を訪れたサポーターたちからは、「相手チームのホームタウンに対する親近感がわく」など、好意的な反応が数多く届けられたそうだ。中には双方の展示を比較して、自分たちのホームタウンの図書館に対して「もっと頑張れ」と激励する意見も寄せられたという。

◆「Ｊリーグ百年構想」と図書館

振り返ってみれば、なぜサッカーだったのだろうか？　スポーツということで考えればまず野球ではないか、と思われる方も多いだろう。しかし、少し考えればサッカーと図書館のコラボというのは起こるべくして起こった現象だったことがわかる。

その大きな理由に挙げられるのが、Ｊリーグ百年構想である。サッカーを含むスポーツが誰でもできる環境を整え、それぞれのやり方でスポーツを楽しみ、スポーツを通じて世代を超えた触れ合いの輪を広げる。このような理念の下、Ｊリーグは発足時に単なるプロのサッカー・リーグを作るだけでなく、「地域に根差したスポーツクラブ」を核としたスポーツ文化の振興活動に取り組むこととしたのである。

各クラブチームはプロのサッカー選手を抱えるチームを運営するだけでなく、チームの本拠地を「ホームタウン」と呼ぶ。Ｊリーグ規約第二一条〔Ｊクラブのホームタウン（本拠地）〕第二項には、

「Jクラブはそれぞれのホームタウンにおいて、地域社会と一体となったクラブづくり（社会貢献活動を含む）を行い、サッカーをはじめとするスポーツの普及および振興に努めなければならない。」

と定められている。ここが、試合を興行として実施しているプロ野球の球団との決定的な違いである。クラブチームが地域社会と一体となるためには、クラブが所在する地域のあらゆる主体に対してアプローチすることが求められる。その一つとして図書館に目を向けるのはごく自然なことだと言える。

その一方で図書館海援隊は地域住民がよりよく暮らせるのに役立つサービスの提供を、図書館以外の機関・団体と連携して充実させようとしている。地域社会と一体となったクラブづくりを忠実に進める社員が、サッカー好きの海援隊員と出会ったらどうなるか。書くまでもないことである。

その後同様の動きはサッカー以外のスポーツにも広がっている。愛媛県立図書館は同じ野球でも四国アイランドリーグのマンダリンパイレーツとも連携事業を行っているし、東京都・大田区立図書館では女子バスケットボールの羽田ヴィッキーズのために展示コーナーの設置などを行っている。今や多くのプロスポーツチームでJリーグ百年構想に倣い、社会貢献を組み込んだ運営を行うことは当たり前の時代になっている。そこに図書館が関与するのも当たり前でなくてはならない。

◆図書館総合展デビュー

さて、十一月二四日、いよいよ図書館総合展初日の図書館政策フォーラムで海援隊の紹介をする日が来た。私の登場は午後の第二部前半、海援隊結成の経緯や理念などを説明した。そして佐賀県立図書館、川崎市立麻生図書館、東近江市立図書館の事例紹介が続く。

ただ、冷静に考えれば、このとき参加者の関心が後半に傾いていたことは確かである。糸賀先生をコーディネーターとして、前鳥取県知事で総務大臣の片山善博氏、前三重県知事で早稲田大学大学院教授の北川正恭氏、滋賀県知事の嘉田由紀子氏、佐賀県知事の古川康氏といった錚々たるメンバーが図書館論を繰り広げるのだから、当たり前の話である。

私の講演は寄席で言えば前座のようなものだった。しかし、それでいいのだ。むしろ事例紹介に立った佐賀の野田嘉代子さん、川崎の舟田彰さん、そして東近江の嶋田学さんの三人が立派な発表をされたことが私には嬉しかった。しかも舟田さんは話を始める前にフロンターレのユニフォームに着替えるといったパフォーマンス付き。和やかな中にも話だけは真剣に聞くといった雰囲気を作り出して後半へつなげることができたと思う。

後半のシンポジウムだが、現役の大臣が国会開会中に横浜まで来られるかは直前まで不透明だった。しかし、片山大臣は確固たる意志をもって開会前に到着されたことに私を含め関係者は感嘆した。四人の現・前知事に私は夢見心地で挨拶したが、意外だったのは片山大臣以上に北川先生が海援隊の活動についてご存じの様子で、「おお、君が始めたんか」と激励して下さったことだった。

四人のうち三人の地元の図書館が前半で事例報告を行ったので、ある意味当然ではあったが、パネルディスカッションの中でもしばしば海援隊参加の図書館での取組が紹介された。これが他ならぬ知事の口から発せられたことに大きな意義があった。

◆サッカーミュージアム、Ｊリーグへ

年が明けて二〇一一年、まず動き出したのはサッカー部員たちである。前年の読書週間を中心とした取組は、呼びかけのタイミングの関係もあり、関心があっても参加が難しい図書館もあった。また、Ｊリーグの日程から見てもシーズン終盤であり、クラブチーム側と新たな連携を始めるのに適切な時期とは言えなかった。

また、図書館側がＪリーグ百年構想に共感しているとは言え、それはまだほとんど片思いの状態だった。次のシーズンが始まるまでにこちらの企画をある程度まとめるだけでなく、Ｊリーグを管理運営する社団法人日本プロサッカーリーグ（当時）にもあらかじめ説明して理解と協力を取り付ける必要があった。すなわち、図書館からクラブチームにアプローチするに当たり、Ｊリーグ自体が図書館をホームタウン活動の対象、場、あるいはパートナーと認め、クラブチームが図書館へアプローチすることに対する何らかの支援を行ってもらう必要があった。

そこで、Ｊリーグへ行くことにした。

二月十六日、本郷の通称サッカー通りに面するＪＦＡハウスの前に集まった私と部員たちは、まずサッカーミュージアムを訪れた。津内香さんに案内していただいたミュージアムには日本代表のユニフォームなどサッカー・ファンにはたまらない展示物がたくさんあるが、そこから少し奥に入った部屋にサッカーに関する様々な資料を集めた一室がある。事前申し込みが必要だが、もちろんこれらの資料を閲覧することもできる。

ただ、ミュージアムだけで集められる資料には限りがあり、特に地域のサッカー活動に関するものは地元の図書館が収集保管している場合が多い。図書館との連携という意味ではサッカーミュージアムにも切実なニーズがあることを知った。

この後いよいよＪリーグ訪問である。広報部の後藤陽代さん（当時）と事業部でホームタウン担当の青山優香さんにお会いし、これまでの取組事例を紹介しつつ、クラブチームの連携先としてぜひ図書館を活用してほしいという熱い思いを伝えた。お二人は、おそらく当初なぜ図書館の人が訪ねてくるのか不思議に思われたことだろう。しかし、お二人ともすぐクラブチームと図書館との連携の有効性と可能性をご理解下さり、次シーズン開幕後適当な時期に、クラブチームに対する情報提供の機会を設けていただけることとなった。

◆サッカーミュージアムにサッカー部コーナー設置へ

話は前後するが、この日もう一つ大きな収穫だったのは、サッカーミュージアムの中にサッカー部の常設コーナーを設置し、図書館とクラブチームの連携事業に関する情報提供ができるようになったことだった。しかも場所はJリーグの優勝シャーレのレプリカが展示してあるスペースのすぐ隣りではどうかと言う。

興奮状態の私たちはすぐに他の部員たちと相談し、コーナー設置の準備のかたわらミュージアム側とより具体的な詰めを行った。最大の課題は事業紹介のパンフレット、リーフレットなどの資料を絶やさないように、誰がどうやって補充するかということだった。

ただ、最初から完璧な供給体制を組むことはできない。資料のあるクラブとないクラブが生じるのは致し方ない。まずはコーナーを作ることだ。

慌ただしくコーナーの設計図を作ってミュージアム側の了承を取り、二〇一一シーズン開幕直後の三月十六日にオープンすることにした。もちろん鳥取県立図書館を見習い、テープカットを行う。プレスリリースと案内状を文部科学記者会だけでなくスポーツ記者会にも送った。当日が待ち遠しい。

しかし、このコーナーは幻に終わるのである。

第4章　がんになったら図書館へ～東日本大震災、リボン部

◆東日本大震災

二〇一一年三月十一日午後二時四五分過ぎ、文部科学省の新庁舎五階にいた私は強い衝撃を感じた。やがて建物はゆっくり大きく揺れ始めた。当時私のいた部屋には天井まで届く本棚に囲まれていた。棚が倒れる危険こそ感じなかったものの、いつまで経っても揺れが収まらないのでだんだん不安になってきた。

ようやく揺れが収まってテレビを付けると、徐々に各地の情報が入り始めた。倒壊した建物、落下した天井、大津波、そして福島第一原発。電車は止まり、道路には車があふれ始め、歩道は帰宅する人々ですし詰め状態になってきた。

その日は職場で泊まると覚悟を決めたのだが、深夜になると徐々に電車が動き始めたので、それに乗って何とか家に帰りつくことができた。

幸い我が家に被害はなかったが、東北・北関東の図書館の人たちはどうしているだろうか。翌日は土曜日だったので、自宅でサッカー部のメーリングリストをチェックしてみた。すると、茨城県潮来市立図書館の船見康之館長と水戸市立図書館の上本隆幸さんから被害状況の連絡が入っていた。水戸では幸い大きな被害はなかったが、潮来では本棚が倒れ、ガラスが割れ、全館停電、サーバーも壊滅という大変な状況だった。ただ、どちらも職員や利用者に怪我がなかったのが何よりである。

続いて船見館長からSOSが来た。地元の販売店も被害を受けて新聞が届かない。地震に関する情報はラジオ

からしか得られないので、二、三日遅れでもいいから新聞を送ってほしいとのことだった。

しかし、どうやって送るか？　そもそも郵便も宅配便もストップしているし、鉄道も不通。館長に様子を詳しく聞くと、自宅は電気が通っていてネットも通じる。メーリングリストへの投稿も自宅から送ったとのこと。

すると、妻が妙案を思いついた。新聞をデジカメで取って画像を送り、向こうでプリントアウトしてもらってはどうか。館長に確認すると自宅のプリンターは使えると言う。

ただ、これを新聞社に許可なく行えば、著作権法違反である。本来なら新聞社に問い合わせるべきだろうが、先方も震災に関する報道や配達網の被害把握などでそれどころではあるまい。たとえ通じても許可がもらえるまで時間がかかるだろう。

そこで緊急事態と割り切り、私は土曜の朝刊・夕刊、日曜の朝刊をデジカメで取って、潮来と念のため水戸へ送った。電子メールに添付するには重過ぎるので大容量ファイルの送受信サービスを使った。

船見館長はそれを自宅でプリントアウトし、図書館の壁に貼り出した。すると、通りすがりの人たちが次々と集まって来たそうだ。どこで何が起こっているのか、被災した方々自身が把握できていなかったのである。

なお、その後社団法人日本図書館協会は権利者団体と交渉し、本来であれば著作権者等の許可が必要な新聞等のコピーのファックスやメールによる送付について、被災地の図書館に対するものであれば一時的に許可なしでできるようになった。

◆「図書館にできること」震災版

これで思い出したのは、鳥取県立図書館の若き司書、高橋真太郎さんが作った「労働者の直面する問題と図書館のできること」である。この震災版を作ろう。

高橋さんはまたもすばらしいスピードで作ってくれた。ただ、これは被災した人たちが地域の避難所などに避難した場合のものだった。福島第一原発事故の深刻さが明らかになってくるにつれ、周辺住民の多くが故郷を離れ、福島県内外へ避難する動きも出てきた。そのような人たちのためにも図書館にできることはあるはずである。

そこで、第二のパターンができた。これは愛知県田原市立図書館の豊田高広館長や横浜市立の吉田倫子さんなど「公共図書館員のタマシイ塾」のメンバーが作ったものである。（いずれも図7参照）

また、第一東京弁護士会が被災者の方々の「これからの暮らし」に役立つと思われる「制度」や「手続き」等の情報を集めた冊子「暮らしの手引き～ここから／KOKOKARA～」を作成したときにも、海援隊のメーリングリストに呼びかけ、希望する図書館に送って閲覧・配布できるように協力してもらった。仙台のメディアテークは斬新な建築が仇となり天井が崩落するなど大きな被害を受けたが、その中で仙台市民図書館はいち早く再開し、そこから市内の図書館へ冊子を届けてもらった。

被災地以外の図書館からも数多くのリクエストが来た。原発事故の影響で避難する人たちは全国に散らばっている。日本国中どこの図書館に置いてあっても役に立つ資料である。

ただ、震災後の一連の取組を振り返るとき、図書館海援隊としてどこまで被災された方々の力になれたかと問われれば、あまり胸を張れるようなことはできなかったという思いも強い。特に東北で被災した図書館の中には津波で流されたり地震で倒壊したりしたところも多かったし、建物が無事でも職員の犠牲が出たり、職員が無事でも避難所運営などの支援で本来の図書館業務の再開まですんなりいかないところもあった。

図7　全国の図書館が被災された皆様にできること

～発生から復興まで～

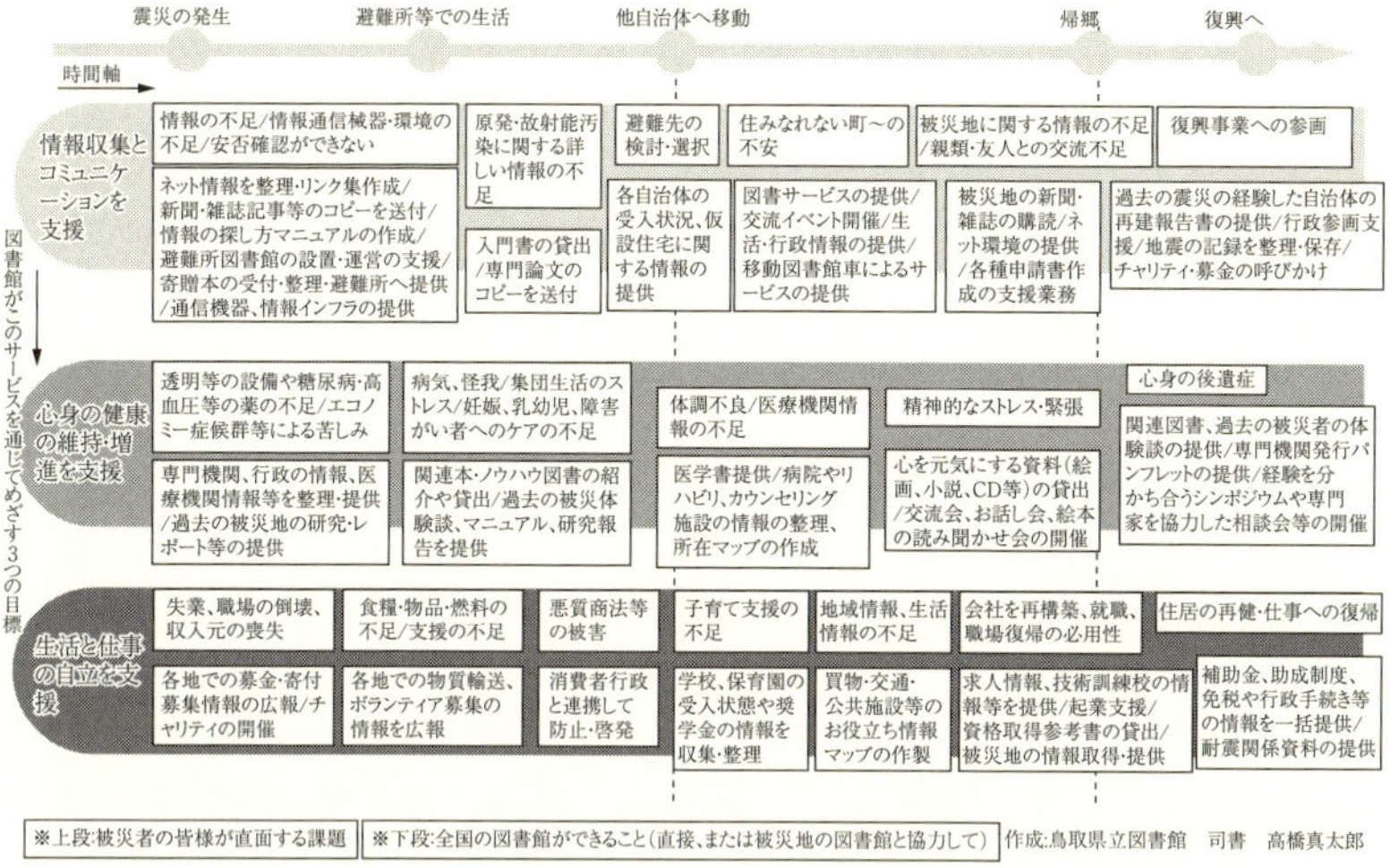

図8　全国の図書館が被災された皆様にできること（被災地にとどまる人々向けバージョン）

目標1 情報収集とコミュニケーションを支援	課題	情報の不足 / 情報通信手段の不足 / 安否確認できない			原発・放射能汚染に関する情報の不足	避難先の検討・選択	復興事業への参画	
	直接サービス	ネット情報を整理・リンク集作成 / 新聞・雑誌記事等のコピーを送付 / 情報の探し方マニュアルの作成 / 避難所図書室の設置と運営するボランティアの支援・育成 / 寄贈本の受付・整理・避難所へ提供 / 通信機器、情報インフラ（LAN 環境等）の提供			入門書の貸出 / 専門論文を提供	各自治体の受入状況、避難所や仮設住宅に関する情報の提供	過去に震災を経験した自治体の再建報告書の提供 / 行政参画支援 / 地震の記録を整理・保存 / チャリティ・募金の呼びかけ / 各種相談、会合、研修等の場所の提供 / 復興に関するボランティアの活動や育成に役立つ資料の提供	
	間接サービス	通常の図書館間相互貸借及び Fax・インターネット等による資料の送信 /Fax やメールによる調べもの支援サービス			専門論文を送付		専門論文等を送付	
目標2 心身の健康の維持・増進を支援	課題	治療設備や薬品の不足 / エコノミー症候群等による苦しみ	病気、怪我 / 慣れない生活のストレス / 妊婦、乳幼児、障がい者等へのケアの不足	体調不良 / 医療機関情報の不足	精神的なストレス		心身の後遺症	
	直接サービス	専門機関、行政の情報、医療機関情報等を整理・提供 / 過去の被災地の研究・レポート等の提供	関連本・ノウハウ図書の紹介や貸出 / 過去の被災体験談、マニュアル、研究報告を提供	医学書提供 / 病院やリハビリ、カウンセリング施設の情報の整理、所在マップの作成	心を元気にする資料（絵本、小説、CD 等）の貸出 / 子どもや高齢者のための交流会、お話し会、絵本の読み聞かせ会の開催		関連図書、過去の被災者の体験談の提供 / 専門機関発行パンフレットの提供 / 経験を分かち合うシンポジウムや専門家と協力した相談会等の開催	
	間接サービス	過去の被災地の研究・レポート等を送付	過去の被災体験談、マニュアル、研究報告を送付		お話し会等に使用できる寄贈・除籍図書や複製データを送付		過去の被災地の研究・レポート等を送付	
目標3 生活と仕事の自立を支援	課題	失業、職場の倒潰、収入元の喪失	食物・物品等・燃料の不足 / 支援の不足	悪質商法等の被害 / 法的紛争の発生	子育て支援の不足	地域情報、生活情報の不足	会社を再構築、就職、仕事への復帰	住居の再建
	直接サービス	公的資金等の給付や融資に関する情報の提供 / 各種申請書作成の支援業務 / 保険に関する情報の提供	各地での物資輸送、ボランティア募集の情報を広報 / ライフラインや交通の障害に関する情報 / アウトドアライフ等の資料の提供	消費者行政と連携して防止・啓発 / 法律書や法律相談等の情報の提供	学校、保育園や一時預かりの受入状態、奨学金の情報を収集・整理	買物・交通・公共施設等のお役立ち情報マップの作製	求人情報、技術訓練校の情報等を提供 / 起業支援 / 資格取得、参考書の貸出 / 被災地の情報取得・提供	補助金、助成制度、免税や行政手続き等の情報を一括提供 / 耐震関係資料の提供
	間接サービス	義捐金や図書等寄付の募集情報の広報 / チャリティの開催や場の提供		法律関係の専門論文等を送付				耐震関係の専門論文等を送付
目標4 図書館等の知的インフラの復旧を支援	課題	施設・設備の復旧	資料の復旧		サービスの再開	目標1～3の実現の主体となる	被災と復興に関する記録	
	直接サービス				被災避難者への利用登録承認や弁償免除とその周知	目標1～3「直接サービス」を参照	地域コミュニティ、NPO、大学、報道機関等と情報を相互提供 / 図書館サービスに関する住民からの反響を収集	
	間接サービス	復旧のための人手（資料整理、IT、ニーズ調査等）や機材（不要な移動図書館車・PC 等）の送付	除籍資料や寄贈資料の収集・選別・蓄積・提供 / 汚破損・亡失した郷土資料等の修理や、複製・代替資料の送付		啓発ポスター等の PR 用ツールの提供	目標1～3「間接サービス」を参照 / ノウハウの助言やマニュアルの提供	被災と復興に関する記録・資料の収集 / 記録集・デジタルアーカイブ等の編纂	

作成：鳥取県立図書館司書・高橋真太郎＋「公共図書館員のタマシイ塾 (http://t-juku.org/)」有志

その一方で、図書館員の出番は震災直後からたくさんあった。避難所に寄贈された本をどう管理するか、これはどこの避難所でも大きな難題であったと後で知った。被災地側から希望して子供向けの絵本などが贈られたところもたくさんあったが、「支援」と称して一方的に本が送り付けられ、開けてみると汚れた古本ばかりだったり、出版社の在庫処分のような本だったりして、結局誰にも読まれないまま放置されたものも多かった。こんなとき本は復旧・復興の妨げになる。食料なら食べ残しは捨てられるし、衣類も何日も着て古くなれば捨てられる。しかし、本はかさ張るし重いし、何よりも腐らない。古本になっても消えてなくなるわけではない。こうして善意の名の下に送られた図書が避難所閉鎖や学校再開の妨げになるところがあちこちに現れた。

本来、ここに地元の図書館や書店が協力して何とかする可能性もあったと思う。冷静な検証が必要である。

◆ホームタウン会議に乗り込む

二〇一一年、Jリーグは J1、J2とも三月五日に開幕した。しかし、第二節直前の三月十一日に東日本大震災が発生し、その後の電力不足などの事情もあり、一時全ての試合は中止となった。再開したのは四月二三日である。

このようにJリーグ自体も大変な状況にあったのだが、そんな時期に青山さんから六月のホームタウン会議で十分ほどだがサッカー部の紹介をしてほしい、との依頼が来た。私たちのことを忘れずにいて下さったことにじーんときた。

ホームタウン会議は、J1、J2各クラブチームのホームタウン担当者が集結する会議である。ホームタウン担当とは先に紹介した「Jリーグ百年構想」に基づく地域貢献に関わる事業を担当する人たちであり、図書館に最も近い立場にある人たちだ。中には既に図書館との連携事業に関わっている人もいるかもしれない。

私は喜び勇んで乗り込んだ。教室形式で並ぶテーブルの一番後ろに座り、出番が来ると一番前へ行って、ショートパスをつないでゴールにつなげるような？話をした。「図書館はクラブチームとのつながりを望んでいます。興味を持たれましたらぜひご連絡下さい！」

このときの資料として私は「秘密兵器」を用意した。愛媛FCの熱狂的なファンで「オーレ！」などのサッカー漫画で知られる売れっ子作家、能田達規さんにサッカー部への参加を呼び掛ける二枚の絵を描いてもらったのである。

一枚目は現在図書館と連携しているクラブチームのマスコットたち（マスコットのないチームはユニフォームを着た子供）がスタジアムで思い思いに本を読んでいる姿である。

そして二枚目は彼らの夢として、他のクラブチームのマスコットたちも加わってくれればもっと楽しいだろうなあ、というイメージの絵である。特に二枚目の周辺部分はデッサンのままで、能田先生も描き辛かったようである。しかし、これは会議の出席者たちに強いインパクトを与えたことは間違

2011年6月Jリーグホームタウン会議配付資料

いない。

なぜなら、彼らは私の説明を聞きながら、当然の行動として自分のチームのマスコットを探していたからである。図書館との連携ができているクラブチームのマスコットはカラー、それ以外はモノクロである。自分のチームのマスコットがモノクロと知れば、何かを感じたはずである。

この会議には大東和美チェアマン(当時)も参加されていた。私のプレゼンの後マイクを持って「私からも『サッカー部』をよろしくお願いします」とおっしゃって下さった。社交辞令とわかっていても、嬉しかった。

さらにこの日もう一つ大きな収穫があった。一番後ろのテーブルで出番を待っている間、ふと隣りを見ると何とあの傍士銑太理事が座っておられる。百年構想の生みの親とも言える人である。この日のメインスピーカーとして呼ばれていたのだ。何という幸運!

私は大急ぎで自己紹介し、サッカー部の説明をした。突然話しかけられて傍士さんも驚かれたと思うが、関心を持って下さった。活動を紹介する機会があればお知らせします、と申し上げると「よろしくお願いします。」とおっしゃって下さった。

これは社交辞令ではなかった。この年の図書館総合展にサッカー部がポスターセッションで参加したとき、傍士さんにお知らせしたところ、彼は実際に見られただけでなく、その場にいたサッカー部員とも親しく話をして下さった。サッカー部に強力なサポーターが誕生したのである。

◆医療健康情報コーナー

さて、震災からの復旧・復興が徐々に進み始め、少なくとも首都圏の生活が落ち着きを取り戻したころ、海援隊の中で別の新たな動きが生まれ始めていた。

もともと海援隊参加館の中には「医療健康情報コーナー」を設置しているところがあった。そこでは病気に関する本だけでなく、健康診断の案内やメタボ対策に関する資料など自治体や保険所、病院などが発行するパンフレットなどを集めて紹介している。

このようなコーナーのより進化したものとして「闘病記文庫」がある。がんなどの重病にかかり、そこから苦労の末回復した人や病気と付き合いながら生き続ける人がつづった闘病記を集めたコーナーである。患者にとっては同じ病に立ち向かう人の書いた本を読むことは、自身が病気と闘う上で精神的に大きな力になる。

しかし、問題はこのような本をどうやって探すかである。例えば、がん患者の闘病記を検索するのに、「がん闘病記」で検索しても目当ての本がヒットするとは限らない。以下は、実際に出版されている闘病記のタイトルの例である。

「生きて生きて生きていく」
「自分レッスン」
「笑うかどには福来る」

書名の検索で拾いきれない闘病記をどうやって探すか？　司書の出番である。日本十進分類法なら九七四のエッセイ、九七五の日記、九七六のルポルタージュあたりに分類される本をきちんと読んだ上で闘病記を選び出し、病気ごとに分類し、四九で始まる医学の本と同じ棚にまとめるという作業を経なければ、闘病記文庫は成立しないのである。

◆リボン部誕生

前置きが長くなったが、医療健康情報コーナーを設置している図書館の中から、NPO法人キャンサーリボンズとの連携を探る動きが出てきた。

キャンサーリボンズは二〇〇八年六月に設立、がん患者の生活を支えるために役立つ様々な資料の発行、セミナーやイベントの開催、がん患者の「治療と生活」をつなぐ具体的な情報とケア体験を提供する「リボンズハウス」と呼ばれる施設を設置・運営している。お笑いタレントの山田邦子がこの団体のシンボルソング「あなたが大切だから」を作詞・作曲したことでご存じの方も多いだろう。

我が国では男性の二人に一人、女性の三人に一人ががんにかかると言われている。その一方でがんは手術で患部を取り除いたからといって直るとは限らないし、抗がん剤を使った治療は副作用を伴い、患者や家族に大きな負担となる。

しかし、病気や治療に関することは医師に聞けるが、入院前や退院後の生活を送る際には全く別の様々な課題が生じる。食事はどうするかといった日常的な課題もあれば、女性の中にはがんと闘いながらも見た目や服装が気になる人も多い。その一方で再発が不安でたまらない人も多いだろう。発病前と変わらないくらい元気になったのに職探しに苦労する人もいる。家族にしても、患者とどう接すればいいのかといった素朴な疑問から、治療にいったいいくらかかるのだろう、といった現実的な課題もある。

このような事柄について、病院など医療機関側で提供できる情報は実は限られている。特に生活に関する情報、あるいは患者や家族の精神面を支えるような情報は、むしろ図書館の方が豊富に提供できるのではないか。

そのような問題意識を持った図書館員たちが七月のある日キャンサーリボンズの本部に集まり、副理事長の岡山慶子さんたちと意見交換した。岡山さんからは、キャンサーリボンズでは入院前後の生活に役立つ情報を集めたパンフレットや冊子を数多く作成しており、保険会社などが発行する資料（商品に関するものを除く）とともに、図書館の一角に展示してもらえないだろうか？という提案がなされた。図書館側は海援隊参加館や医療健康情報サービスに熱心な図書館の職員たちが集まり、みな前向きの反応を示した。図書館ごとに空きスペースなどの事情は異なるものの、まずはできるところからお試しでコーナーを作ってみようということで話がまとまった。

こうして第二の派生ユニット、「リボン部」は誕生した。

◆ある館長の「戦死」

このとき集まった図書館員たちの所属先を並べると以下のようになる。

川崎市立麻生図書館
同中原図書館
相模原市立図書館
浦安市立図書館
三島市立図書館

静岡県立こども病院図書室
鳥取県立図書館

そして、この中で真っ先にキャンサーリボンズの資料コーナーの試験的な設置を始めたのが、参加メンバーの中で最年長の池原真館長が運営する川崎市立麻生図書館だった。館長自ら参加しておられるのだから早くできるのは当然という面もあるが、発想の柔軟さ、行動に移す迅速さ、そして何より気持の若さという点で私を含む他の参加者たちと何ら変わることがなかったのは確かである。それでいて私たちが喧々諤々意見を戦わせる様子をそばで温かく見守って下さる一面もあり、人生の先輩として安心感を醸し出していた。

後で聞いた話だがサッカー部結成のときに「部員」たちの背中を後押ししたのも彼だったし、彼の影響を受けて図書館サービスの向上に務める図書館員も少なくない。

その池原館長が二〇一一年の冬頃から調子が良くないという話が聞こえてきた。どうも入院されたようだ。翌年の初め、退院された池原さんがリボン部のメーリングリストに投稿された。「白血病の一歩手前」とのこと。病気と付き合いながら館長の職務を続けるという。無理のないようにと祈るばかりだった。

しかし、私たちの祈りも空しく、六月末に池原館長は還らぬ人となった。その約半月後にリボン部の打合せがあった。みな一言何か言わずにはいられなかった。そのとき静岡県立こども病院図書室の塚田薫代さんが朗読をされた。

病院付属の図書館では、宿命として患者が治療の甲斐なくお亡くなりになることがある。そのとき辛いのは家族だけでなく病院のスタッフも同じである。人の死を受け止めつつ、どこかで気持の区切りを付けなければならない。そんなときに本は力を貸してくれる。そんなことをまさかリボン部の打合せで実感しなければならないとは思いも寄らなかった。

ただ、思い返せばこれこそ池原館長の私たちに対する最後のメッセージだったのかもしれない。利用者の気持になって図書館サービスの向上を常に目指し、実行する。そのことを自らの死をもって私たちに伝えようとされたのだろう。

◆源泉（厳選）かけ流しブックリスト

その後しばらくして、リボン部の活動を特徴づけるキラー・コンテンツが誕生した。「源泉（厳選）かけ流しブックリスト」である。塚田さんが中心になって作成されたものだが、選定の要件は以下の三つである。
①五年以内のエビデンス（医学的提供）に基づく新しい情報であること。
②公共図書館、学校図書館向けのエビデンスレベルであること。
③価格はおおむね三〇〇〇円以内であること。
リストの中には、病気や身体の機能に関する専門的内容を写真やイラストを活用してわかりやすく解説したもの（大人向けだけでなく子供や中高生向けのものを含む）、治療法や薬に関するもの、食事や就労など生活に関わる有益な情報をまとめたものなど、様々な本がピックアップされている。

ただ読書にそのような効果を期待するには、司書が患者の心に寄り添えるような本を厳選し、絶えず中身を更新する必要がある。温泉の効能を最大限に引き出すために、お湯を循環させたり温め直したりしないのと同じことである。ということで、「源泉（厳選）かけ流し」という名前が付けられたのである。

最新のブックリストをご覧になりたい方は、塚田さんのメールで問い合わせていただきたい（アドレス：

stukada@jccns.jp)。

◆第十四回図書館総合展

二〇一二年十一月、第十四回図書館総合展ではリボン部とサッカー部がポスターセッションでなく念願のブースを出展しただけでなく、それぞれ自分たちの活動ぶりを知ってもらうためのフォーラムを開催することとなった。

二一日午前のリボン部のフォーラムには岡山「顧問」を司会として、部員二名に三重大学附属病院の竹田寛院長、そして厚生労働省健康局がん対策推進・健康課の秋月玲子課長補佐に参加していただいた。部員たちの取組を聞きながら、がんの治療だけでなく病院へ行く前、退院した後の生活を支える図書館の役割に対し、大いに評価していただいただけでなく、病院や医療関係者とのさらなる連携の可能性について活発な意見交換が行われた。

これをきっかけとして、翌年六月にはより幅広く医療関係者と図書館関係者とが参加し、連携強化の可能性を探るため、「全力討論！がん患者さんと家族を支えるために　図書館と病院・医療従事者の連携が始まる」を開催した。約六〇名の参加者たちは自分の仕事上の悩みを語り合い、課題を解決するために互いに何ができるか、熱い討論を繰り広げた。

サッカー部は同日午後に二部構成でフォーラムを開催した。前半は鳥取県立の小林さんによる基調報告に続き、スポーツ・ジャーナリストの中西哲生さん、Jリーグの傍士理事、川崎フロンターレと愛媛県立図書館の「ダブル天野」さんという豪華な顔合わせによるシンポジウム。「サンデー・モーニング」のコメンテーターなどで大活躍のあの中西さんの口から「図書館がクラブチームと連携してくれるのはありがたい」との発言が出たときには正直感激したし、傍士理事からは「クラブチームも図書館に負けない数にまで増やしていかねばならない」との力強い言葉。サッカー部に対する強力なエールというか、プレッシャーをかけて下さった。

そしてフロンターレの天野春果プロモーション部部長からは、図書館との連携事業のアイデアが湯水のように湧いてくる。愛媛県立図書館の天野奈緒也さんの報告も三人に負けていない。みな相手の発言をワンタッチ、あるいはノータッチでつなげてゆく。言葉のパスサッカーを観るようだった。

後半はサッカー部員たちが入れ代わり立ち代わり贔屓クラブのユニフォームを着て活動ぶりを紹介。まだクラブチームとの連携ができていない地域の図書館員たちが、終了後部員たちと名刺交換し、ノウハウを吸収しようと問合せに来る光景があちこちで見られた。スーツ姿の参加者が多い会場の中で、サッカー部のイベント会場だけはカラフルなユニフォーム姿の図書館員たちが走り回っていたのである。

これまでの図書館総合展の中でもユニークなイベントになったのではないかと自負している。

◆朗読部誕生

さて、リボン部主催のフォーラム開催直前、岡山さんの携帯に一本の電話が入った。私はそのときたまたま彼女のそばにいたのだが、何やら深刻そうな内容。離れた方がいいかと思ったが、逆に止められた。

電話の主は青木裕子元NHKアナウンサー。それまで会ったことはないが、私にとっては忘れられない方である。仕事が忙しくて毎日のようにタクシーで帰宅していたころ、車内を流れる「ラジオ深夜便」を聞きながら疲れを癒したものである。加賀美幸子さん、遠藤ふき子さんなどと並んで、青木アナは私のお気に入りアンカーの一人だった。

話の内容を聞いてさらに驚いた。彼女はＮＨＫ退職後私財を投げ打って軽井沢町に朗読専用の施設、軽井沢朗読館を建てたのだが、そこでの活動が町長の目に留まり、翌年オープンする図書館の館長に就任してほしいとの打診を受けたというのである。

「どう答えたらいい？」と尋ねる岡山さんに対する私の答えは最初から決まっていた。「ぜひお引き受けなさい！」

第三の派生ユニット、朗読部誕生の瞬間である。

第5章　図書館海援隊フォーラムの開催

◆図書館総合展のメリットとデメリット

図書館海援隊の活動を拡大、発展させるため、二〇一〇年（第十二回）から二〇一二年（第十四回）まで、三年連続で図書館総合展に出展したり、フォーラムを開催したりしてみた。何と言っても図書館業界最大のイベントであるから集客力はあるし、実際多くの同志を増やすことができた。

その一方で不可解なことだが、このイベントに公共図書館員が参加しようとすると年休を取らなければならない、つまり出張扱いにならないという声もしばしば聞いた。図書館「業界」向けはともかく、図書館「員」向けの情報発信となると別の機会を狙った方がいいのではないか、という意見が多くの隊員から聞かれるようになった。

◆全国図書館大会に目を付ける

彼らから出てきたアイデアは、公益社団法人日本図書館協会が主催する全国図書館大会である。これなら公共図書館の職員たちは堂々と？出張扱いで参加できるというのである。

しかも大会当日でなく、あえてその翌日に「関連行事」として開催すれば、より多くの図書館員の参加が見込めるのではないか。二〇一三年の大会日程は十一月二一～二二日である。翌二三日も祝日なので、一日滞在を延ばしやすいのではないか？

さらに、大会開催地が福岡というのもラッキーだった。かつて訪れた九州には元気な図書館員たちがたくさんおられる。手伝ってくれる人たちを確保するのも難しくなさそうだ。

ということで十一月二三日、福岡県立図書館でついに海援隊初の単独イベントとして「図書館海援隊フォーラム２０１３」を開催することとなった。発足４年目にして、普段はサッカー部やリボン部など「部活動」中心で活動している図書館員たちが一堂に会し、情報共有・意見交換できる機会が訪れたのである。

◆「濃い」一日

このアイデアは大成功だった。十一月二二日の「前夜祭」から集まった図書館員たちはあちこちで熱い議論を繰り広げ、そのままの勢いで二三日のフォーラム、そして打ち上げへと一気に駆け抜けていった。

フォーラムでの発表や議論の詳細は第２編に譲るが、当日の様子をキーワードを交えながらごく簡単に紹介すると、こんな感じになる。

第一部はリボン部。入院の〝Before & After〟に図書館の出番があるという、静岡県立こども病院図書室塚田さんの発表が参加者の共感を呼ぶ。続く朗読部、軽井沢町立中軽井沢図書館の青木館長の声があるときは優しく、あるときは力強く聞く者の心に届いてくる。

第二部、海援隊本隊のセッションでは、大分県宇佐市立図書館の島津芳枝さんの「文系男子には頼らん。」発言に、私を含め会場にいた文系男子全員がうつむき、反省。

しかし、第三部のサッカー部で多くの参加者が贔屓チームのユニフォームに着替えると、会場は一気に華やかな雰囲気に。たまたまオレンジ色のチームカラーの部員の発言が続いた後、元川崎フロンターレのサッカー事業部長で愛知工業大学准教授の竹中嘉久さんが、やや不機嫌そうな顔をしてこう言い放つ。「好きな色は水色、嫌いな色はオレンジです。」

参加者の中には「今日の発表は全員濃いね」「刺激が多い」「面白い」など、自分が感じたことを早く人に聞いてもらいたくてうずうずしている人たちが目立つ。

全て海援隊員たちの功績である。

第6章　世の中を良くする図書館を目指して

◆参加館の現状

現在図書館海援隊に参加している図書館として文部科学省のホームページに掲載されているのはちょうど五〇館である。これに「派生ユニット」、すなわちサッカー部、リボン部、朗読部のみに参加している図書館を加えると、おそらく七〇館程度にはなると思う。

しかし、それでも日本国内の図書館数のわずか二%程度に過ぎない。

昨年図書館界で話題となった猪谷千香著「つながる図書館」のまえがきに「図書館海援隊サッカー部」が登場した。おおお、と感激したのも束の間、本文にはそれ以上の紹介はなかった。鳥取県立図書館の紹介に多くのページを割いているにもかかわらず、「課題解決支援型図書館」というカテゴリーを示しているにもかかわらず、である。

などと著者に文句を言っても何も始まらない。これが海援隊の現在の実力なのである。

◆人事異動との闘い

海援隊のネットワークがなかなか広がらない大きな原因の一つは人事異動である。誰が何と言おうと、言い出しっぺの私が異動したことが海援隊にとって大きな痛手だったのは間違いない。

図書館員にとっても事情は変わらない。自分がレファレンスサービス担当であれば館長を説得してでも海援隊へ参加することができるが、そのポストから異動になれば、続けるかどうかは後任次第である。

しかし、中には担当を外れた後も仲間との付き合いを継続する図書館員も少なくない。彼らはいつ会っても熱い。たとえレファレンスサービスとは縁のない業務が担当であったとしても、図書館員として住民のために何ができるか、常に考え、実行に移している姿には大いに勇気づけられる。こんな職員がいる図書館が家の近くにあれば、毎日でも通いたいと思うだろう。

何度も書いてきたように、図書館海援隊は有志の集まりである。志さえあれば、極端な場合図書館に配属されていなくても残ることはできる（実際そんな隊員もいる）。もし海援隊がなければ、彼らの熱い気持は図書館業務から離れた途端に冷めてしまうかもしれない。

その意味で、海援隊は意欲ある図書館員を孤立させないためのセーフティネットとしての役割を果たしているとも言える。

◆多様な図書館の誕生

一方で、海援隊の活動と並行して、全国ではユニークな図書館が次々と開館している。例えば、十年近い行政と市民による検討を経て二〇〇一年にオープンしたせんだいメディアテークは、仙台市民図書館だけでなく仙台市民ギャラリー、仙台市視聴覚教材センターなどから成る複合施設として、建物の斬新なデザインとともに大きな話題となった。

市の生涯学習課長としてメディアテークの開設準備をリードし、後に市長となる奥山恵美子さんは、メディアテークの構想を見た途端に「これができれば市役所は要らなくなるわね」と発言されたと聞いた。この施設を市民が利用すれば、生活に必要な情報をいちいち市役所に問い合わせなくても済む、と考えたようだ。

武蔵野プレイスや伊万里市民図書館なども、海援隊に参加していないとは言え、市民が必要とする情報を効果的に提供することに工夫を凝らしている。

そして、構想段階から図書館界に大論争を巻き起こした武雄市図書館であるが、樋渡市長の言動やツタヤを経営するCCCが指定管理者になったことや、代官山の蔦谷書店をモデルにした外観やコーヒーショップなどが話題となるばかりで、肝心の図書館としてのサービスについてはあまり議論にならない。

ただ、少なくともCCCのCEO増田宗昭さんの書いたものを読む限り、日本図書分類によらないジャンルごとの書籍配置は課題ごとに図書コーナーを設ける手法と共通するものがあるし、店員（職員）をコンシェルジュと捉える考え方も、住民が必要とする図書・資料を探し出す能力に長けた司書と考えれば、海援隊が目指す図書館の理念と重なる部分もあるように思う。

手法は異なるにせよ、図書館が今のままではいけない、もっと利用者である住民にとって使いやすいものでなければならない、との意識は図書館界内外の多くの人たちに共有されている。問題はどう動くかである。

◆図書館の本来業務

今後さらに図書館海援隊の拡大を目指すに当たり、このあたりで一度「図書館は何をする公共施設なのか」という原点に立ち返る必要がある。

図書館法第三条には「図書館奉仕」といういささか仰々しいタイトルの条文があり、本文には「図書館は、図書館奉仕のため、土地の事情及び一般公衆の希望に沿い、さらに学校教育を援助し、及び家庭教育の向上に資することとなるように留意し、おおむね次に掲げる事項の実施に努めなければならない。」とされ、その後に第一号から第九号までより具体的事項が定められている。第一号にはいわゆる図書などの閲覧・貸出業務について記載されているが、第三号、第六号には以下のように書かれている。

三　図書館の職員が図書館資料について十分な知識を持ち、その利用のための相談に応ずるようにすること。

六　読書会、研究会、鑑賞会、映写会、資料展示会等を主催し、及びこれらの開催を奨励すること。

海援隊に参加する図書館はビジネス、医療健康情報など様々な分野ごとにコーナーを設け、住民から図書等の資料の問合せに応じ、行政や専門家、ＮＰＯなどと連携して課題ごとの講演会や相談会を積極的に開催しているが、これらの業務は全てこれらの規定で読める。

言い換えれば、上記業務はわざわざ海援隊を名乗らなくても、およそどこの図書館でも当たり前のように実施されていなくてはならない、図書館の本来業務なのである。

しかし、海援隊参加館の図書館員たちがしばしば口にするのは、そのようなコーナー設置やイベント開催を企画すると上層部から「余計なことはするな」と止められる、あるいは同僚から「自分たちの仕事を増やさないで」といった目で見られる、という不満である。

図書館法の規定を読めば、どちらが正しいかは明らかである。

◆ある官民交流イベントでの質問

図書館海援隊をめぐるもう一つの課題として、利用者である住民の意識についても触れておかねばならない。東日本大震災から一年経った二〇一二年三月、私はある官民交流イベントに発表者の一人として参加し、図書館海援隊ではないが、震災後の社会教育・文化施設復興を支援する別の有志のネットワークについて紹介した。発表後医師を名乗る方から質問があり、「震災から一年しか経っていない段階で図書館の復興を議論するのは、浮世離れしていないか」と尋ねられた。

ある程度予測できる質問だった。まずは被災者の命を助け、行方不明者を救い出し、避難所を運営し、仮設住宅を建設し、学校を再開し……と考えていくと、図書館の再開はいつの段階の話か、という気持になるのも無理はない。

しかし、そこで私は潮来市立図書館へ新聞のデジタル画像を送った話や、避難所生活で不安な気持でいる子供たちに絵本を届ける活動について紹介し、震災直後でも社会教育施設にできることはあると断言した。その一方で、図書館など社会教育施設の果たしうる役割が、図書館界以外の人たちにまだまだ伝わっていないことを痛感した。

◆図書館のアドボカシー

海援隊参加館の図書館員たちからしばしば聞くのは「図書館ってこんなこともしているんですか」という利用者からの声である。

こんな声をもっと増やしていかねばならない。地域住民が図書館を「無料貸本屋」でなく、自分たちの課題解決を助けてくれる公共施設と認識すれば、図書館サービスに対する要望はもっと力強く切実なものになるはずである。

言い換えれば「近くに本を借りられるところがあると楽しい」からでなく、「自分たちの生活を改善し、自分たちの住む街を良くするためには、図書館が役に立つ」から図書館が必要なのであり、自分たちが求めるサービスを提供してもらうためには、専門的知識を有する職員がいつもいてもらわなくてはならないし、資料も充実してもらわなくてはならない。

これこそが図書館のアドボカシーであり、地域住民の多数から図書館に対してそのような声を上げてもらえるような状況を作ることができるか、が図書館に問われている。ここに向けた努力なくして専任職員や資料費の削減に抵抗しても勝算はないのである。

◆サービスの間接給付

図書館サービスを含む社会教育の位置付けについて、少し別の観点からも問題提起しておきたい。

国、自治体などの行政が住民に対して実施する政策を「金銭の給付かサービスの給付か」「直接給付か間接給付か」の二本の軸で分けると、表2のように、四つのカテゴリーに分類できる。

金銭を直接給付する政策として生活保護、児童手当、奨学金などがある。

サービスを直接給付する政策として医療、介護、保育、学校教育、職業訓練などがある。

金銭を間接給付する政策として、様々な税制優遇措置がある。これは、一定の要件の下に本来支払うべき税金の額を減らすことにより、減った分の金額については、政府から金銭を給付されたのと同じ効果を持つというものである。

であれば、サービスを間接給付する政策も考えられるはずだ。社会教育や文化に関する政策は正にここに位置付けられるべきものだと私は考える。

表２　行政政策の種類

	直接給付	間接給付
現　金	生活保護児童手当奨学金など	税制優遇（減税・税控除）
サービス	医療・介護保育・ 学校教育職業訓練など	社会教育・文化

この点を図書館に即して説明すれば、次のようになる。例えば、いじめにあって悩む子供が図書館に来るとする。いじめに関する本や資料、相談窓口などに関する情報がまとめられたパスファインダーを手にして、自分で何冊か本を読み、判例などを調べて少し気分が楽になる。しかし、何とかいじめを止めさせたいので、本などで得た知識を元に自分なりの対応案を考え、教育委員会が設置する窓口へ相談する。すると十五分ほどで適切なアドバイスをもらい、実行してみた。するといじめはなくなった。

もちろんこんなにうまくいくケースは少ないだろう。ここで大事なことは窓口への相談時間である。いきなり窓口へかけても構わないが、まずは本や資料に書いてあるような情報が提供される可能性が高いし、その後で自分の状況について説明し始めるとなるとより長い時間を要するだろうし、一回の電話で済まないかもしれない。

つまり、この子が自分で図書館へ行って調べたことが、行政が提供する数十分あるいは数時間分の相談サービスを受けたのと同じ効果を有するということである。

この考え方は、奥山仙台市長がメディアテークに対して発言した内容とも共通する。

◆「〇活」でなく図書館へ

住民の抱える課題は多岐にわたり、時代に応じて変化する。近年深刻化している悪質商法や振り込め詐欺をどう防ぐか、高齢者の介護を誰が担うか、少子化にいかに歯止めをかけるか、その一方で待機児童解消、子育てに悩む親たちをどう支援するか。あるいは３Ｄプリンターによる拳銃製作のように、これまで想定されなかったような課題も次々と表に出てきている。

これらの課題に対し、「○活」といった形で解決を目指す動きが目立つようになった。就活に始まり婚活、妊活、最近では自分が死んだ後相続や遺品の整理などでもめないように終活というものまである。

また、東日本大震災で家を失った人々が仮設住宅に引っ越した後、家の中に引きこもって孤独死にならないよう、ＮＰＯが見回りサービスをしている。親の虐待やネグレクトにより子供が犠牲にならないよう、児童相談所の権限を強化する動きもある。

行政や民間のそれぞれの部局が自分の担当業務を何とか改善しようと必死に取り組んでいるにもかかわらず、なかなか具体的な事態の改善が見えてこない。

私が思うに、その原因は先の表で示したように、行政の手法としてサービスの直接給付ばかりで対応しようとするから無理が生じるのではないか。先に述べたサービスの間接給付を拡大すれば、より行政側のサービスを選択集中させることができるのではないか。

例えば「振り込め詐欺防止コーナー」と題して関連する書籍や警察などが配布しているパンフレット類を並べるだけでよい。そのようなコーナーを今話題になっている事柄に応じて機敏に設置するだけで、住民の図書館に対するイメージは大きく変わり、利用の仕方も変わるはずである。しかも、それは今日からできるのである。

◆海援隊活動拡大に向けて

困ったときには図書館へ。そこで解決のヒントや、より効率的に解決できる手段を得る。国民一人一人がそうした営みを積み重ねていくことで、誰にとっても住みやすい社会を築き上げていく。私たちにとって、図書館はそのために必要なのである。私たち利用者が図書館の役割を理解し、志ある図書館員たちとつながっていけば、そんな社会は遠からず実現するはずである。

最後に、そのために図書館側に求められることを指摘しておきたい。

第一は司書のスキルアップである。館内外を問わずどこにどのような図書、資料があるのか熟知する努力は当然だが、常に利用者のニーズを敏感に捉え、利用者の求める情報が得やすいように、情報コーナーのテーマを変えたり、パスファインダーを充実させたり、相談しやすい環境を作ったりすることができなくてはならない。また法律、医学、経営学など、どれか一つ分野を決めて専門知識をある程度学んでおくと、コーナー設置の際の選書や官民の関係機関との連携、専門家と協力した相談会などイベントの企画、実施などをよりスムーズかつ効果的に行うことができる。民間団体による研修プログラムもあるので、積極的に参加して知見を深めてほしい。

第二は館長のリーダーシップである。まずは司書が働きやすい環境を整えることである。日常業務で効率化できるところは徹底して効率化し、先に述べた司書のサービス改善やスキルアップができる時間的・精神的余裕を生み出すことである。

また、首長や議会、あるいは住民に対し、図書館が住民の課題解決のために役に立てることを先頭に立ってアピールするとともに、必要な予算・人員の確保に力を尽くすことである。

コラム

図書館海援隊へのエール!! ビジネス支援図書館からの応援歌

竹内 利明 ビジネス支援図書館推進協議会会長

1．図書館海援隊成功の要因を考える

図書館海援隊は、短期間に多くの公共図書館が集まり、意欲的な中堅・若手の図書館員が運営に参画した個性的なプロジェクトである。二〇一三年、福岡県立図書館で開催した「図書館海援隊フォーラム2013」には一八七名が参加して大いに盛り上がった。既存の図書館組織の活動が低迷するなか、成功した図書館活動のひとつと言える。私見であるが、成功の要因は、以下の三つのポイントにあると考える。

（1）文部科学省プロジェクト

公共図書館の監督官庁である文部科学省社会教育課がプロジェクトとして認知したこと。二〇一〇年一月の発足当時に文部科学省社会教育課長を務めていた神代浩氏が図書館海援隊長として積極的に活動を推進した。監督官庁のプロジェクトであるだけに、公共図書館が参加しやすかった。

（2）予算編成の必要がない

図書館海援隊の運営は、参画する図書館員がボランティアで取り組んでいる。公共図書館は会費等の費用負担がないため、事前に予算化していなくても、参加することができた。活動によっては公費で出張旅費を負担する必要が生じるケースもある。この場合、出張旅費の負担力がある公共図書館は、公費出張を要する

活動にも積極的に取り組んだ。一方、予算的に厳しい公共図書館は、公費出張を伴う活動を控えた。このように各館が予算状況を考慮して活動に参加する方法を選ぶことができた。また、以下（3）で説明する理由で、図書館員が自費で、意欲的に参加できる仕掛けがあった。公費で出張するケースと自費で参加するケースがバランス良く展開されているため、公共図書館と図書館員の参画意欲が高いレベルで維持された。

（3）図書館員が自主的に参加

結成当初は、スポーツ振興による地域活性化をテーマに「図書館海援隊サッカー部」の活動が中心になった。のちに図書館海援隊の活動の柱となる医療・健康情報サービス、ビジネス支援サービスに比べて、サッカー部の活動は楽しく、参加するうえで敷居の低い活動であった。また、活動に参加するために必要な費用や時間は、自己負担という意識があったため、自費での参加に抵抗感はなかった。Ｊリーグは、設立趣旨に「地域に深く根ざすホームタウン制を基本」（抜粋）があり、活動方針に「地域の人々に、Ｊクラブをより身近に感じていただくため、クラブ施設を開放したり、選手や指導者が地域の人々と交流を深める場や機会をつくっていきます」（抜粋）とある。地域活性化の拠点を目指す一部の公共図書館にとって、地域のＪクラブと連携して、住民を巻き込む連携拠点となることは、Ｊクラブ、住民、公共図書館の三者にとってメリットがある活動になる。

2. 図書館海援隊とビジネス支援図書館

図書館海援隊設立当初の活動としては、二〇〇九年に川崎フロンターレと川崎市立図書館の連携がスタートして、「川崎フロンターレと一緒に本を読もうVol.1」、として小学校での読み聞かせを行った。二〇一〇年には紙芝居の共同製作が行われ、愛媛フットボールクラブと愛媛県立図書館の連携がスタートした。図書館海援隊が正式に設立された二〇一〇年一月には、設立メンバーの中核である図書館員の有志五名が文部科学省社会教育課神代浩課長（当時）を訪問して、地域活性化の活動として認知することとJリーグとの仲介を依頼した（注1）。この設立メンバーの有志の多くはビジネス支援図書館推進協議会の中堅・若手の中核メンバーであり、ビジネスライブラリアン講習会の修了生であった。この時点で設立メンバーは、ビジネス支援図書館推進協議会の活動として位置付けるのではなく、スポーツ（Jクラブ）と公共図書館の連携による地域振興・活性化と位置付けていた。このように図書館海援隊は、彗星のごとく登場して、文部科学省の認知を受け、図書館員の地域を愛する気持ち、地域を元気にして楽しくしようという気持ちを結集した。その結果、意欲的な中堅・若手の図書館員が積極的に参画することになった。二〇一〇年十一月には、文部科学省のウェブサイトに図書館海援隊の活動が情報提供として掲載された。（注2）

二〇一三年十二月現在図書館海援隊の活動には、五十の図書館が参加している。主な取組内容を読むと実に五十のうち四五の図書館でビジネス支援の取り組みが掲載されている。図書館海援隊の活動がスタートしてから四年以上経過しているためか、図書館海援隊サッカー部のことは掲載されていない。しかし、サッカー部の活動が低調になっているということではなく、公共図書館が地元のJクラブを応援する活動は定着している。この活動に参加したことで、それまで熱烈なサッカーファンではなかったのに、遠征先まで試合の応援に行くようになった図書館員も少なくない。サッカー部の活動は、図書館員としての公的な活動というより自主的な活動に落ち着いている。一方、医療健康情報サービス、ビジネス支援などは公的な活動と位置付けて参加を推進しているようだ。

3．課題と対応

ここで課題となるのが活動の活発化に伴って、必要となる経費をいかに調達するかということ。図書館海援隊の中核メンバーが、ビジネス支援図書館推進協議会の中堅メンバーで構成されていることから、ビジネス支援図書館推進協議会との連携強化の動きが始まる。ビジネス支援図書館推進協議会は、二〇一三年度に「図書館海援隊フォーラム２０１３」の開催に要する経費の一部を予算化して補助した。更に二〇一四年度に図書館海援隊隊長の神代浩氏をビジネス支援図書館推進協議会の理事にお迎えし、積極的に活動を支援することにした。ビジネス支援図書館推進協議会にとって、中堅及び若手を理事に登用して、将来の活動の原動力とすることが急務となっていただけに、相互にメリットがあるものと自負している。

図書館海援隊の図書館界に対する貢献は、課題解決サービスの各分野で数多くある。なかでも重要なポイントは、若手から中堅の意欲的な図書館員が、ゆるやかな全国ネットワークを構築したこと。そして、ネットワークに参加して自ら学ぶ機会を得るために、自ら費用と時間を負担することの意義を体験から認識できたことにあると考える。

図書館海援隊とビジネス支援図書館推進協議会は、今後もそれぞれの独立性を保ちながら、相互にメリットのある活動を推進していくことを目指したい。そして、この両団体の中核として活躍するメンバーが、将来の日本の公共図書館界を背負い、公共図書館が地域及び地域経済活性化の中核拠点となる起爆剤となることを期待する。

（注１）第十四回図書館総合展小林隆志氏講演資料参照（二〇一四年六月十三日筆者確認）http://www.business-library.jp/activity/121121kaientai_kichohoukoku.pdf

（注２）二〇一三年十二月十一日現在、「図書館海援隊」参加図書館一覧には、五十の公共図書館名と活動内容が掲載されている。（二〇一四年六月十三日筆者確認）http://www.mext.go.jp/a_menu/shougai/kaientai/1288450.htm

おわりに

最近ある研究会で図書館海援隊の活動について紹介する機会があった。終了後ある参加者から「海援隊のみなさんって何だか楽しそうにやってますね」との感想をいただいた。

まあ多少ウケを狙って話した部分もあるのでそう受け止められたのかもしれないが、私にとってはこれ以上ない評価の言葉にも聞こえた。幕末の海援隊の同志たちは脱藩浪士たちの集まりであり、藩を越えて日本という国を何とかしたいという悲壮感を抱いて活動したわけだが、坂本龍馬という中心人物の性格からすると、当然酒を飲みながら議論もしただろうし、何かを成し遂げようと奮闘しているときにも、どこか楽しくやる雰囲気があったのではないか、と勝手に想像するのである（ちなみに大河ドラマ「龍馬伝」では、海援隊員たちが資金集めのためカステラ作りに悪戦苦闘する場面がある）。

もとより私に坂本龍馬ほどのリーダーシップも力量もあるわけはないが、図書館海援隊もそんな雰囲気でネットワークを広げられれば、と思ったことは確かだし、その思いは今も持っている。それが「隊員」のみなさんにも伝わっているのだとしたら、嬉しいことである。

しかし、発足してまだ四年、力不足は痛感している。海援隊のこれまでの歩みをまとめたことで課題も明確になったし、これを一つの区切りとして、意志ある図書館員のネットワークをますます拡大すべく、決意を新たにして取り組みたい。

当初私は、昨年十一月の海援隊フォーラムの報告書がＢＬ協議会のウェブサイトに公開されたとき、発表に使われたスライドも含めた「完全版」の報告書を紙で残しておきたいと考えた。そのアイデアに対して「どうせ本にするなら、これまでの海援隊の歩みも書き残してはいかがですか?」と逆提案して下さったのは、悠光堂の佐藤裕介さんである。彼の一言がなければ、この本はこの世に現れませんでした。また、編集の段階では同じく悠光堂の三坂輝さんと遠藤由子さんに大変お世話になりました。この場を借りて厚く御礼申し上げます。

最後になりますが、私の呼びかけに応えて下さった全ての海援隊員のみなさまと彼らを温かく応援していただいている全てのサポーターのみなさまに、この本を捧げたいと思います。これからも一緒に頑張っていきましょう!

第２編

第一部　全力討論!!がん患者さんを支えるために図書館と病院・医療従事者の連携が始まる

1．始まりの話　～図書館海援隊結成から、リボン部の誕生まで～

神代　浩　氏（元・文部科学省生涯学習政策局社会教育課長／初等中等教育局国際教育課長（当時））

▲神代浩氏の始まりの話

「図書館海援隊」は、私が社会教育課長をやっておりました二〇一〇年一月五日に、図書館による課題解決支援サービスの一環として発足しました。最初は、貧困・困窮者に対する支援を重点的に行う有志の図書館のネットワークとして始まったものです。このネットワークの画期的なところは、サービスの内容を文部科学省が示すのではなく、各図書館が館内の資料収集の状況や地域の置かれている環境に応じて決める、というところです。つまり、「現場からの発想を最大限尊重する」というのが一番大きな特徴であろうかと思います。メーリングリストなどを通じて日常的に情報交換をすることで、それぞれの館が行っている先駆的な取り組みを共有し、自分の図書館なりにアレンジして独自のサービスを展開する。そんなことを狙ったものです。

それからもう一つ、私としてどうしてもやりたかったことがあります。「図書館」という所について、皆さんは大体「ただで本が借りられる所」という程度のイメージしかお持ちでないかもしれませんが、「いやいや、それ以上にもっといろいろできることがあるんですよ」ということを多くの人に知っていただきたい。これも狙いの一つでした。

ここまではかなり力を入れてやってきたんですが、実はその後の展開は私の予想をはるかに越えるものとなりました。続々と派生ユニットが誕生したのです。ＡＫＢ48と同じような感じで、図書館海援隊も本隊からいろいろな派生ユニットが生まれ、「自分の図書館でこそできること」を皆さんが意識され、どんどん新しいサービスを始めていかれたわけです。

その一例ですが、二〇一〇年六月二八日、口蹄疫の問題が発生した時期ですが、一部の参加館が口蹄疫に関する資料のコーナーを作りました。さらに十月に「サッカー部」が誕生。さらに翌年には「リボン部」が誕生し、七つの図書館が参加しました。こういう形でサービスの範囲、取り組みの範囲がどんどんと広がるとともに、図書館のネットワークも広がりつつあります。

最後に、今日どうしてもここで皆さんにお伝えしたかったことがあります。それは、このリボン部発足当初から参加さ

「図書館海援隊リボン部」ぜよ
～始まりの話～

図書館海援隊フォーラム2013
11月23日(土・祝)福岡県立図書館

図書館海援隊長？・リボン部部長？
元文部科学省社会教育課長
神代　浩

スライド1

「派生ユニット」の誕生

- 2010年6月28日
  一部参加館において口蹄疫に関する情報提供開始
- 同年10月　「サッカー部」誕生
- 2011年7月30日　「リボン部」誕生
  7図書館が参加

スライド2

2010年1月5日「図書館海援隊」発足

- 図書館による課題解決支援サービスの一環として、貧困・困窮者に対する支援を開始
- サービス内容は文部科学省が示すのでなく、各図書館が地域の事情、館内の資料収集状況などに応じて決める
- 現場からの発想を最大限尊重
- ML等による日常的な情報共有・交換
- 図書館にできることを多くの人に知ってもらう

スライド3

天国の池原真館長へ

- 川崎市立麻生図書館館長としてリボン部発足時から参加
- 2011年12月キャンサーリボンズ等との連携プロジェクト開始
- 2012年3月「がんと暮らす情報コーナー」設置
- 2012年6月逝去

スライド4

れていた、当時の川崎市立麻生図書館長・池原真さんのことです。池原さんは、館長というお立場でしたので、他の図書館員の方々より年代的に少し上の方でした。つまり、我々元気のいい隊員を横で見守りながら必要なアドバイスをしてくださいました。人生あるいは図書館サービスの先輩として、リボン部の発足・発展に大きく貢献されました。それだけではなく、自ら率先して二〇一一年十二月にキャンサーリボンズとの連携プロジェクトをいち早く開始、翌年三月には「がんと暮らす情報コーナー」を設置されました。しかし残念ながら六月、病気でお亡くなりになられたのです。私たちとしては、天国にいらっしゃる池原館長のご遺志を引き継ぐ形で、リボン部の活動をどんどん拡大していきたい。そのために今日、どこでどういうことが行われているのかということを皆さんと共有させていただき、今後に向けていろいろなご意見、ご提案を頂ければありがたいなと思っております。

なお、本日のフォーラムは、全体を通じて共催・後援・協賛・協力という形でたくさんの方々のご支援で成り立っております。そのことについて私からも改めてお礼を申し上げ、まずはご挨拶とさせていただいます。ありがとうございました。

始まりの話　図書館とNPOの連携が拡げる『がん患者さんの治療と生活をつなぐ』情報発信の可能性

岡山　慶子　氏（NPO法人キャンサーリボンズ　副理事長／朝日エルグループ会長）

続きまして私のほうから、この「図書館海援隊リボン部」がつくられた経過をもう少しだけ詳しく説明させてください。

まずがんの現状ですが、今や二人に一人ががんに罹患する時代です。詳しく言えば、男性の二人に一人、女性の二・五人に一人。この会場にいる人の半分はがんになるということですので、もう本当に身近な病気です。グラフを見ていただきますとそれが急速に伸びており、特に日本でその増加が著しいということです。

さて、なぜ「NPO法人キャンサーリボンズ」をつくったかということですが、私たちは医師と一緒に、乳がんの早期発見を進めるためにアメリカの病院等を視察したことがあります。そのとき、患者さんのための生活支援の活動が手厚く行われていることを知りました。がんに罹患した方、家族の方がいろいろな情報を得たり、野菜を作って料理をしたり、コンサート等趣味の活動をしたり、カウンセリングを受けたりと、がん患者さんの生活をサポートするいろいろなものを備えたハウスがアメリカ各地にありました。宿泊施設があるわけではなく、皆さんふらっと来て楽しんで帰られるような、そういう場所でした。「みんな、どうしてこんなに生き生き

▲岡山慶子氏の開会の挨拶

していいるんだろう。日本でもなんとかしたい」と感じたのが原点で、少しの準備期間を経て、二〇〇八年にＮＰＯ法人キャンサーリボンズをつくりました。「治療と生活をつなぐ」ということを、一番のテーマにしています。そして、「がん支えあいの日」やシンボルマークを作り、啓発活動を行っています。

　そして、いろいろなところとも連携していこうというようなことも始まっております。今、全国に一九ケ所（当時）「リボンズハウス」ができました。大小様々ありますが、先ほどのアメリカほど大きいものではなく、主に病院の中にあります。そこでは生活のシーンごとに、症状ケア、情報入手、セルフケアイメージを持つ、適切な運動をする、自分の気持ちを整える、何を食べたらいいのか、セクシャリティーのことも大切にしていきたい。そして、がんと働くということをどう両立させていくか等々……。気持ちを共有し合うこと、自分を大切にして自己実現すること、そして楽しむということ、そんなことをテーマ別にやっております。私達はこの中の「インフォメーション」、情報についてどのようなしくみが良いかを考えていたのですが、実はこの情報こそがすべての中核になるものであり、これらすべてを支えているものではないか、と思い至りました。

テーマ別にコンテンツづくりを進め▶
リボンズハウスで実践▶実践がさらにテーマを生む
テーマと実践の連携が特徴です。

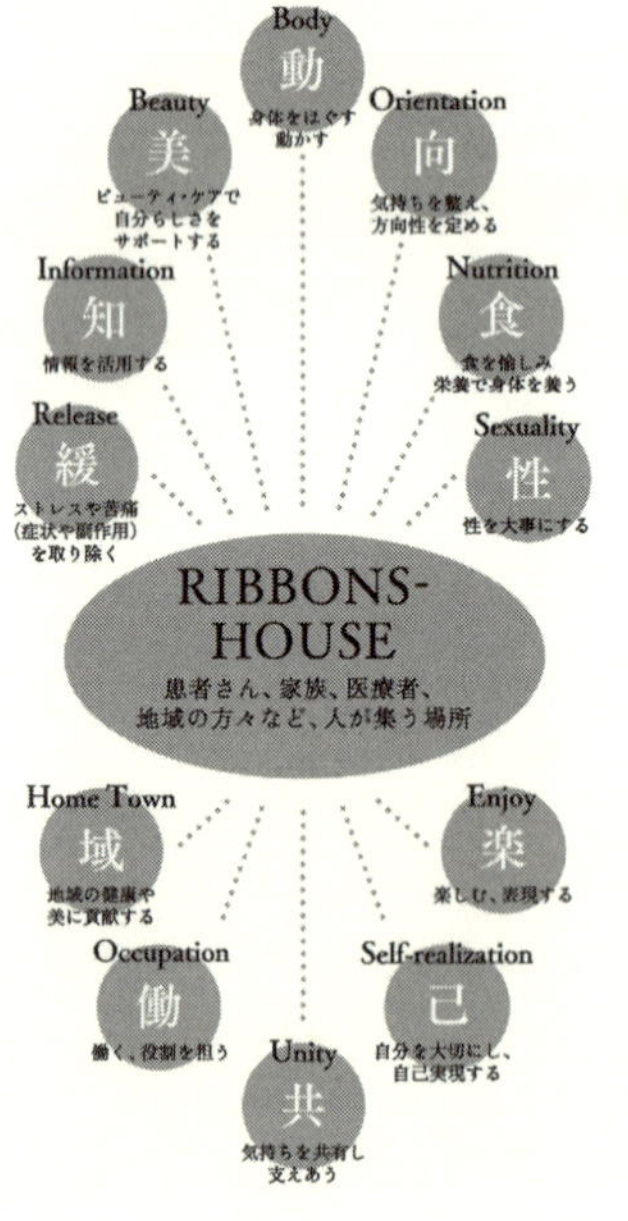
Body
動
身体をほぐす
動かす
Beauty
美
ビューティ・ケアで
自分らしさを
サポートする
Orientation
向
気持ちを整え、
方向性を定める
Information
知
情報を活用する
Nutrition
食
食を愉しみ
栄養で身体を養う
Release
緩
ストレスや苦痛
（症状や副作用）
を取り除く
Sexuality
性
性を大事にする
RIBBONS-
HOUSE
患者さん、家族、医療者、
地域の方々など、人が集う場所
Home Town
域
地域の健康や
美に貢献する
Enjoy
楽
楽しむ、表現する
Occupation
働
働く、役割を担う
Self-realization
己
自分を大切にし、
自己実現する
Unity
共
気持ちを共有し
支えあう

　図書館海援隊に至る経過なんですが、医療情報についてがん患者さんの家族の方にアンケートを実施したところ、四八％の方ががんに関する情報を得るために図書館を利用しており、さらに、六六％の方が今後も情報を得るために図書館を利用したいと思っているということが分かりました。これは家族の方とご本人に答えていただいたものなので、このデータにすごく驚き、これが海援隊に至っていくわけです。

二〇一〇年十一月、私は「第12回図書館総合展」の医療情報シンポジウムにシンポジストとして招かれました。そこで、こういう結果があるというお話をしましたところ、今日もいらっしゃっている舟田さんが「図書館と一緒に組みませんか」と言ってくださり、それがまさに海援隊リボン部のはじまりとなった次第です。

そして、先程神代さんからお話がありましたように、川崎市立麻生図書館で最初に取り組みをさせていただき、二〇一一年七月に「図書館海援隊リボン部」を結成しました。ＮＰＯ法人としてこんなにありがたいことはないと思っています。がんの患者さんにとってキーとなる、「情報」という領域を図書館と一緒にできましたことは大変な喜びです。

さらに、図書館大会で連携活動を発表させていただき、十月には「がん情報コーナー」の取り組みを開始。幾つかの図書館で「がん情報コーナー」をつくっていただいています。昨日は、この図書館情報コーナーをつくったことにより「こんな話があるのか」と涙のでるようなエピソードを伺い、本当に感激しています。二〇一三年六月には「全力討論！ワークショップ」も開催され、みんなの知恵を集めようということで発表しました。

さらに今、「がんと暮らすための医療と図書館の連携」ということで幾つかのことを始めております。がん患者さんの生活を支えるために最先端医療や治療に熱心な病院、あるいは医師たちが生活を支えるというテーマに協力をして、図書館と共に活動をしようと考えています。

以上、海援隊リボン部の活動を簡単に説明させていただきました。どうもありがとうございました。

2. 報告!! 全力討論Ⅰ ～東京に集結した六三人の熱い議論を報告～

報告者：渡邉　基史　氏（三島市立図書館　司書）

海援隊リボン部、図書館とＮＰＯの連携プロジェクトの設立目的等のお話があったんですが、キャンサーリボンズはがん患者や家族の情報支援、図書館は患者や家族への医療・健康情報の提供として目的が共通であることから、図書館とＮＰＯ法人キャンサーリボンズが連携できることを確認し、二〇一一年から活動を始めました。メンバーは、図書館員、病院図書館員、民間企業。キャンサーリボンズの活動のために企業協力を活用しております。

▲渡邉基史氏の全力討論の報告

全国各地の図書館で、パンフレットを配布する「がんと暮らす情報コーナー」を設置。また「がん情報コーナー」では、全国巡回してパネル展示を実施しています。内容は様々ですが、「痛みは我慢することはありません」ということであったり、「知っておきたい社会保障制度」を紹介するパネルを作り、情報提供を行っています。

昨年第十四回図書館総合展にて、フォーラム「市民の健康を守る図書館の役割『２人に１人はがん』時代をむかえて」を開催しました。ここでは厚生労働省のがん対策・健康増進課、大学病院長、司書でパネルディスカッションを行い、各立場から、市民の健康を守るため図書館が果たすべき役割は何かについて討論。国・病院・図書館にとらわれず、医療・健康情報の提供を推進する思いは共通であることが、まず確認されました。

そして六月九日、「全力討論！図書館と病院・医療従事者の連携が始まる」を開催。図書館員はもちろん、がん治療にかかわる医療関係者、看護師、自治体職員、大学教授など、様々な業種から合計六三名の参加がありました。皆さん思いは同じで、地域の図書館で信頼できる医療・健康情報を発信するために、図書館・病院それぞれが現場について知らないことを学び合いながら討議しました。まずはじめに、図書館の現状、医療・健康情報の発信の事例と課題について各図書館から報告。その報告を受け、指定討論として病院従事者の方の考えを聞きました。

はじめに図書館と病院の現状、基本知識の共有を図り、その後地域の図書館と病院の医療従事者が連携してできることについて八人ぐらいで討議するワークショップを実施しました。様々な視点から連携のための討論がなされていったのですが、討論会場はにぎやかな感じで、みんなでいろんな意見を出し合うというような状況でした。そして、討論内容をグループ別に発表。その一部ですが、「図書館・病院それぞれが窓口をつくり、担当者を明確にする」、「各職場の意識改革

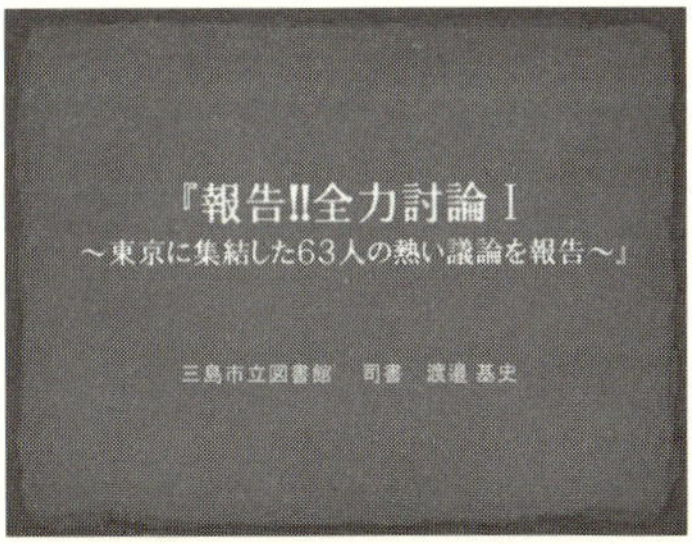

スライド１

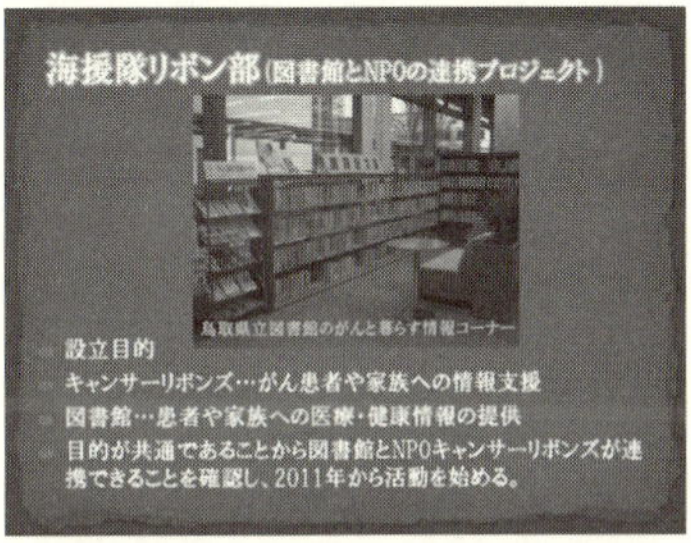

スライド２

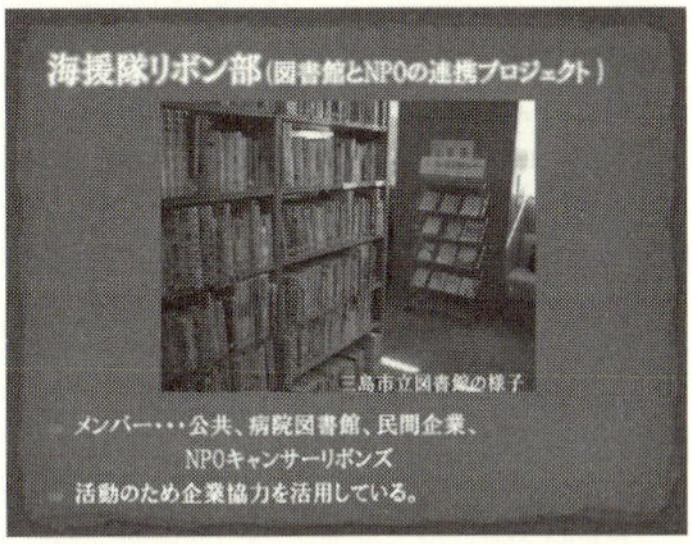

スライド３

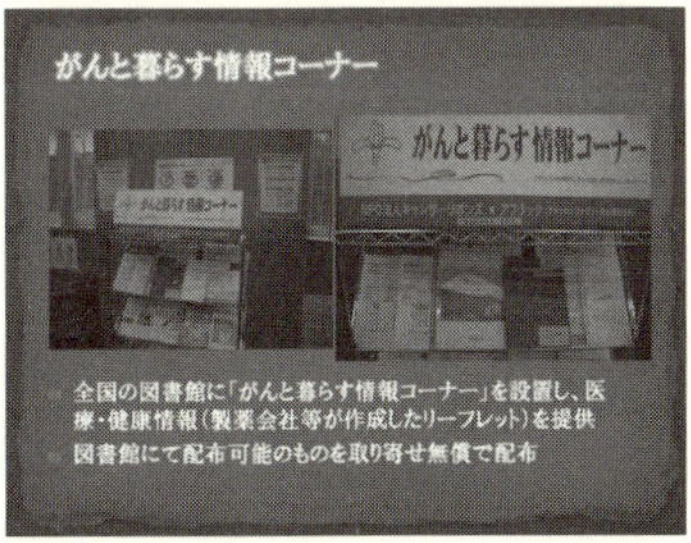

スライド４

がまず必要」という意見、「情報の提供場所を知らない人のために、図書館が情報発信を行っているＰＲをしよう」、「他業種で集まれる場所を共有し、全国規模で意識を高めていこう」というような話し合いが出ていました。参加者が一つの目的のために共通認識を持った話し合いは熱を帯び、「志のある」者同士がつながることができた連携のはじまり、まず参加者同士つながったことが認識できる内容でした。以上が「全力討論」の報告です。

　最後に、私が医療健康情報の提供をしていて経験したことをお話しします。それは、以前がんの食事療法について調べていた方のことです。その方は、図書館にボランティアとして来館されていました。私の担当のボランティアではなかったので面識はなかったですが、ほかの担当の者から調べ物の手伝いをしてほしいということで引き継ぎを受け、調査のお手伝いをしました。最近そのボランティアの担当が私にかわりまして、その方から「私は渡邉さんにお礼を言わなくちゃいけない」というようなことを言われました。その方は、

スライド５

スライド６

スライド７

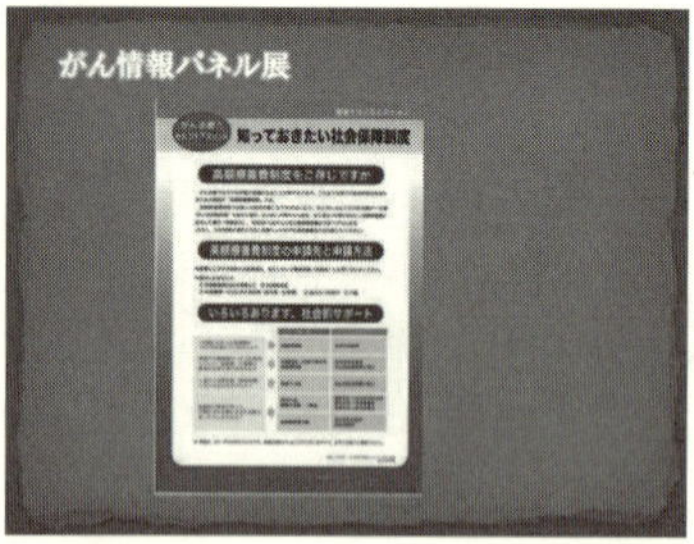

スライド８

自分の娘さんががんの手術を受けたので、食事のアドバイスを母親として行ったけれども、娘さん自体が患者として大変だったので、その話について拒絶されちゃったんですね。だから、図書館で本で調べて、そのコピーを娘さんに送った、という話でした。自分の知識でうまく説明できなかったものが、本の裏付けがあることで「力になりたい」気持ちも伝わった、という話をされました。このように、図書館で医療・健康情報を提供することはとても有効であると私は思います。今日の参加者の中でもし躊躇している方がいたら、ぜひこのサービスを始めてほしいと思っています。

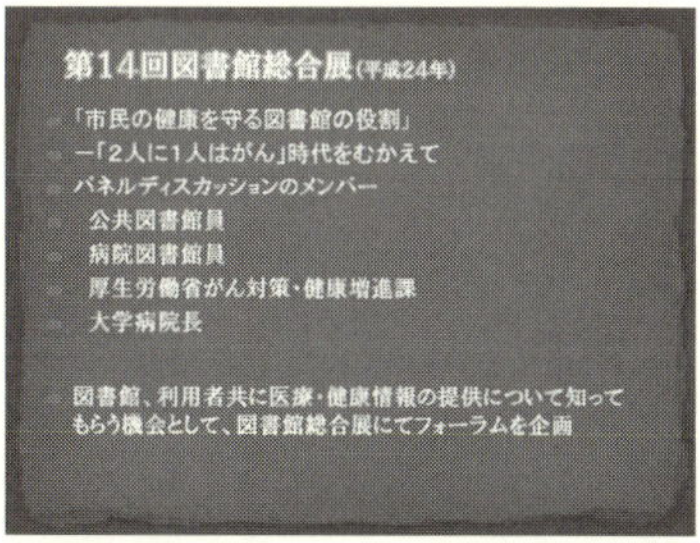

スライド9

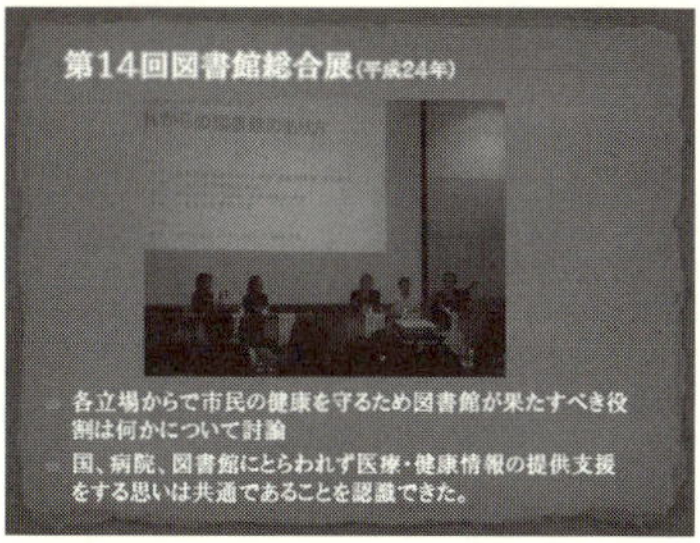

スライド10

スライド11

スライド12

スライド13

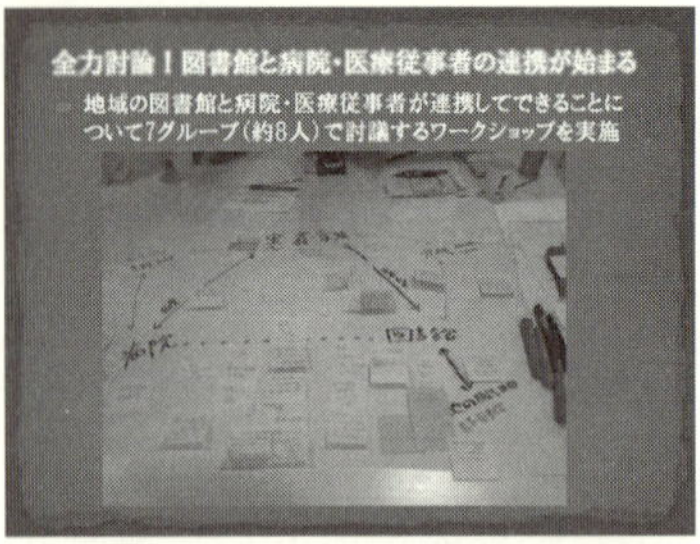

スライド 18

スライド 19

スライド 20

スライド 21

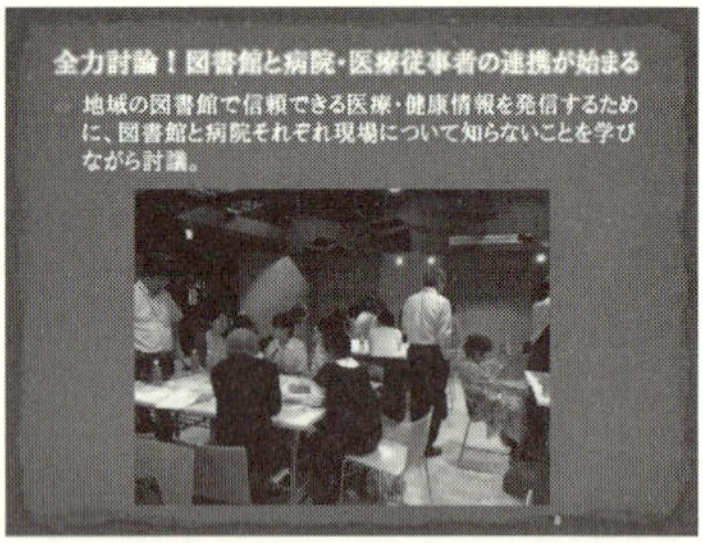

スライド 14

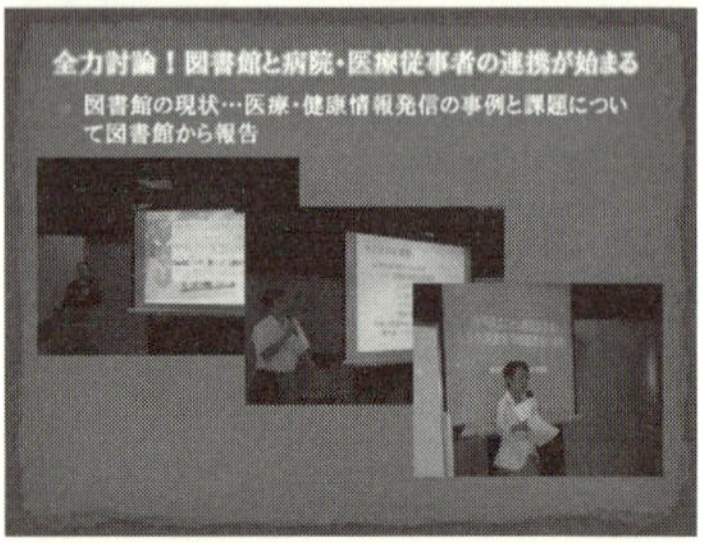

スライド 15

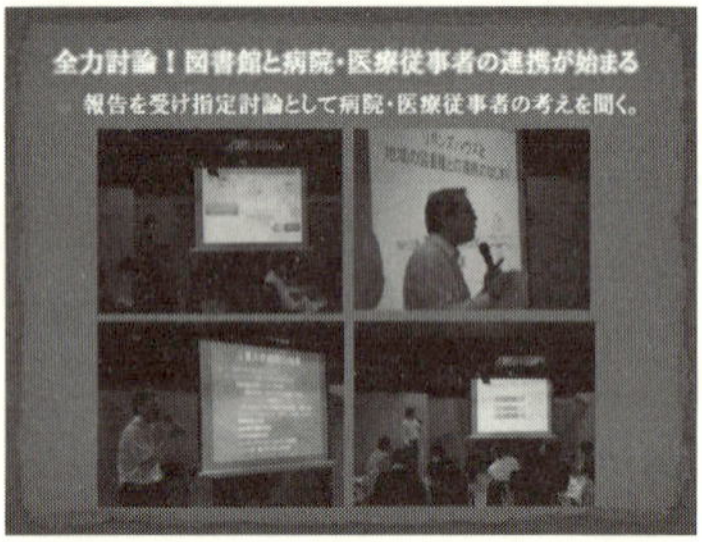

スライド 16

スライド 17

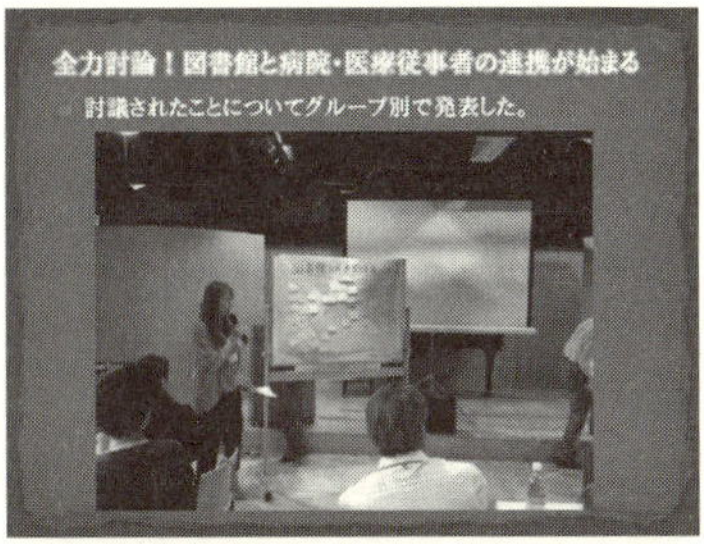

スライド 22

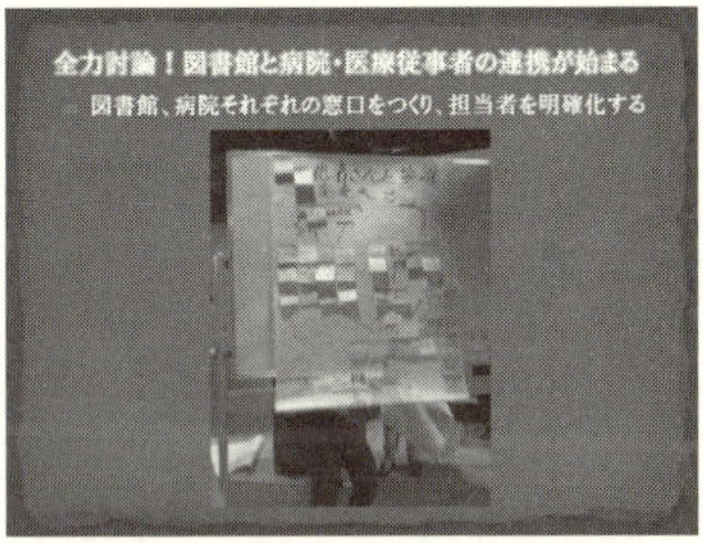

スライド 23

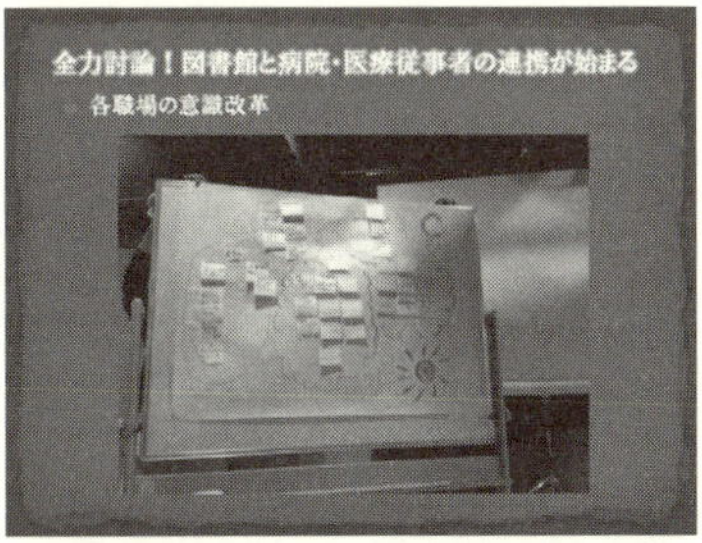

スライド 24

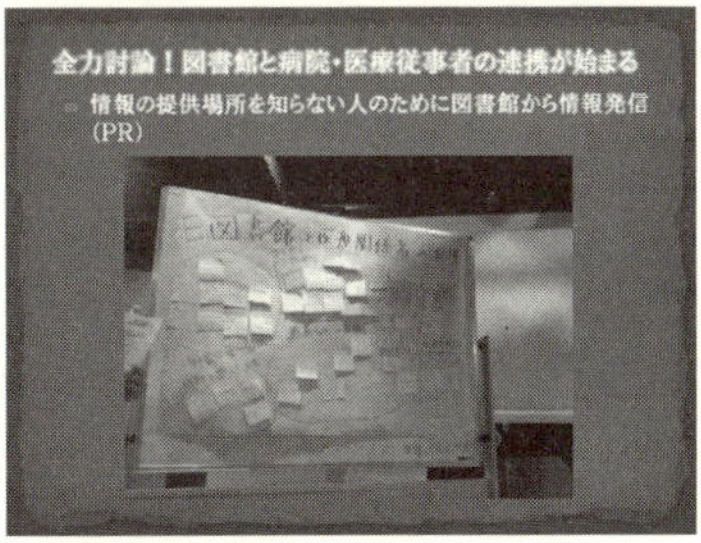

スライド 25

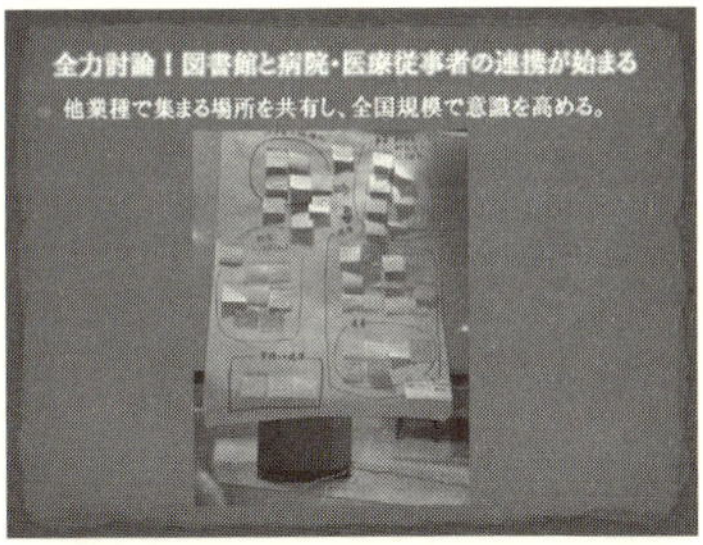

スライド 26

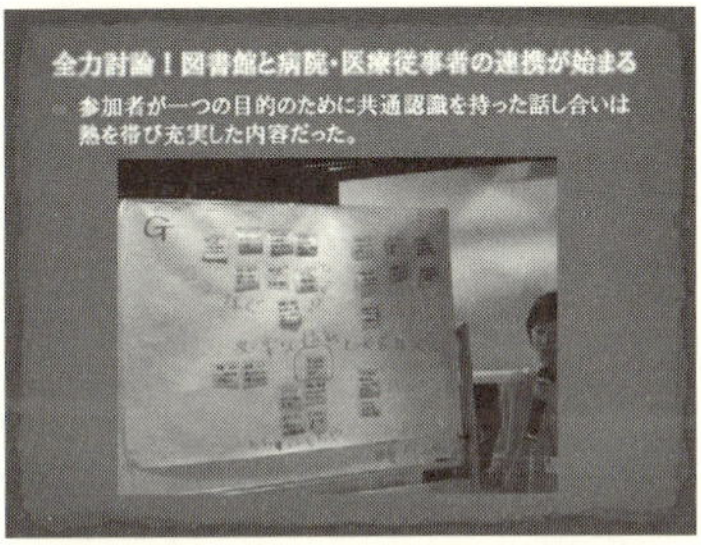

スライド 27

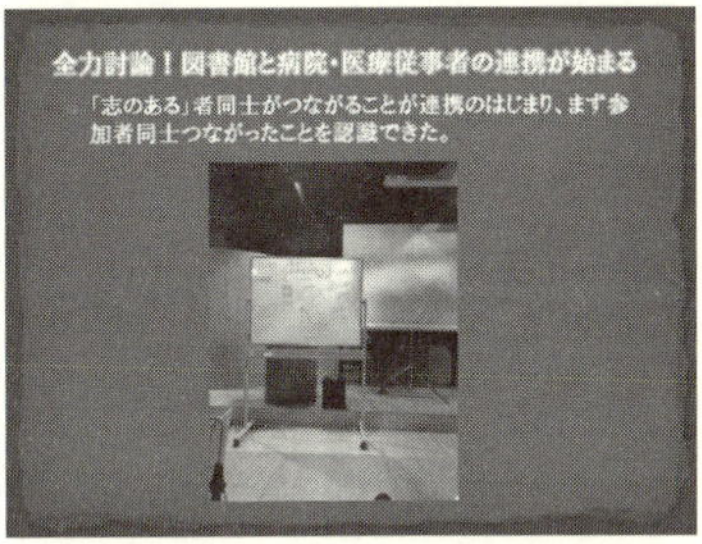

スライド 28

スライド 29

3．がん情報サービス『ひとりのがんに、地域の力を！つながる人、まち、図書館』

発表者：佐藤　美加　氏（長崎市立図書館　司書）

長崎市立図書館の佐藤です。初めてお会いする方がほとんどだと思いますので、まず簡単に自己紹介をします。生まれも育ちも長崎市内、二〇〇七年に（株）図書館流通センターに入社しました。二〇〇八年の長崎市立図書館の開館と同時にカウンター業務に配置。その数年後レファレンスサービスに異動したことをきっかけに、「がん情報サービス」を正式に企画しました。今日のテーマは「信頼できるがん情報発信のために、図書館と病院のより良い連携の実現について考えよう」ということで、長崎市立図書館で実践三年目中のがん情報サービスについてお話しさせていただきます。

▲佐藤美加氏の事例発表

本題に入る前にこちらをごらんください。「がんばって生きる力をもらえました。ありがとうございました」。ある方が直筆で書かれた言葉ですが、どういった方が書いた言葉か想像がつくでしょうか。実はこちらは、二〇一二年に図書館で開催した緩和ケアをテーマにした講演会で、参加された三〇代女性の方がアンケートに書かれた言葉です。がん患者さんなのかなと察しがつくんですが、私がこの言葉を見て最初に思ったのは、「図書館は、情報提供を通し生きる力を与えることができる」ということです。

では、私たちが行っているがん情報サービスについて、今から皆さんにある映像をごらんいただきたいと思います。このサービスを市民の方にもっとよく知ってもらいたいという思いで、私たちが作成したPRビデオです。約五分間、市民の視点に立ってごらんください。

［映像概要］

タイトル：長崎市立図書館　がん情報サービス「ひとりのがんに、地域の力を！」

図書館内で展開されている「がん情報コーナー」、レファレンスカウンターのご案内

行政の担当課、相談支援センター、地域の拠点病院など、地域とのネットワークの活用

二〇一三年四～九月　市民のためのリレー講座（全五回）「図書館でがんを学ぼう」の開催

長崎市立市民病院お出かけ隊の皆さんの活動紹介

今のスライドを見ていただいて、サービスの内容が大体ご理解いただけたかと思います。いつもスタッフ五名で担当しているんですが、この五人で大事にしているこだわりが全部で六つあります。①連携、②バランスよく評価する、③チームで取り組む、④外に向け

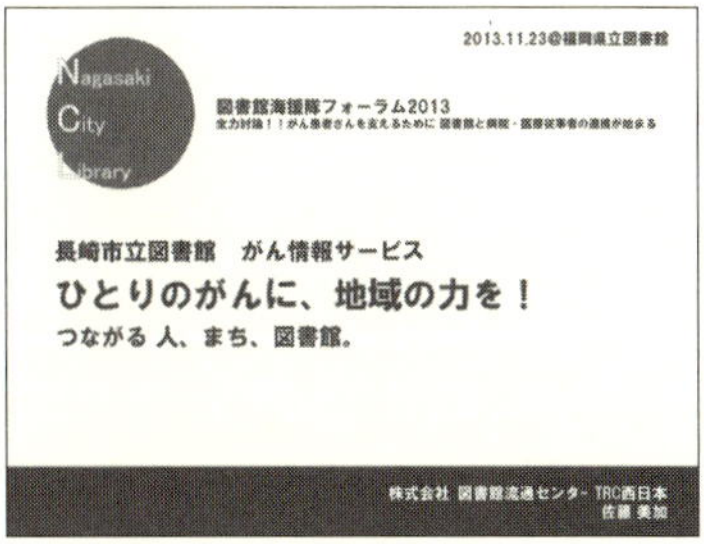

スライド1

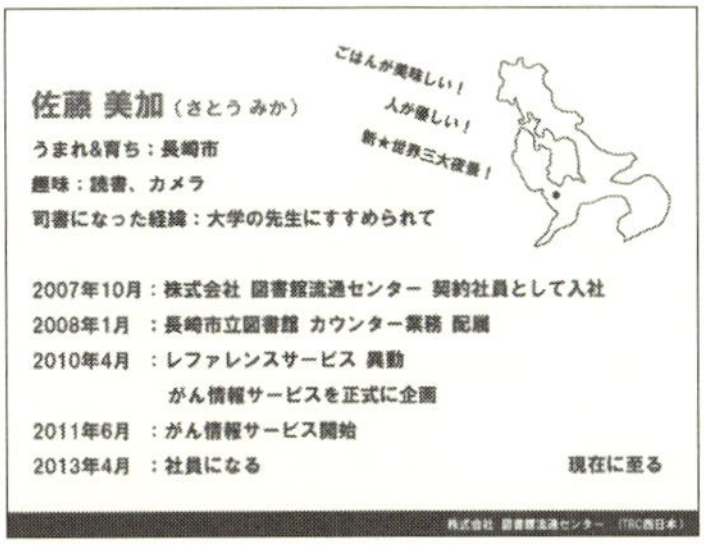

スライド3

スライド2

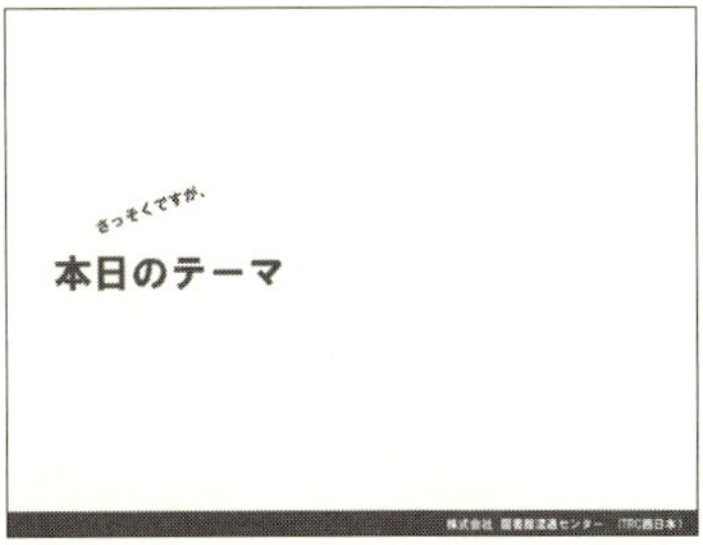

スライド4

て発信する、⑤常に〝この先〟を描く、⑥続け（る努力をす）る。今日は、時間の関係上、①②の二つについてお話しします。

一口に「連携」といっても、いろんなパターンがあると思います。長崎の場合は、まず行政、そして病院・医療関係機関と連携するんですけど、個人的には一番、上司や同僚、身内の連携、基盤づくりが大事なんじゃないかなと考えています。ただ、今日のテーマは病院連携ですので、ちょっと病院に絞ってきました。今、相談支援センター、長崎市立市民病院、長崎大学病院がん診療センターの、三つの病院とそれぞれ違う分野で連携しているんですけれども、今日はさっきの映像にもありました、長崎市立市民病院と共催しました今年度の目玉事業である「図書館から学ぼう」全五回講座についてお話しします。

総論（手術）、食事について、緩和ケア、薬物療法（化学療法）、サイバーナイフといったテーマでやっているんですが、五回全部を受講することによってがんの三大療法を学べる仕組みにしています。あとは、食事と

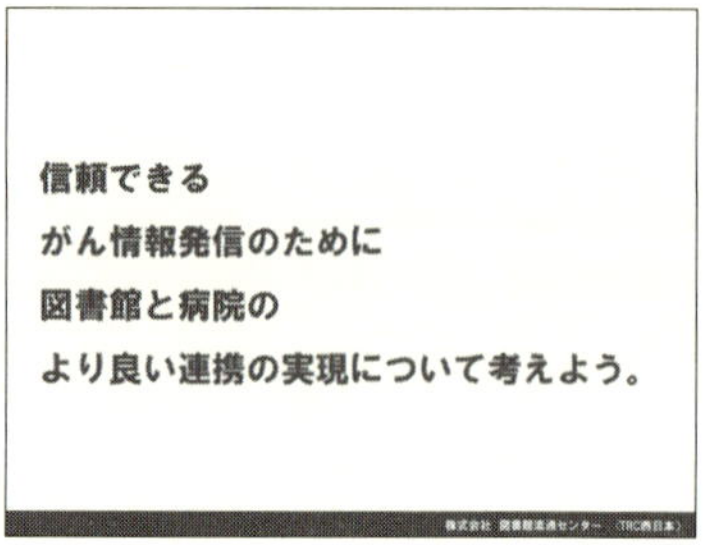
信頼できる
がん情報発信のために
図書館と病院の
より良い連携の実現について考えよう。
株式会社 図書館流通センター（TRC西日本）
スライド5

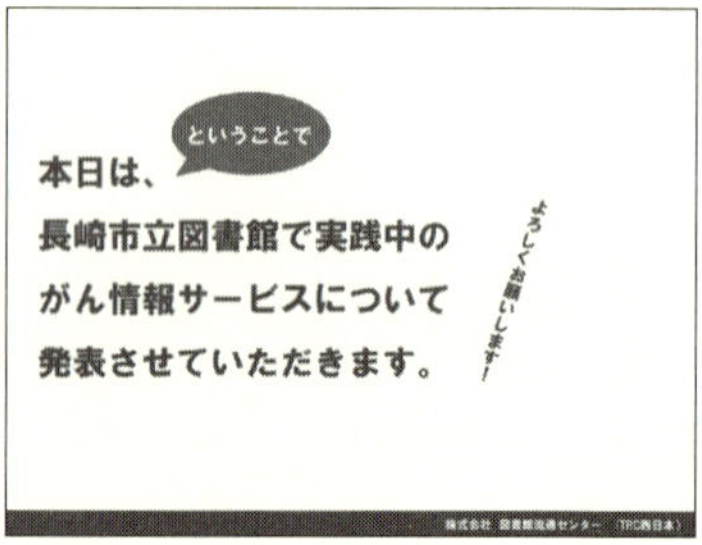
ということで
本日は、
長崎市立図書館で実践中の
がん情報サービスについて
発表させていただきます。
よろしくお願いします！
株式会社 図書館流通センター（TRC西日本）
スライド6

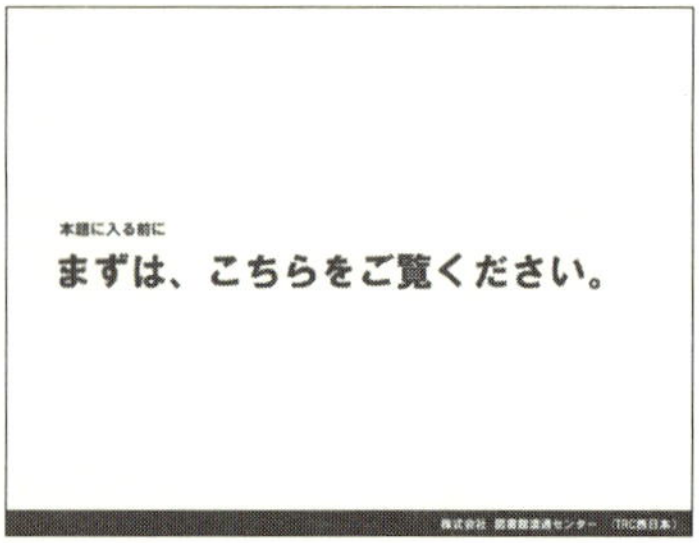
本題に入る前に
まずは、こちらをご覧ください。
株式会社 図書館流通センター（TRC西日本）
スライド7

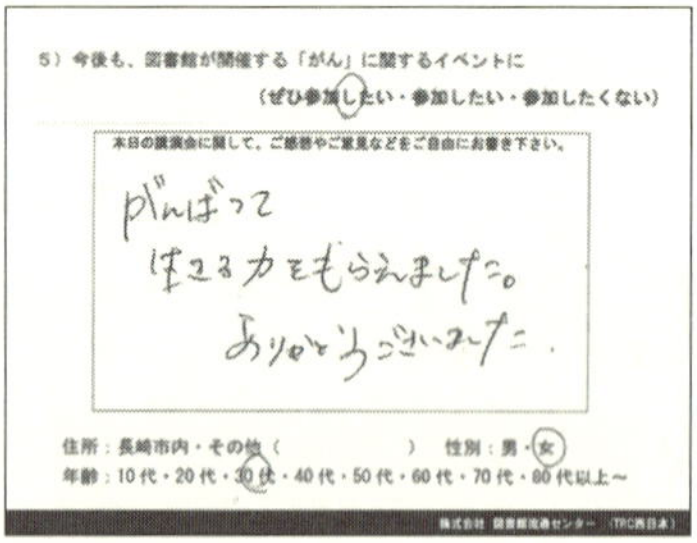
5）今後も、図書館が開催する「がん」に関するイベントに
（ぜひ参加したい・参加したい・参加したくない）
本日の講演会に関して、ご感想やご意見などをご自由にお書き下さい。
がんばって
生きる力をもらえました。
ありがとうございました。
住所：長崎市内・その他（ ） 性別：男・女
年齢：10代・20代・30代・40代・50代・60代・70代・80代以上～
株式会社 図書館流通センター（TRC西日本）
スライド8

緩和ケアですね。こういうふうに発表すると、企画がすんなりいっているように見えるんですが、ここに至るまでにはいろんなドラマがありました。

　実は、初代「図書館から学ぼう」というのを二〇一〇年に既に一度、五回やっています。何が違うのかというと、このときは、「いろんな病院とつながりを持ちたい」という欲から、つまんでいろんな病院とこういったテーマをやっていたんです。「よくできたね」と言われるんですが、当時は、県の福祉保健部医療政策課在宅医療・がん対策班といった担当者の方にいろんな病院とのセッティングをしてもらって連携しているという形だったので、今思えば、行政の協力なしでは企画自体が難しかったのではないかと思います。

　ただ、参加者の方の満足度は非常に高く、約九割の方がまたぜひ参加したいと。こんなに好評だったら来年もやらなくては、と味をしめていたのですが、そう思った矢先に、頼りにしていた行政の二人の方が年度内に異動するかもしれない、という事件が起きました。この二人がいなくなれば、せっかく築き上げてきた信

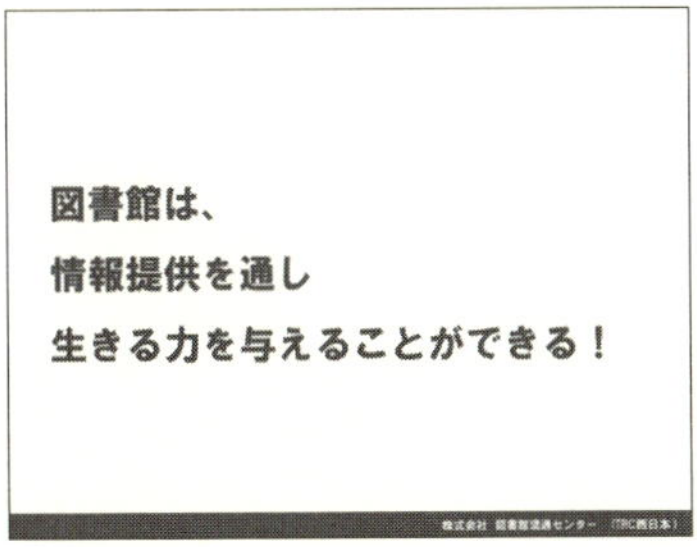

スライド 9

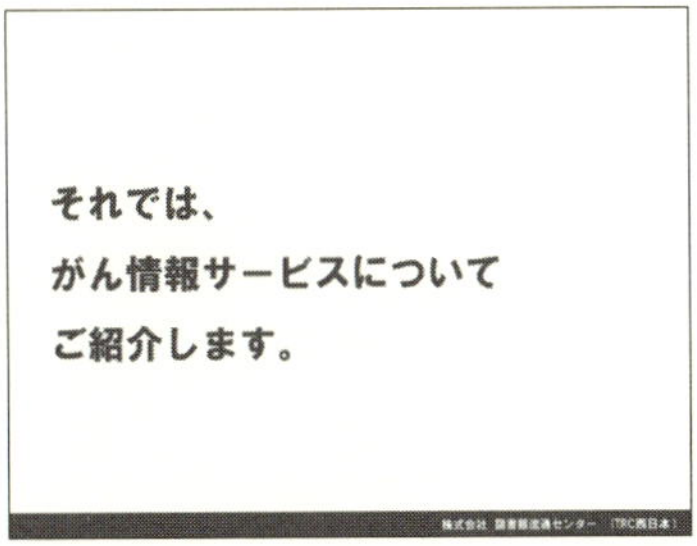

スライド 10

スライド 11

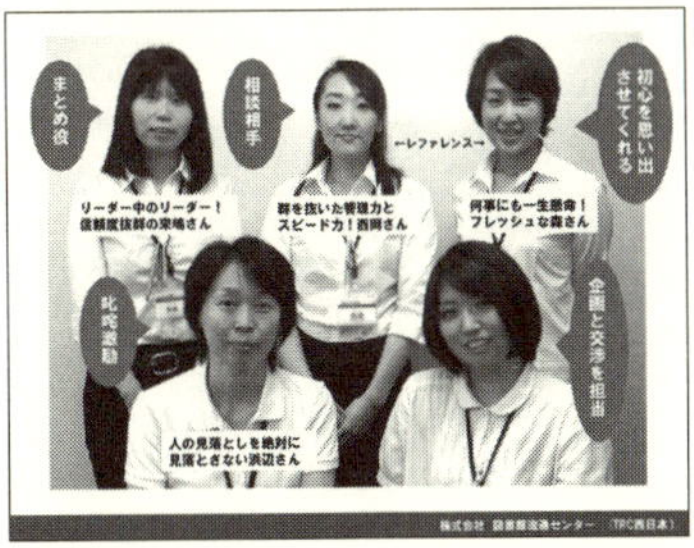

スライド 12

頼関係がかなり弱くなってしまう。持続的に発展していくことができるのかと、正直自信がなくなりました。この出来事を通して痛感したことは、やっぱり「行政あっての連携」だったんだなと。すごく連携したつもりになってけど、「この先」というプランが全く描けなくなってしまったんです。

それで私がどうしたかというと、スタッフにNさんというすごく頼りになる人がいるんですが、彼女に「どうしよう」というメールを送りました。すると、彼女から意外な返事が来ました。「残念だけど、これまでとは違うやり方が見つかるんじゃないか」と。私はすごく落ち込んでいたんですが、これまでとは違うやり方って何だろうと、そのときに発想を転換しました。まず問題点を整理。今までの連携は、行政を間に挟んだ横並びのスタイルでしたが、今から目指すべき連携は三角形が理想だと、自分で腑に落ちました。

思い立ったら即行動、異動する前に、頼りになる行政担当者に「図書館と病院のお見合い」を打診しました。病院と直接つながりたい、そのためには図書館と相性

スライド13

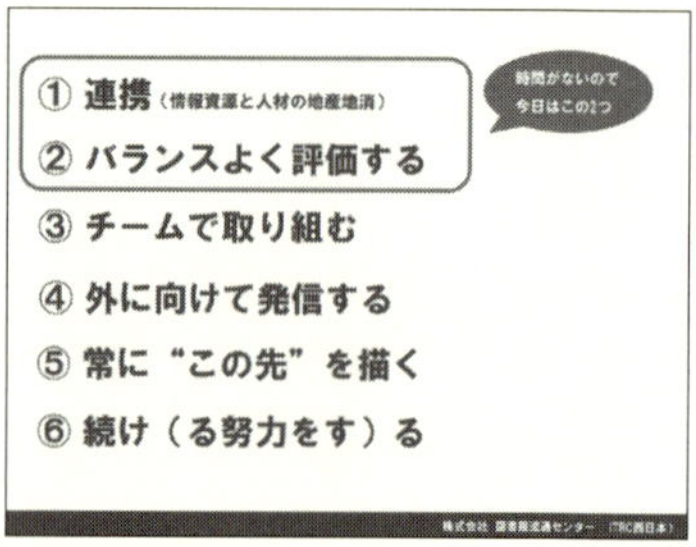

スライド14

スライド15

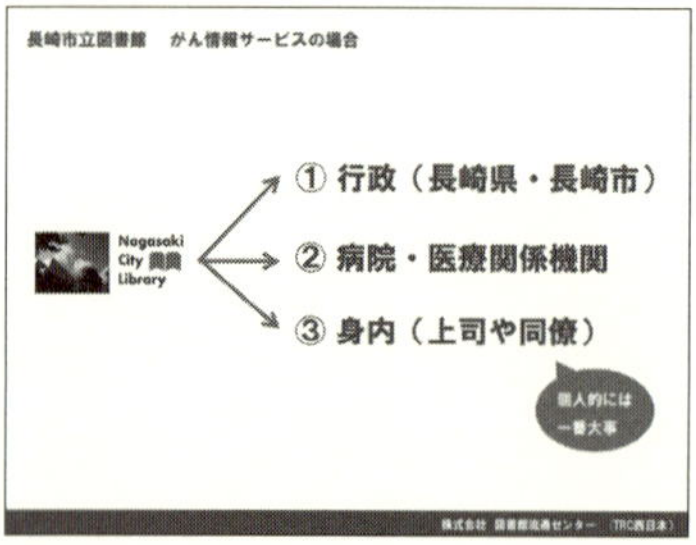

スライド16

の良さそうな病院を紹介してほしい、とお願いしたんです。病院もたくさんあって、どこでもいいというわけではないので。そして早速紹介があったのが、長崎市立市民病院でした。なぜかというと、市民病院の若手医師たちは、これからの長崎の医療界を背負っていく貴重な人材で、図書館のこれからを一緒に考えるなら、ベテラン医師よりも、熱意に満ちた、市民に受けがよさそうな人たちがいいかもしれない、ということでした。先方に話したら、話を伺いたいので明日までに企画書を用意してくれと。このとき何もやっていなかったので、「明日ですか」と困惑しましたが、相手の方は忙しいと思うので急いで企画書を作りました。そこでまず、二〇一二年から地方独立行政法人に移行していた市民病院の中期目標を熟読。そして、図書館でこういうことができるんじゃないかなという企画書を作成しました。一番大事なのは、私たちが病院に対して何を提供できるのか、約束するということ。実行する上で図書館ができることと、相手に求めることを明確にする。よく「そんなことを言われても、図書館は

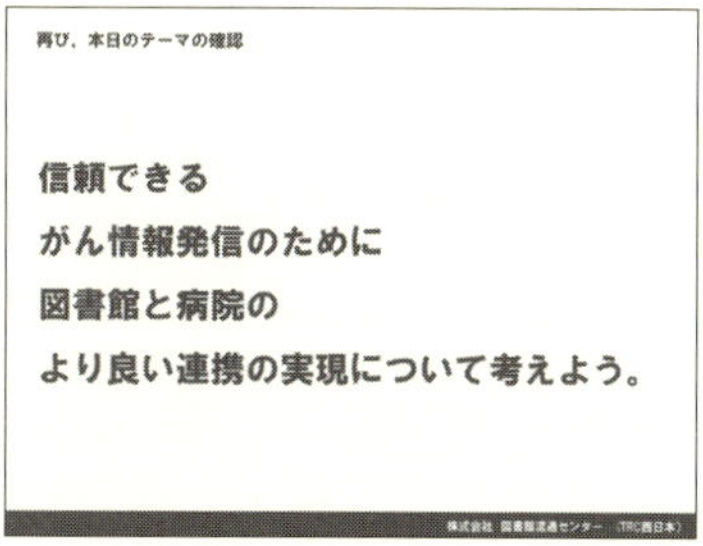

スライド 17

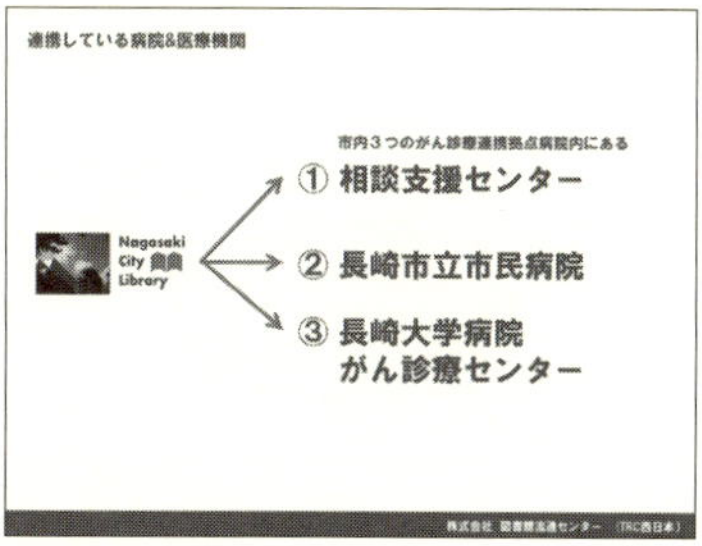

スライド 18

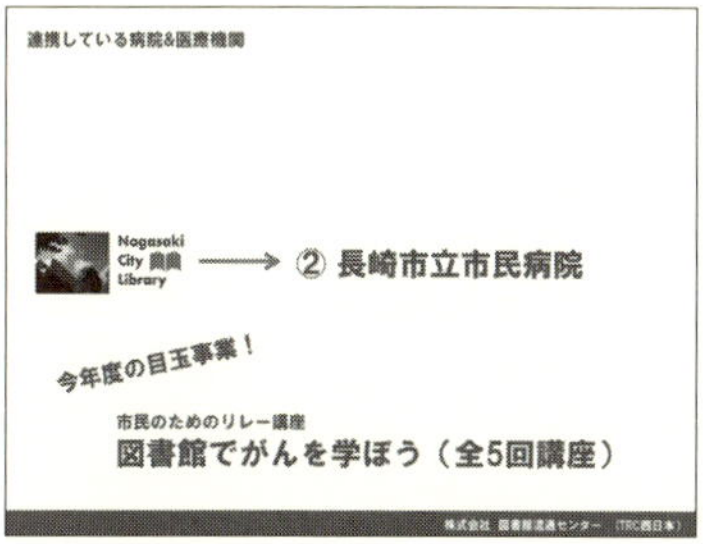

スライド 19

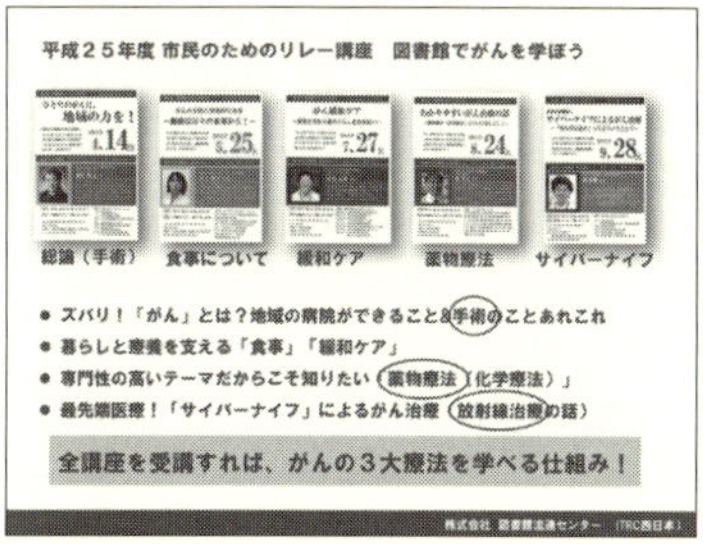

スライド 20

そこまでできない」と思うこともあるんですが、「できない」と言うよりは「できます」と言って、時には強気に出ることも大事なんじゃないかなと個人的には思っています。

私が市民病院に約束したことは、市民の好感度を上げます、何かあったときはみんなが市民病院に行きたくなるようなすてきな講演会をプロデュースします、ということです。ただし、そのときの条件は三つ。一つ目が「連続五回講座」であること。なぜ五回かというと、年に一回だったら「いい講演会だった」で終わってしまうんですが、常に学びの機会を提供し続けることで参加者のモチベーションをアップさせたいからです。二つ目は「ゼロ予算」であること。五回もやると、その都度先生方への謝礼・交通費がかかり、ほかのイベント予算を圧迫するので、できればお金以上の価値でどうにかしてもらえないかと。三つ目が、「講演会に相談機能を備える」ということ。市民病院と市民の距離を縮めるためには、お互いの垣根をなくす必要があります。実際に話すことというのは、人の心を落ち着

スライド21

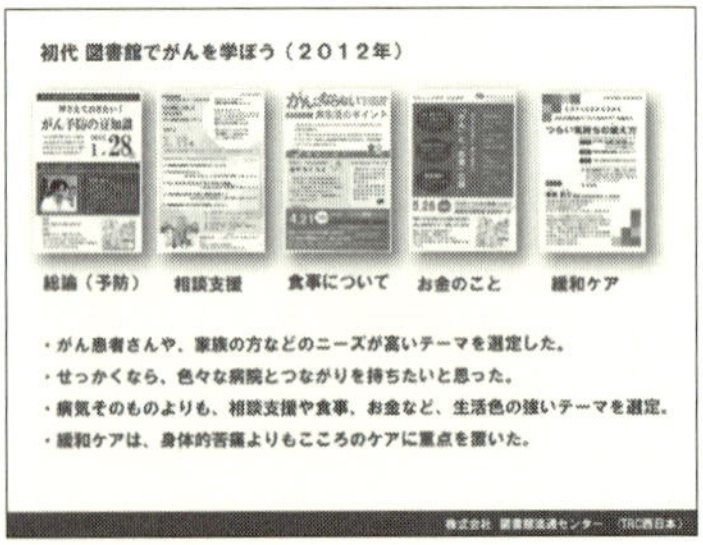

スライド22

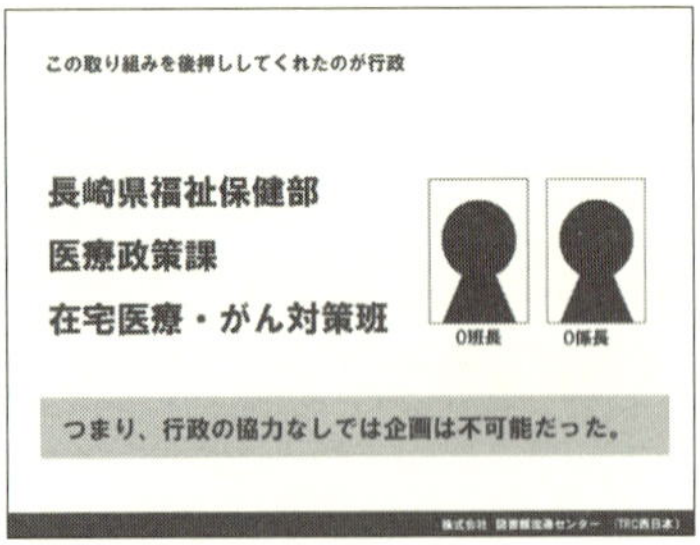

スライド23

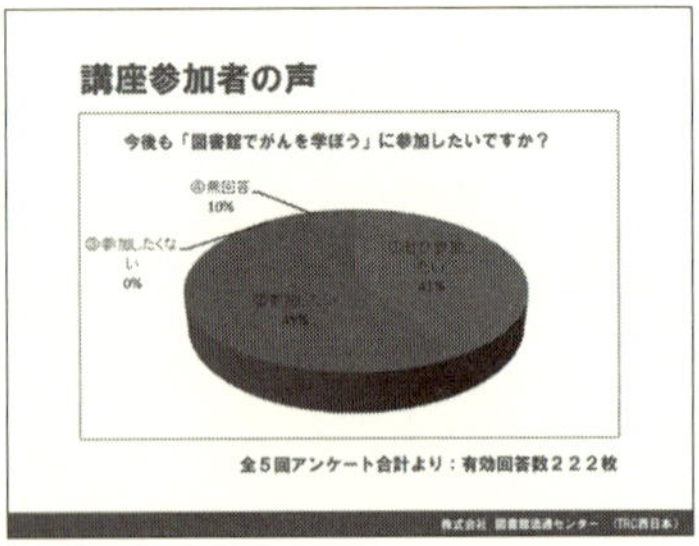

スライド24

かせる効果があるので、そういったことをやりたいとお話ししたところ、「では、そうしましょう」ということで、平成二五（二〇一三）年度、交渉成立しました。

その結果、毎回一〇〇人を上回る申込があり、大盛況でした。ただ、大盛況で終わってしまっていいのか。やっぱり自分たちが企画してやったことはきちんと評価しなくてはいけないということで、バランスのよい評価をしようと。必要なのは誰の評価か。もちろん市民なんですが、実はサービスにかかわるすべての人、連携相手である市民病院、支えてくれた担当のスタッフといった立場の人の評価も必要だと考えました。

市民の評価なんですが、「今回のリレー講座はよかった」、「県としての取り組みも分かり、参考になった」とか、これは一〇代の方なんですが、「直接医師に話を聞くことができるいい機会だと思う」という意見。第三回目ぐらいから図書館に対する意見が多くなり、「図書館で開催していただくと身近に感じるのでいいです」とか、「聞きにくいけど、聞けてよかった」という意見がありました。数字で見てみると、「がん情報サービス

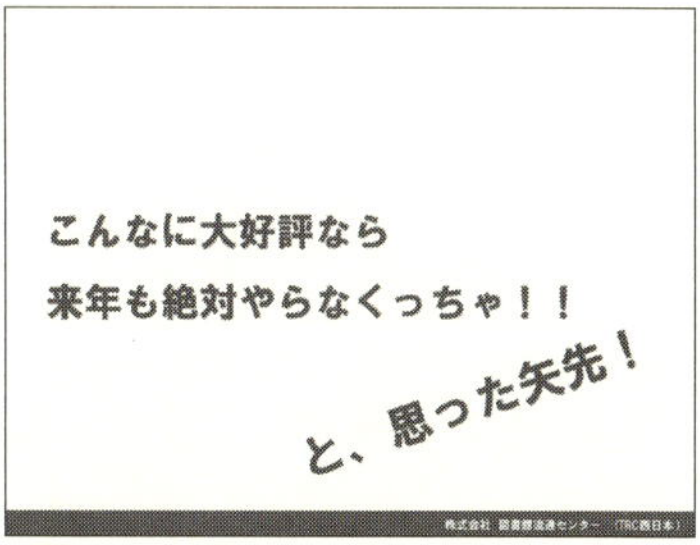

スライド25

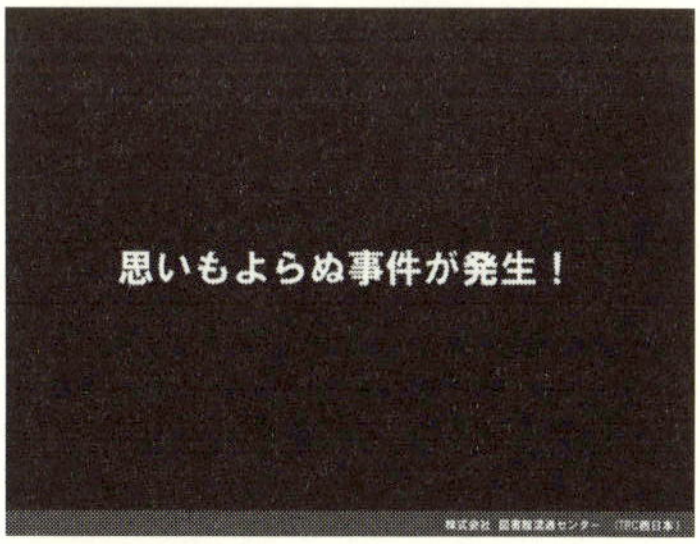

スライド26

スライド27

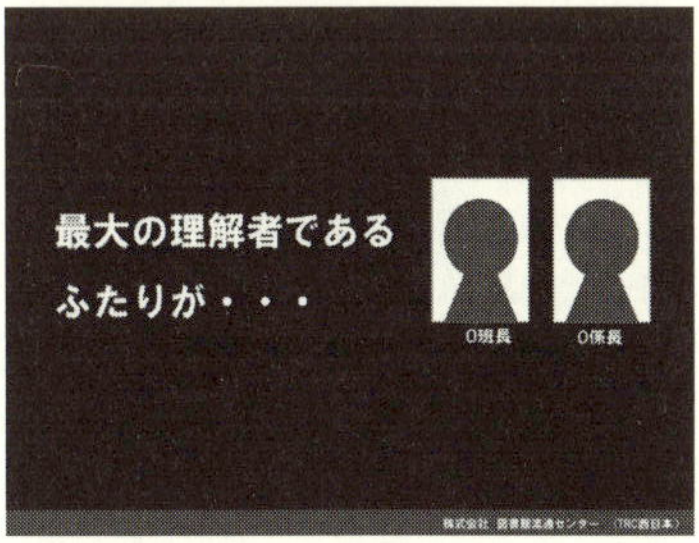

スライド28

を家族や友人に紹介したいですか」ということに関しては、約八割の方が「紹介したい」と。この「紹介したくない」というのは、「病気のことなので、他人のことにあまり突っ込みたくありません」という意見がほとんどでした。これが公約の「今後市民病院を利用したいか」ということですが、最後は九割の方が「行きたい」とお答えくださって、約束を果たせてよかったとホッとしました。なぜかというと、最後、約半数はリピーターさんだったんです。リピーターというのはいいと思ったから次に行くわけで、連続講座のメリットが生きてきたのかな、と考えています。

その市民病院は、どう思っているのか。一番よかった点は何かとお尋ねしたところ、「政策や事業のPR」という答えが返ってきました。ただ、今後の図書館との連携において最も期待することは「集客」ということで、すごく味気ないというか、「ロマンがないですね」と企画担当の人に言ったら、いや違うと。広報費をかけず、医療関係者なしに、純粋に一〇〇%市民を集客できるのがいいと。こういったことは結局広報につな

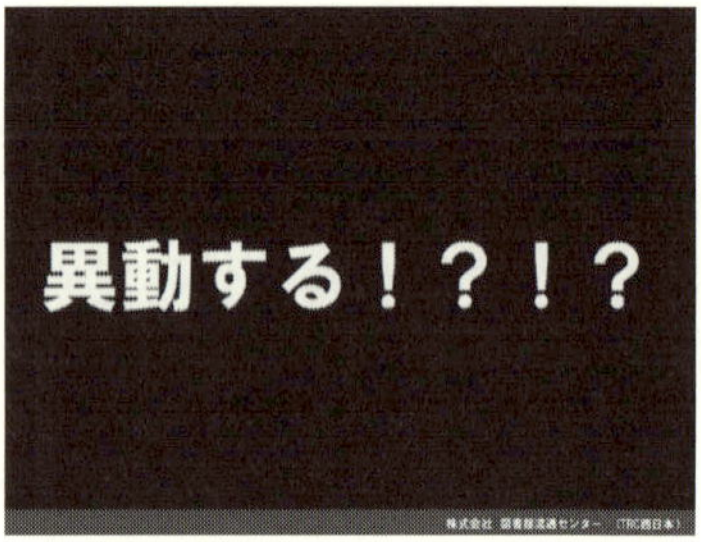
異動する！？！？
株式会社 図書館流通センター （TRC西日本）
スライド29

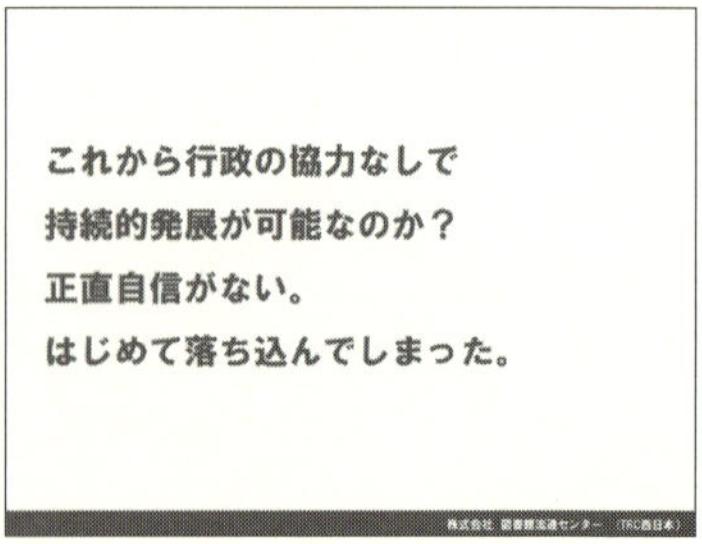
これから行政の協力なしで
持続的発展が可能なのか？
正直自信がない。
はじめて落ち込んでしまった。
株式会社 図書館流通センター （TRC西日本）
スライド30

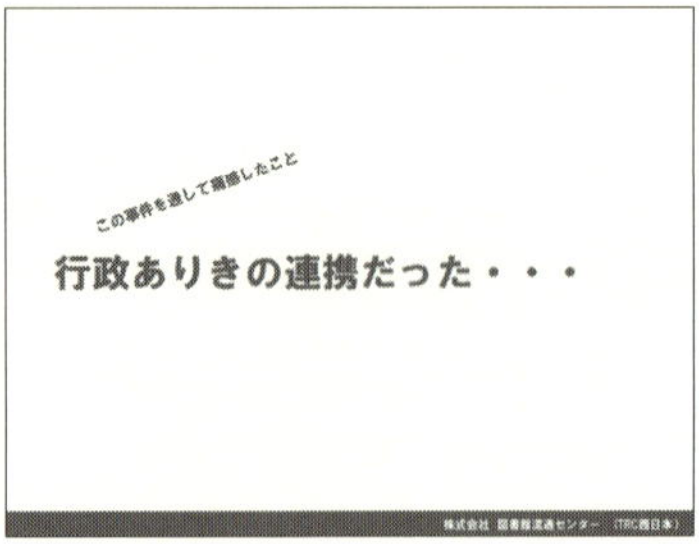
この事件を通して痛感したこと
行政ありきの連携だった・・・
株式会社 図書館流通センター （TRC西日本）
スライド31

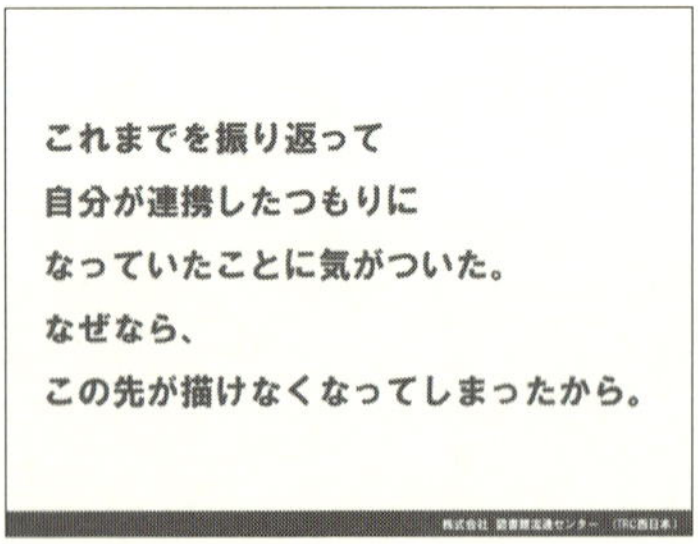
これまでを振り返って
自分が連携したつもりに
なっていたことに気がついた。
なぜなら、
この先が描けなくなってしまったから。
株式会社 図書館流通センター （TRC西日本）
スライド32

がるので、集客は今後も期待したいというふうに言われ、やっと腑に落ちました。「今後も図書館との連携を希望しますか」と聞いたら、一〇〇%の方が「イエス」と言ってくださったので、今年の取り組みとしてはよかったのかなと思っています。

そして、これを支えたスタッフは本当はどう思っているのか。ある担当スタッフは、「担当になって一年、新しいことの連続でつらかった」と。泣いたりしていたんですが、「それが何だったのか気にならないぐらいやりがいを感じるようになった」という意見。また、「このサービスにかかわることで、図書館の在り方について深く考えるようになった。一つの企画に対して、原因↓行動↓結果↓分析まで網羅的に考えるようになった」、「相手にアクションを起こすときに、『何で図書館がそこに出てくるの？』と言われそうで、卑屈になってしまうこともあったが、話をしてみれば、相手には相手の果たすべき役割があるんだということが分かった」ということ。それから、これはすごく熱いなと思ったんですが、「このサービスだから出会う人がたくさん

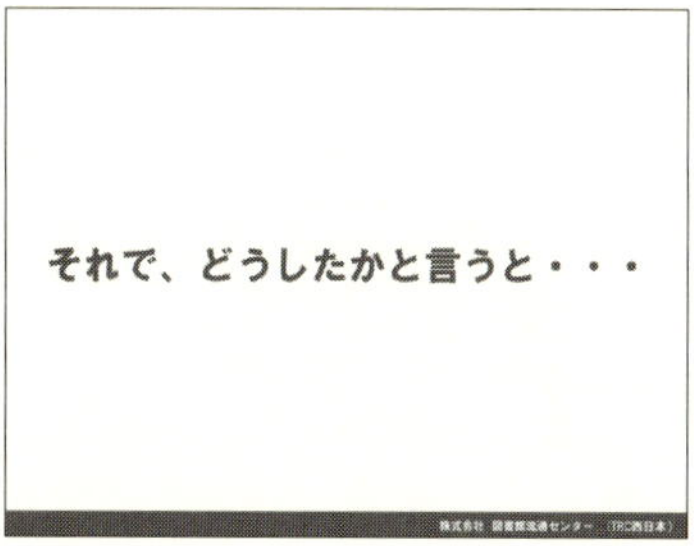

スライド33

スライド34

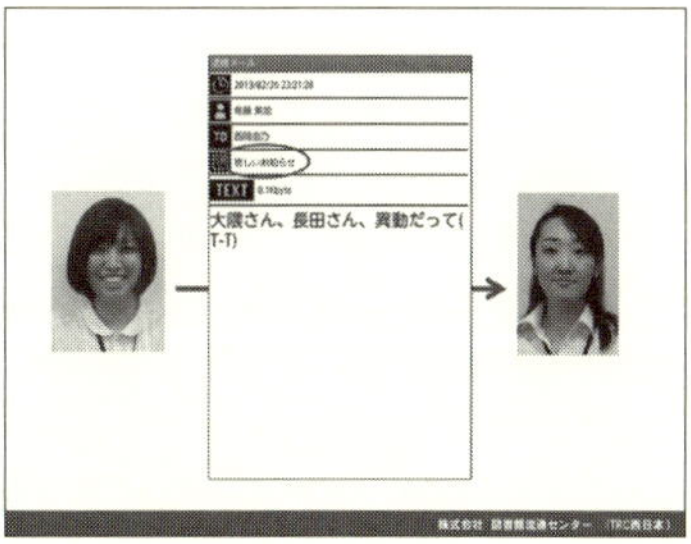

スライド35

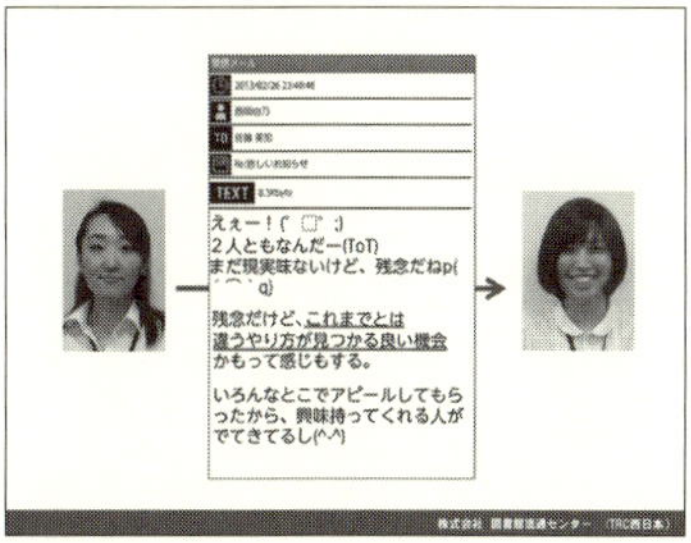

スライド36

いた。県の職員、病院の人、そして図書館がそれぞれの立場でみんな同じ目標に向かって頑張っているということが分かってよかった」という意見がありました。みんなすごくいいことを書いているんですが、もっと率直にいい意見がないかと思ったところ、十月末に同じ題材で図書館総合展のフォーラムを出したとき、参加してくれたMさんというスタッフが、フォーラム終了後私にメールをくれたんです。プライベートなメールですが、「がん情報サービスの知識だけではなく、仕事に対する知識や人とのかかわり方など、様々な面で少しずつ成長できるかなと思っている」という意見をくれまして、半ば強引にメンバーに引き込んだのですが、こういったことを言ってもらえてよかったのかなというふうに思っています。

今見ていただいたように、サービスにかかわるすべての人に「よい取り組み」と思ってもらえることが継続・発展していく秘訣だと思っています。実は、ここにくるまでにはピンチがたくさんありました。最初は上司に、この企画自体「どうなの？」と反対されていまし

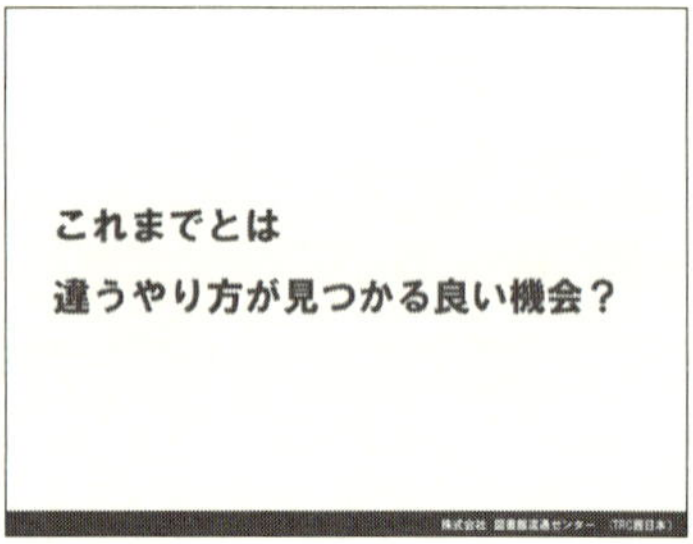

スライド 37

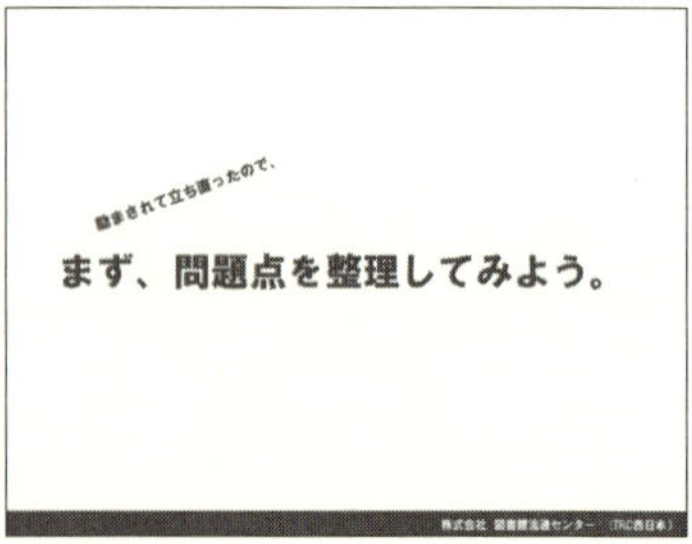

スライド 38

スライド 39

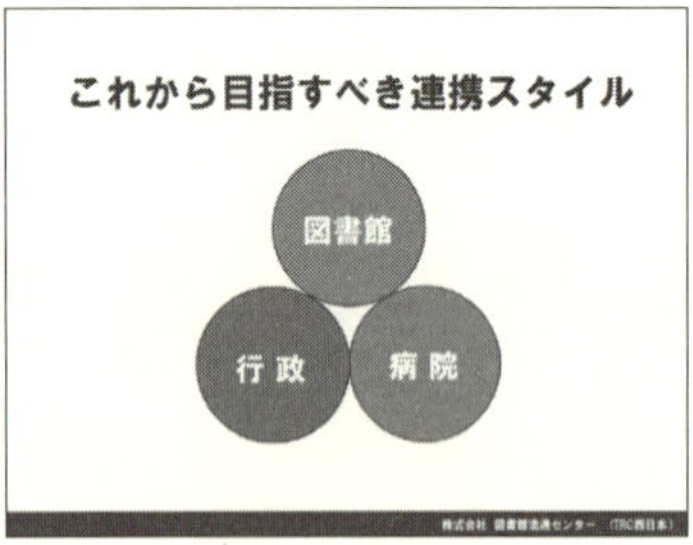

スライド 40

たし、一人で突っ走ってやっていたので、チームをつくるのがすごく大変でした。ただ、ピンチをチャンスにして乗り越えていくこと、妥協はしてもあきらめないということで、次のステップにつながるのかなと思っています。

私自身、このサービスを通して「図書館の仕事って何なんだ」とすごく思うようになりました。現場を離れてこういうことばかり言っていると、「自分の役割とは何だろう」と思うこともありますが、私たちの仕事は、がん情報だけではなく、すべての悩みにおいて「図書館の可能性をカタチにする」ということだと思っています。

最後にご紹介したいのが、「塚田さん直伝！応援メッセージカード　長崎バーション」です。講演会のとき、市民の人に「講演会はどうでしたか」という応援メッセージを書いてもらうんですが、製本が得意なスタッフがそれを一冊の本にし、先生方五人分作って、名前と日付を入れ、リボンをかけてプレゼントしました。すると、先生のほうからも「皆さんの言葉を忘れるこ

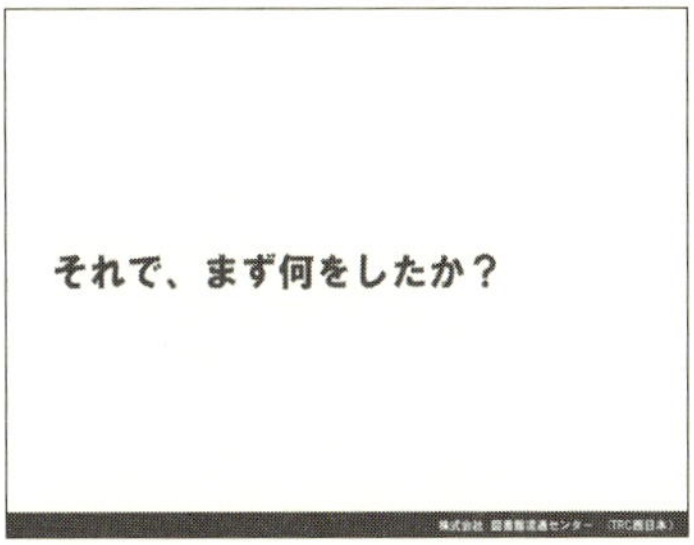

それで、まず何をしたか？
株式会社 図書館流通センター (TRC西日本)

スライド 41

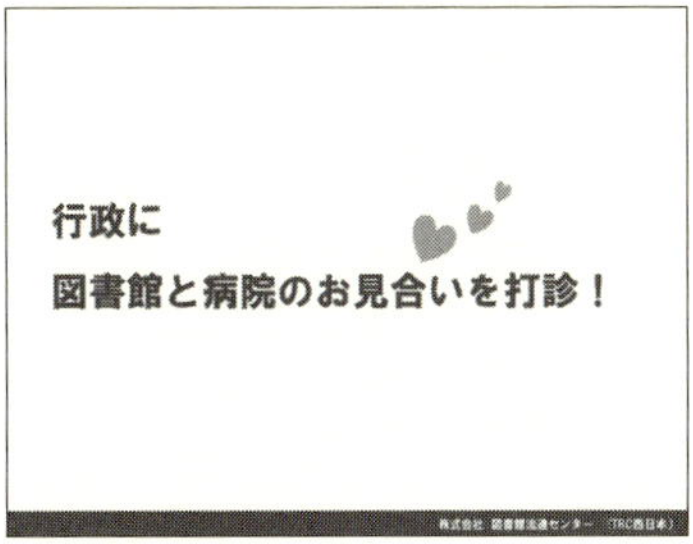

行政に
図書館と病院のお見合いを打診！
株式会社 図書館流通センター (TRC西日本)

スライド 42

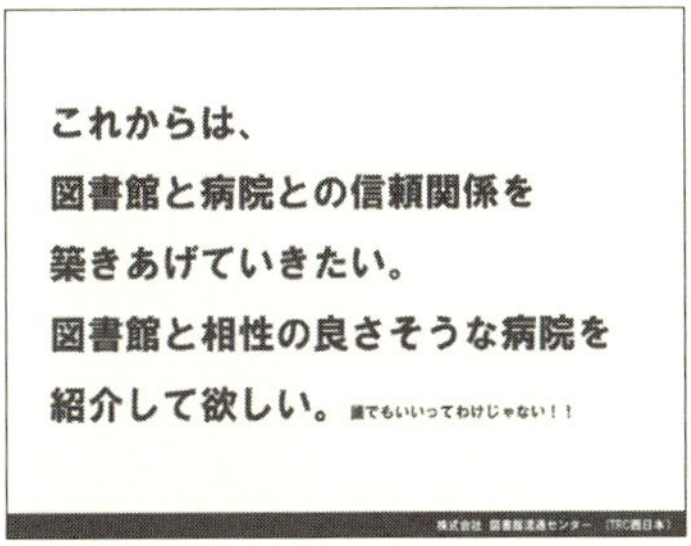

これからは、
図書館と病院との信頼関係を
築きあげていきたい。
図書館と相性の良さそうな病院を
紹介して欲しい。
誰でもいいってわけじゃない！！
株式会社 図書館流通センター (TRC西日本)

スライド 43

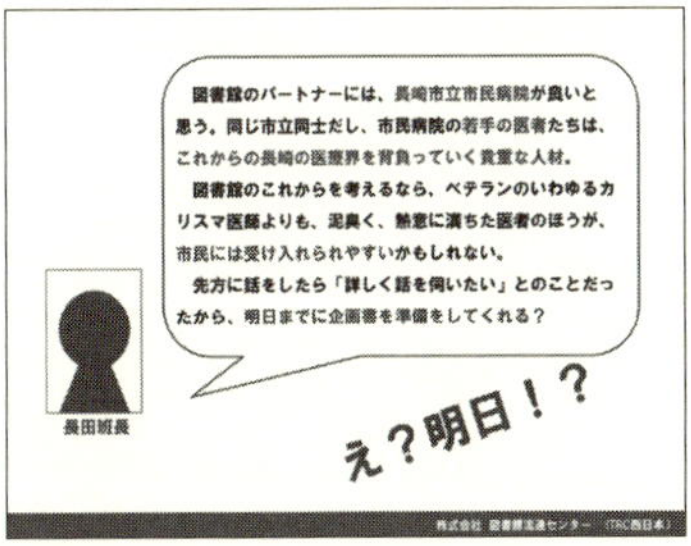

図書館のパートナーには、長崎市立市民病院が良いと思う。同じ市立同士だし、市民病院の若手の医者たちは、これからの長崎の医療界を背負っていく貴重な人材。

図書館のこれからを考えるなら、ベテランのいわゆるカリスマ医師よりも、泥臭く、熱意に満ちた医者のほうが、市民には受け入れられやすいかもしれない。

先方に話をしたら「詳しく話を伺いたい」とのことだったから、明日までに企画書を準備をしてくれる？

長田班長
え？明日！？

株式会社 図書館流通センター (TRC西日本)

スライド 44

となく、これからも頑張っていきたい」というメッセージが届きました。

以上が私の発表です。今日は時間の関係で、「なぜこのサービスを始めたのか」というところを省略していますが、図書館総合展のホームページからフォーラムの録画を見ることができます。フォーラムではサービスの起ち上げについて語っていますので、もしよければごらんください。ご静聴ありがとうございました。

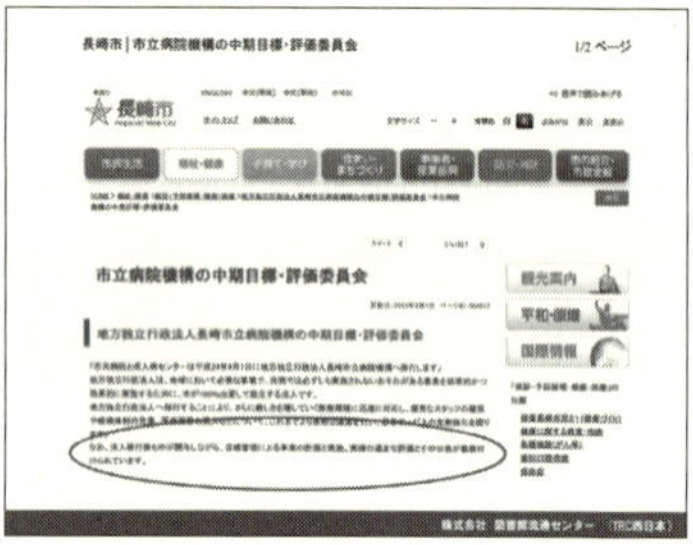

スライド 45

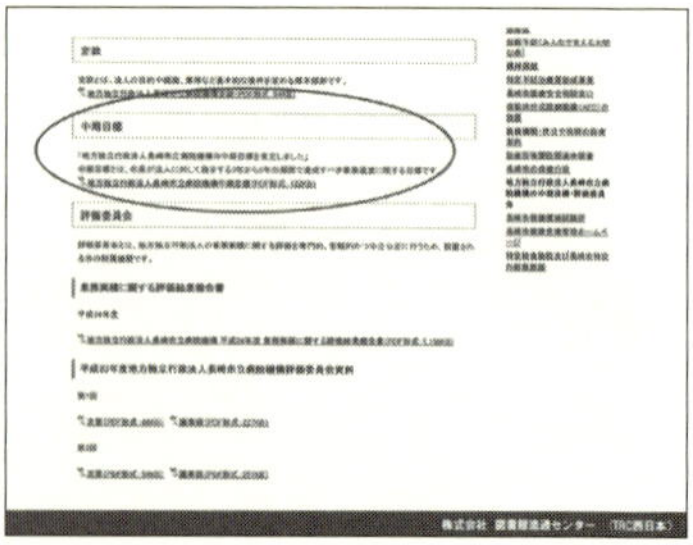

スライド 46

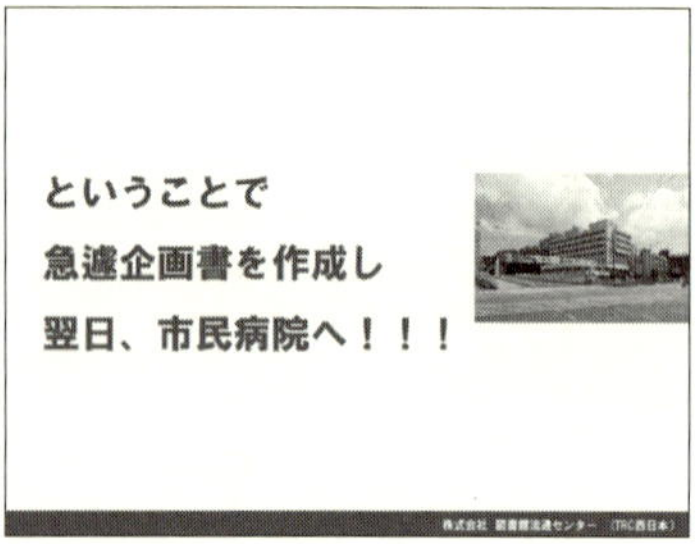

スライド 47

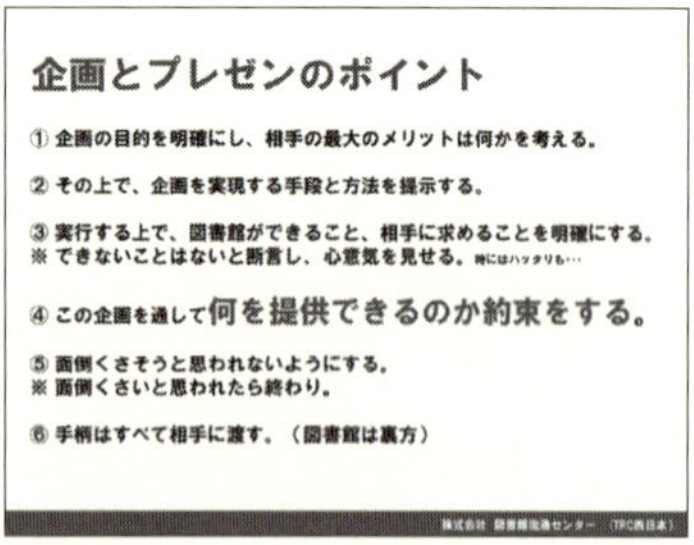

スライド 48

市民病院へ約束したこと
株式会社 図書館流通センター (TRC西日本)

スライド 49

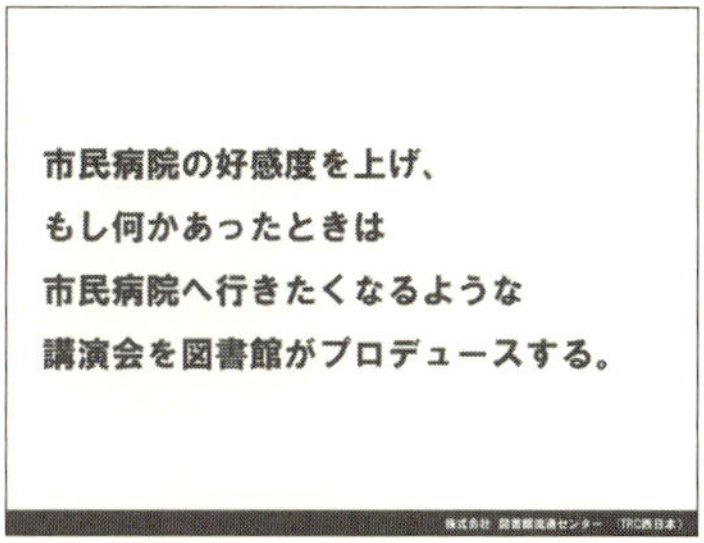
市民病院の好感度を上げ、
もし何かあったときは
市民病院へ行きたくなるような
講演会を図書館がプロデュースする。
株式会社 図書館流通センター (TRC西日本)

スライド 50

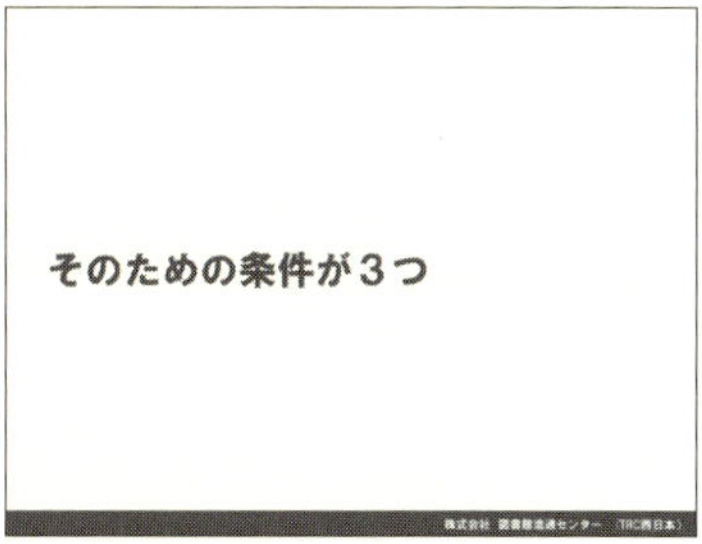
そのための条件が3つ
株式会社 図書館流通センター (TRC西日本)

スライド 51

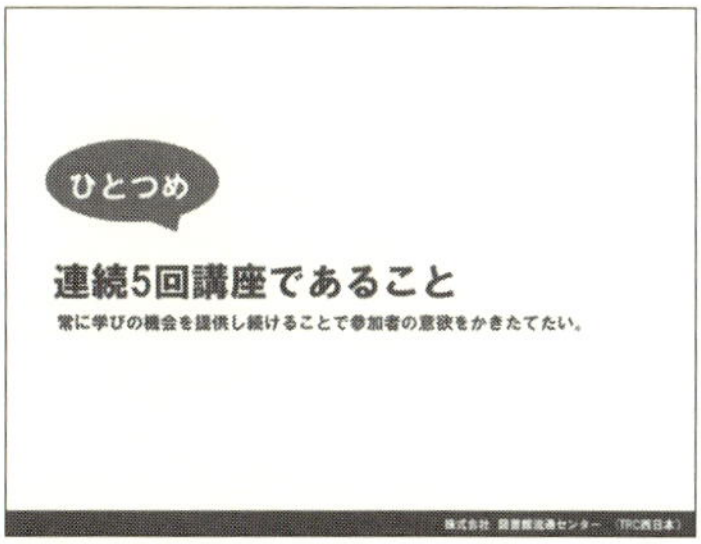
ひとつめ
連続5回講座であること
常に学びの機会を提供し続けることで参加者の意欲をかきたてたい。
株式会社 図書館流通センター (TRC西日本)

スライド 52

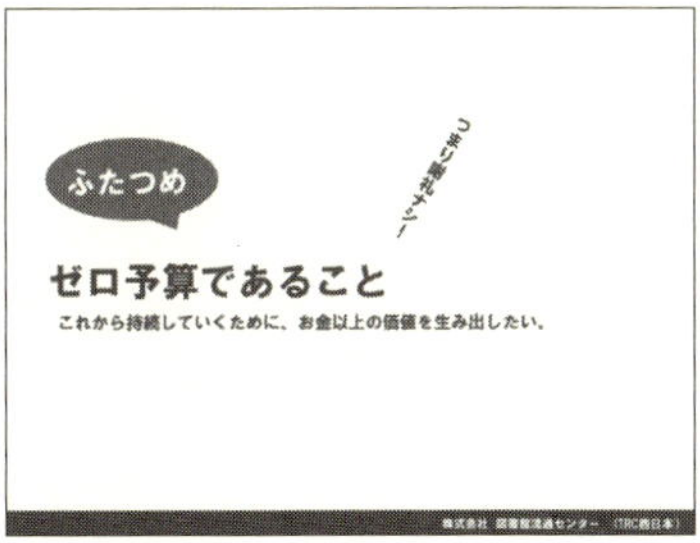
ふたつめ
つまり謝礼ナシ！
ゼロ予算であること
これから持続していくために、お金以上の価値を生み出したい。
株式会社 図書館流通センター (TRC西日本)

スライド 53

みっつめ
講演会に相談機能を備えること
市民病院と市民の距離を縮めたい。話すことは安らぎにつながる。
実際につながっている例→
株式会社 図書館流通センター (TRC西日本)

スライド 54

25年度事業として
交渉成立！！
新聞でもしっかり広報
市立図書館 × 市民病院
「がん」を学ぶ
最新医療や予防、心のケア
株式会社 図書館流通センター (TRC西日本)

スライド 55

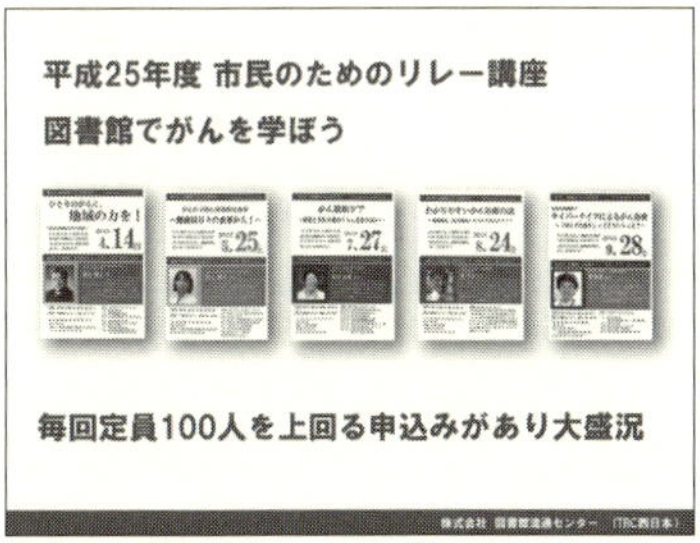
平成25年度 市民のためのリレー講座
図書館でがんを学ぼう
毎回定員100人を上回る申込みがあり大盛況
株式会社 図書館流通センター (TRC西日本)

スライド 56

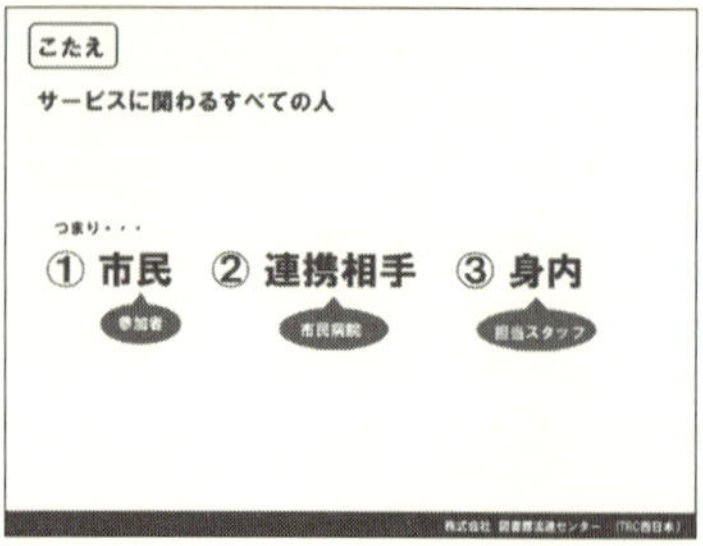
こたえ
サービスに関わるすべての人
つまり・・・
① 市民　② 連携相手　③ 身内
参加者
市民病院
担当スタッフ
株式会社 図書館流通センター (TRC西日本)

スライド 61

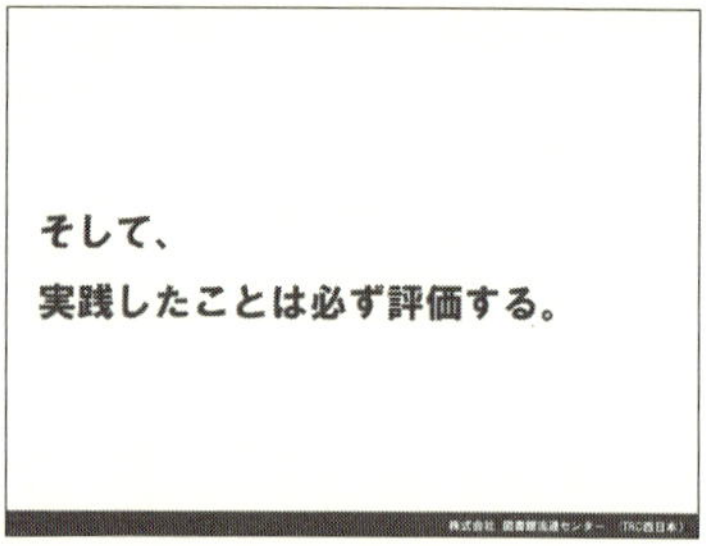
そして、
実践したことは必ず評価する。
株式会社 図書館流通センター (TRC西日本)

スライド 57

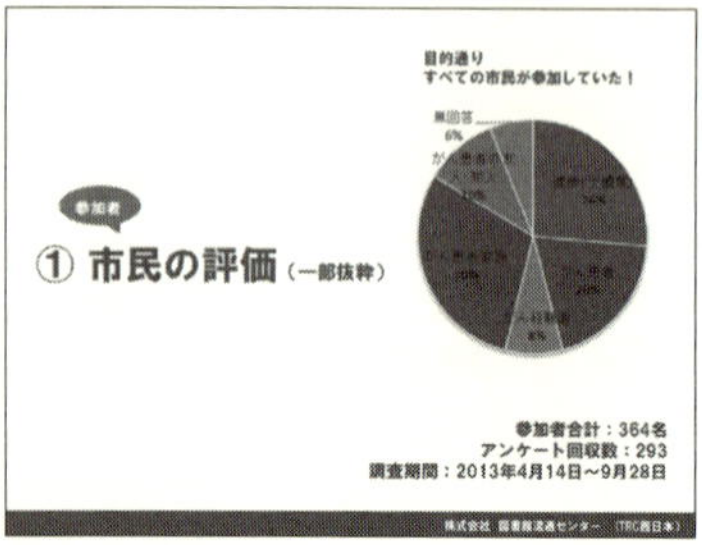
目的通り
すべての市民が参加していた！
無回答
6%
参加者
① 市民の評価 (一部抜粋)
参加者合計：364名
アンケート回収数：293
調査期間：2013年4月14日～9月28日
株式会社 図書館流通センター (TRC西日本)

スライド 62

② バランスの良い評価をしよう
評価の目的は改善。改善がなければ持続的発展は不可能。
株式会社 図書館流通センター (TRC西日本)

スライド 58

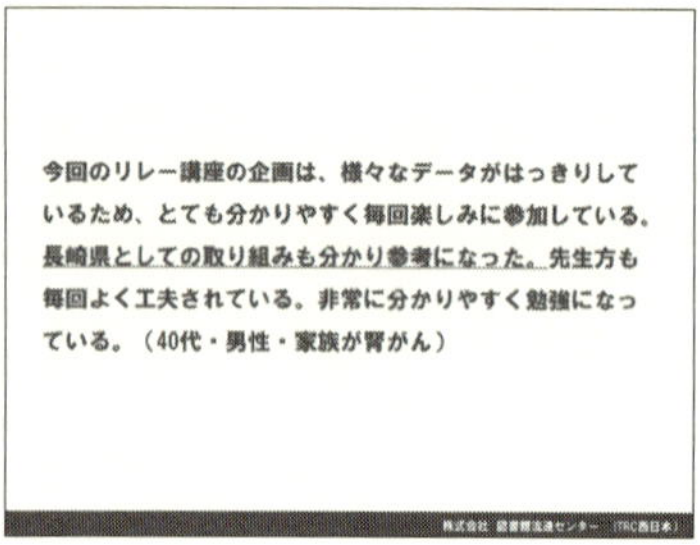
今回のリレー講座の企画は、様々なデータがはっきりしているため、とても分かりやすく毎回楽しみに参加している。長崎県としての取り組みも分かり参考になった。先生方も毎回よく工夫されている。非常に分かりやすく勉強になっている。(40代・男性・家族が胃がん)
株式会社 図書館流通センター (TRC西日本)

スライド 63

長崎市立図書館 「がん情報サービス」のご案内
がん情報コーナー
レファレンスサービス
図書館でがんを学ぼう講座
やりっぱなしはダメ！
株式会社 図書館流通センター (TRC西日本)

スライド 59

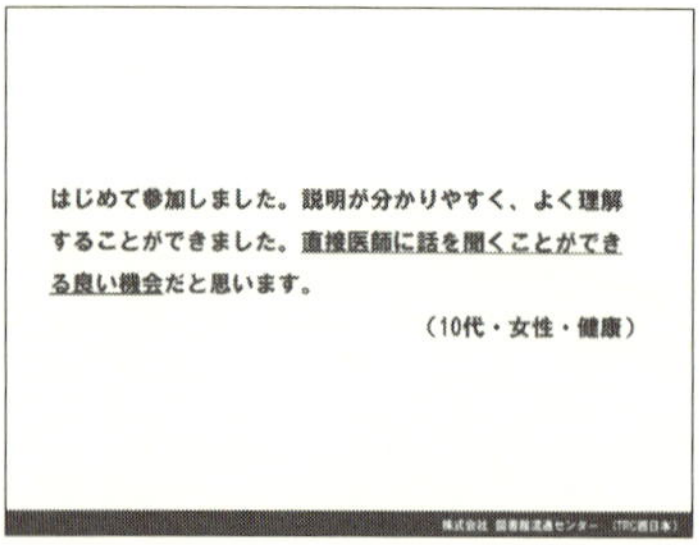
はじめて参加しました。説明が分かりやすく、よく理解することができました。直接医師に話を聞くことができる良い機会だと思います。
(10代・女性・健康)
株式会社 図書館流通センター (TRC西日本)

スライド 64

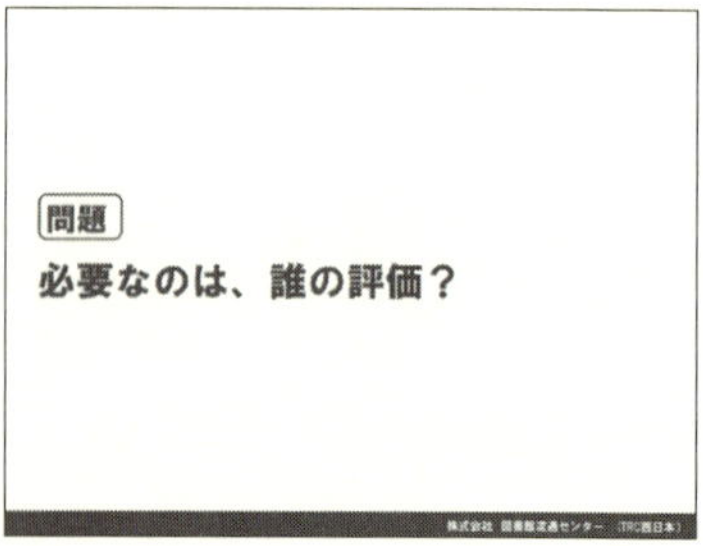
問題
必要なのは、誰の評価？
株式会社 図書館流通センター (TRC西日本)

スライド 60

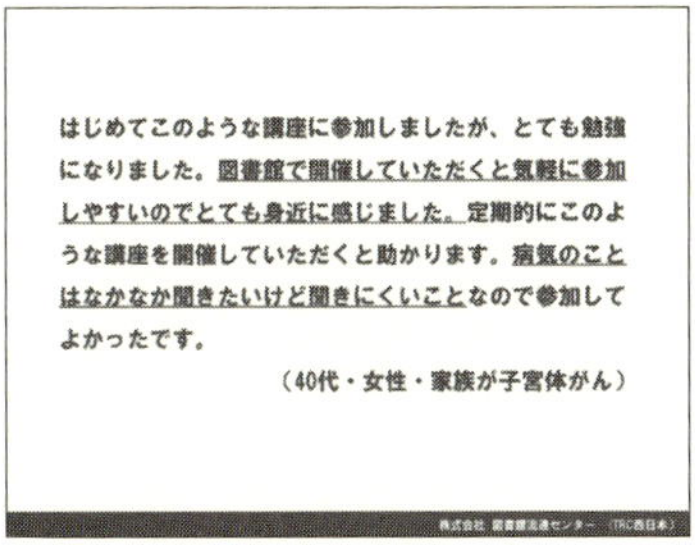

スライド 65

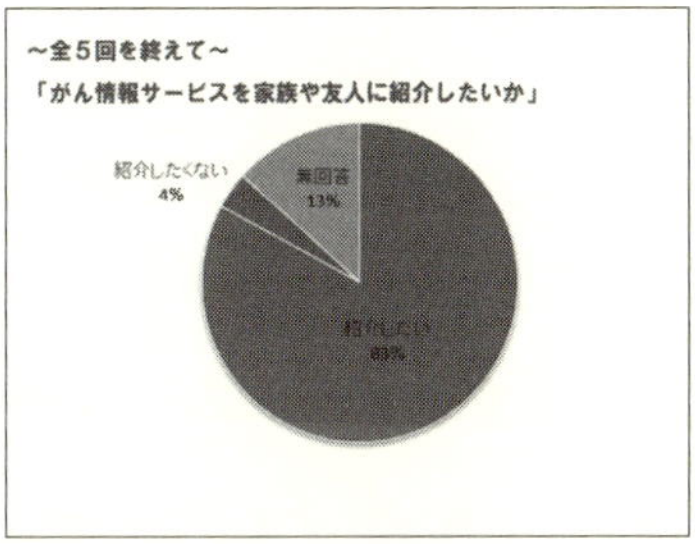

スライド 66

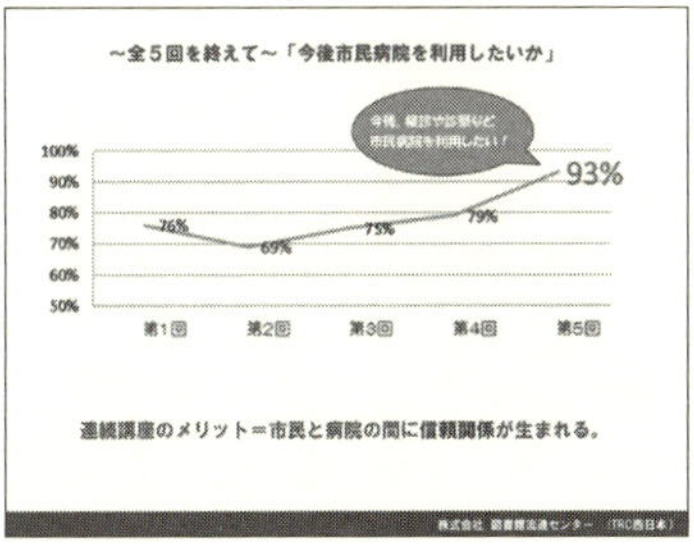

スライド 67

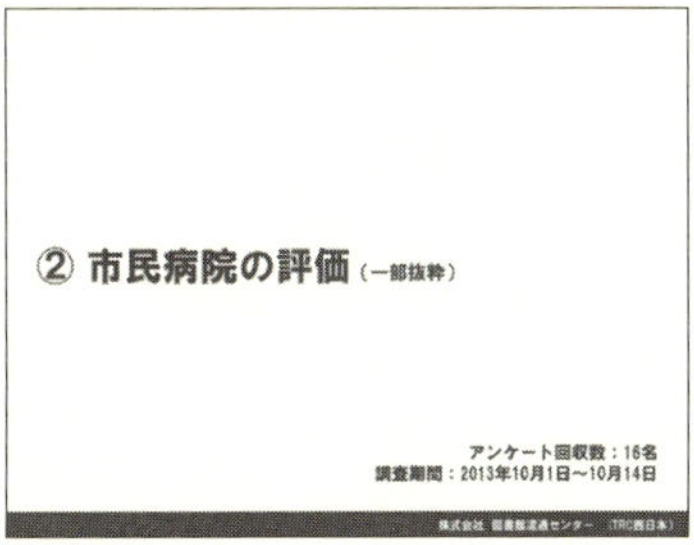

スライド 68

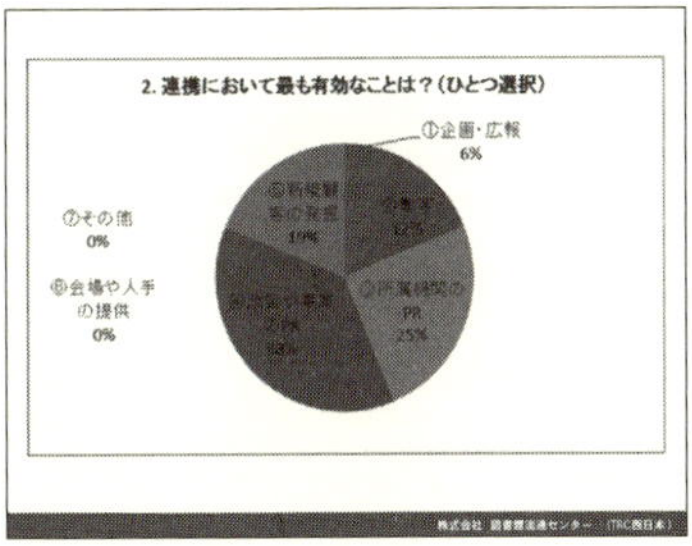

スライド 69

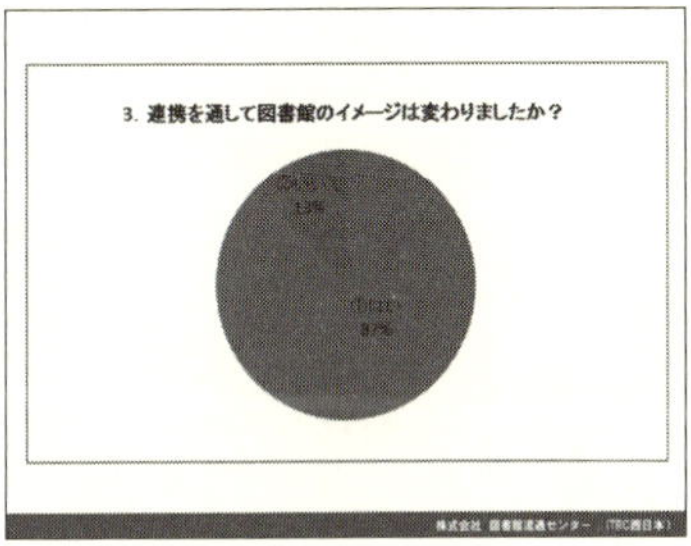

スライド 70

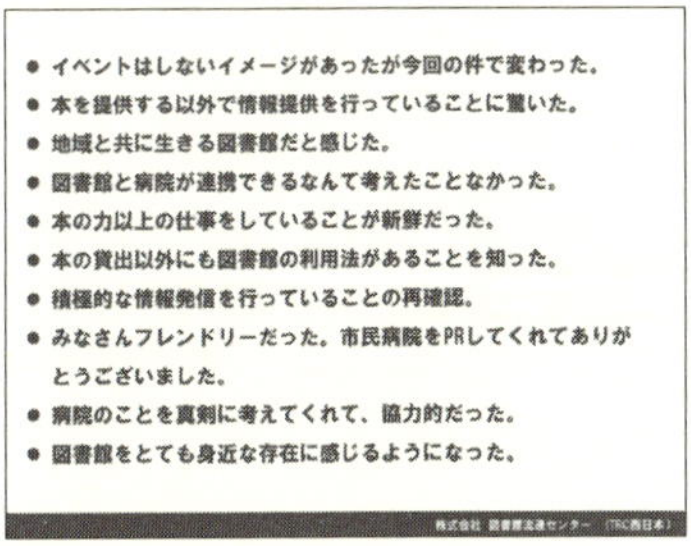

スライド 71

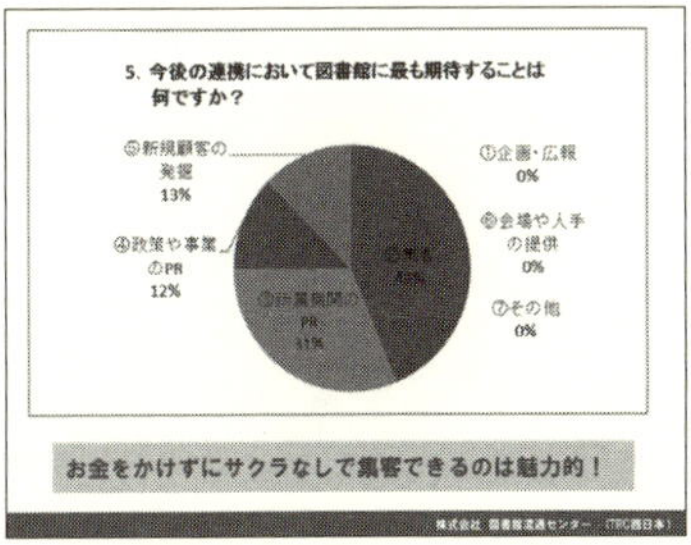

スライド 72

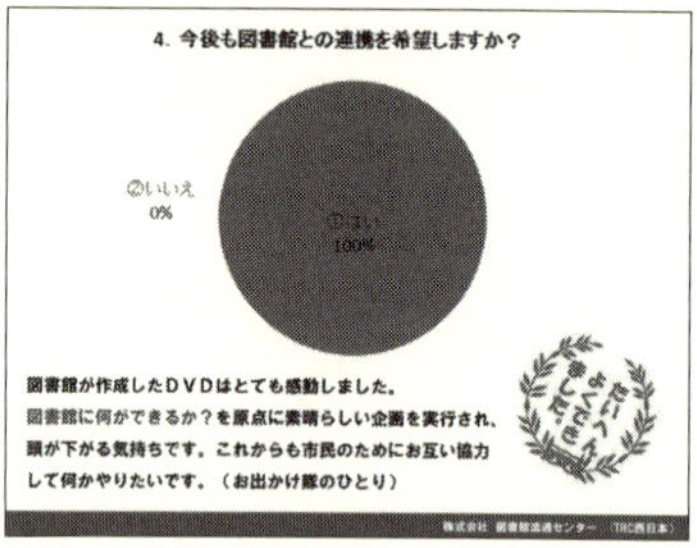
4. 今後も図書館との連携を希望しますか？
②いいえ 0%
①はい 100%
図書館が作成したＤＶＤはとても感動しました。
図書館に何ができるか？を原点に素晴らしい企画を実行され、
頭が下がる気持ちです。これからも市民のためにお互い協力
して何かやりたいです。（お出かけ隊のひとり）
たいへんよくできました。
株式会社 図書館流通センター （TRC西日本）

スライド 73

③ 担当スタッフの評価
アンケート回収数：4名
調査期間：2013年11月15日～11月18日
株式会社 図書館流通センター （TRC西日本）

スライド 74

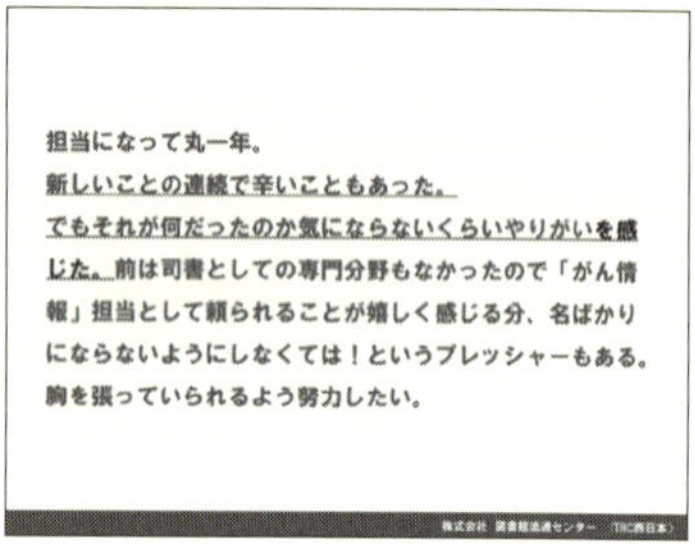
担当になって丸一年。

新しいことの連続で辛いこともあった。

でもそれが何だったのか気にならないくらいやりがいを感じた。前は司書としての専門分野もなかったので「がん情報」担当として頼られることが嬉しく感じる分、名ばかりにならないようにしなくては！というプレッシャーもある。

胸を張っていられるよう努力したい。

株式会社 図書館流通センター （TRC西日本）

スライド 75

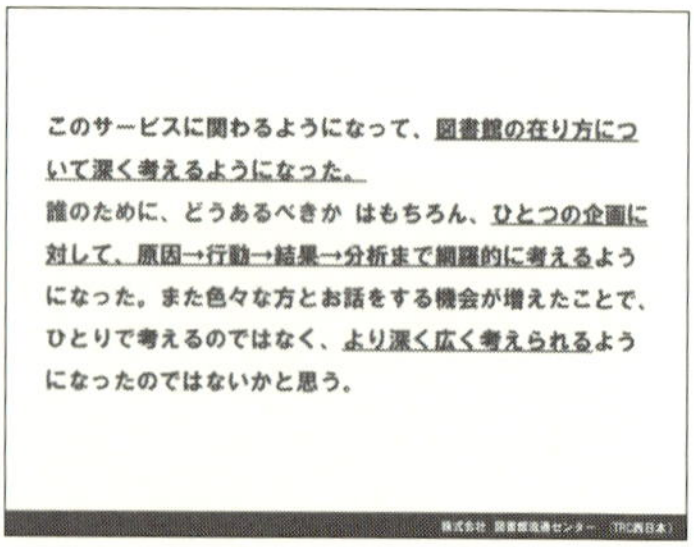
このサービスに関わるようになって、図書館の在り方について深く考えるようになった。
誰のために、どうあるべきか はもちろん、ひとつの企画に対して、原因→行動→結果→分析まで網羅的に考えるようになった。また色々な方とお話をする機会が増えたことで、ひとりで考えるのではなく、より深く広く考えられるようになったのではないかと思う。
株式会社 図書館流通センター （TRC西日本）

スライド 76

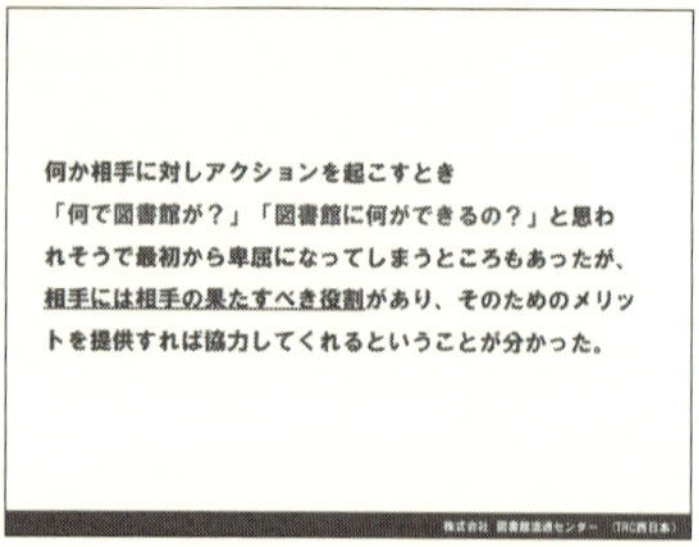
何か相手に対しアクションを起こすとき
「何で図書館が？」「図書館に何ができるの？」と思われそうで最初から卑屈になってしまうところもあったが、
相手には相手の果たすべき役割があり、そのためのメリットを提供すれば協力してくれるということが分かった。
株式会社 図書館流通センター （TRC西日本）

スライド 77

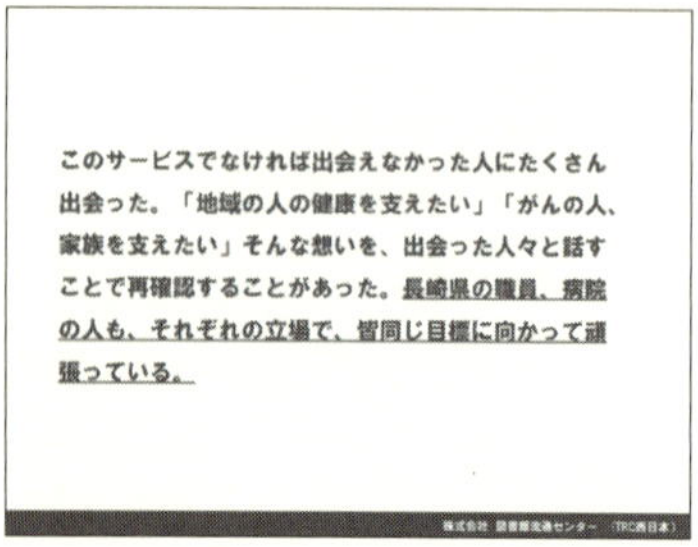
このサービスでなければ出会えなかった人にたくさん出会った。「地域の人の健康を支えたい」「がんの人、家族を支えたい」そんな想いを、出会った人々と話すことで再確認することがあった。長崎県の職員、病院の人も、それぞれの立場で、皆同じ目標に向かって頑張っている。
株式会社 図書館流通センター （TRC西日本）

スライド 78

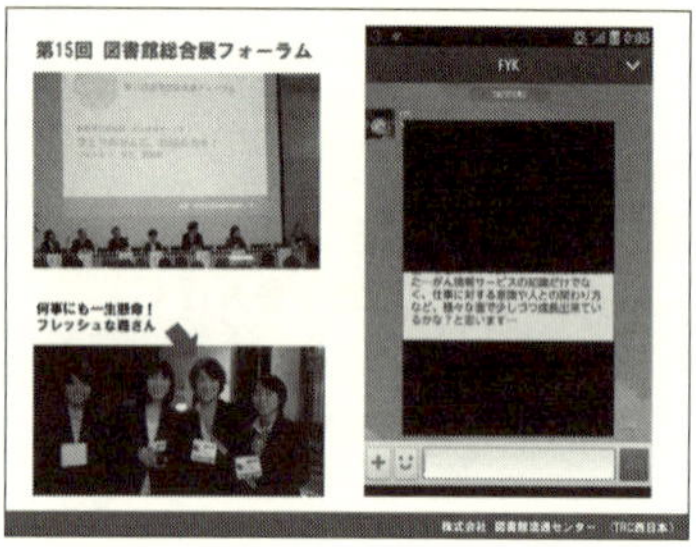
第15回 図書館総合展フォーラム
何事にも一生懸命！
フレッシュな皆さん
FYK
株式会社 図書館流通センター （TRC西日本）

スライド 79

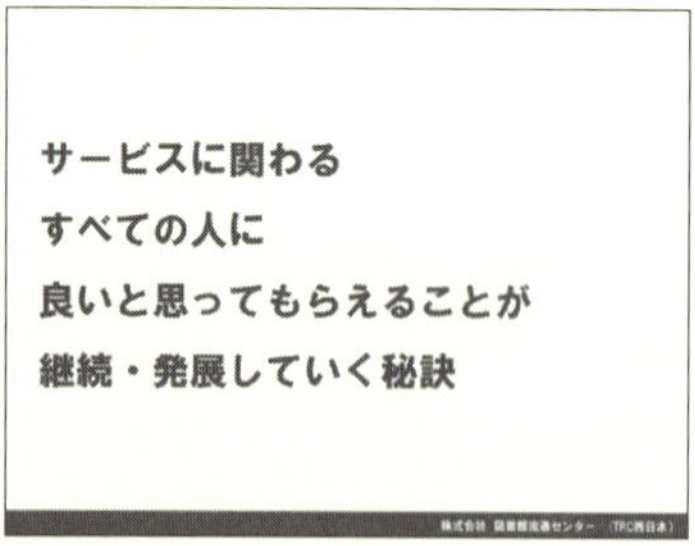
サービスに関わる
すべての人に
良いと思ってもらえることが
継続・発展していく秘訣
株式会社 図書館流通センター （TRC西日本）

スライド 80

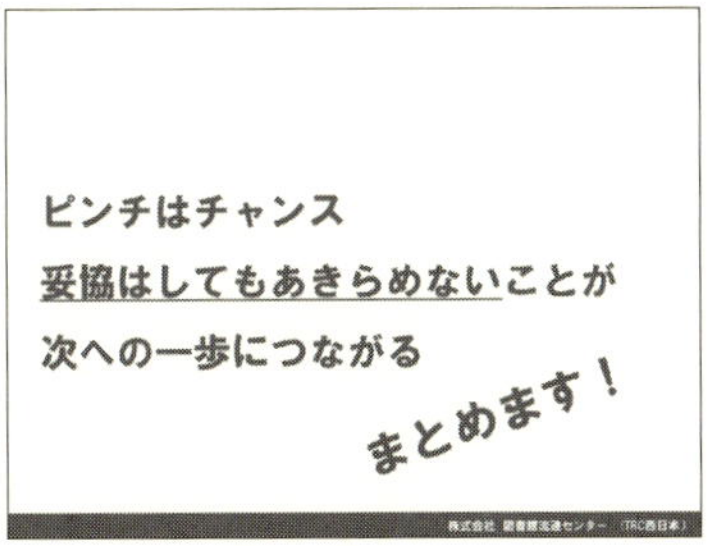
ピンチはチャンス
妥協はしてもあきらめないことが
次への一歩につながる
まとめます！
株式会社 図書館流通センター (TRC西日本)

スライド 81

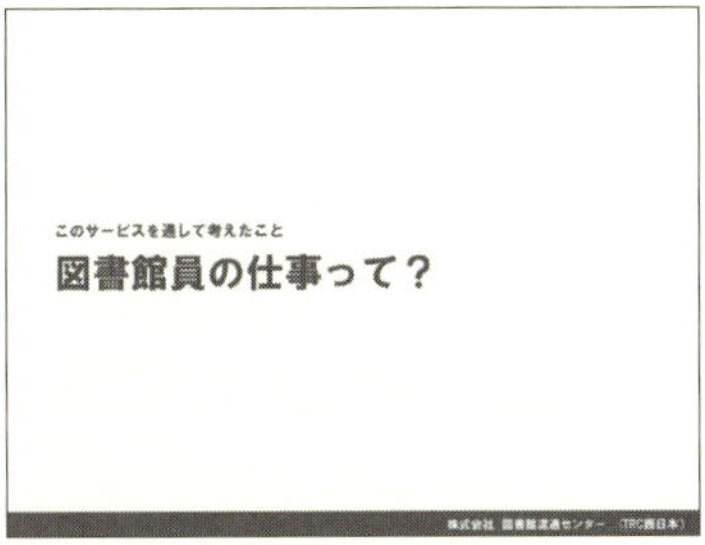
このサービスを通して考えたこと
図書館員の仕事って？
株式会社 図書館流通センター (TRC西日本)

スライド 82

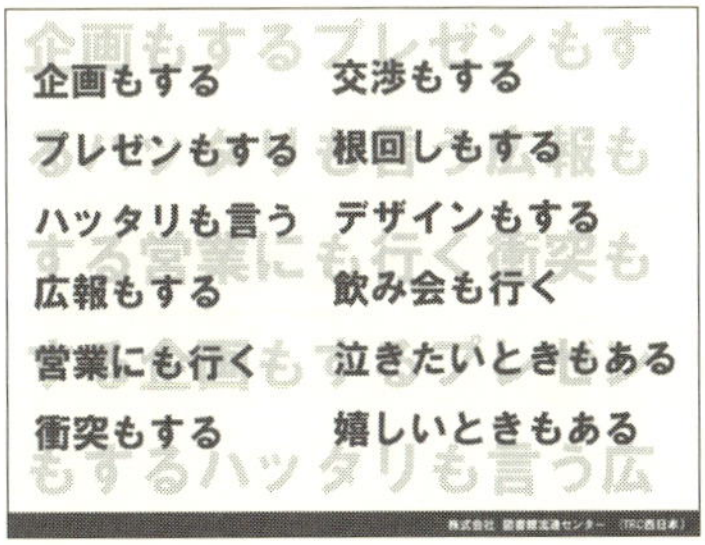
企画もする
交渉もする
プレゼンもする
根回しもする
ハッタリも言う
デザインもする
広報もする
飲み会も行く
営業にも行く
泣きたいときもある
衝突もする
嬉しいときもある
株式会社 図書館流通センター (TRC西日本)

スライド 83

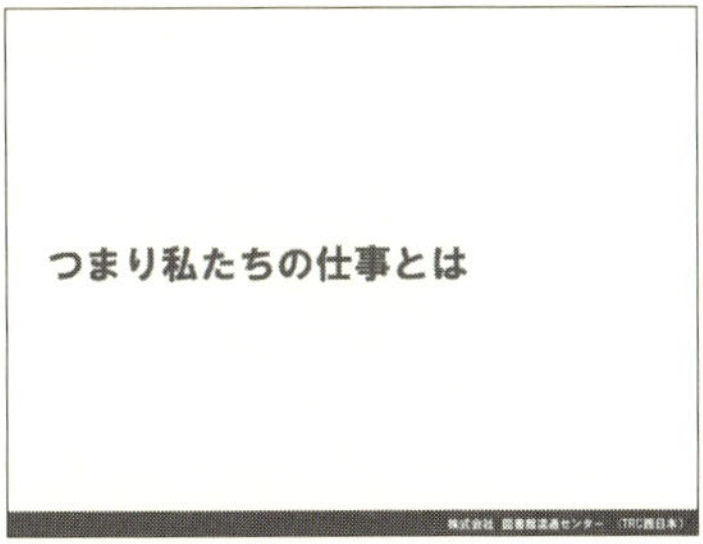
つまり私たちの仕事とは
株式会社 図書館流通センター (TRC西日本)

スライド 84

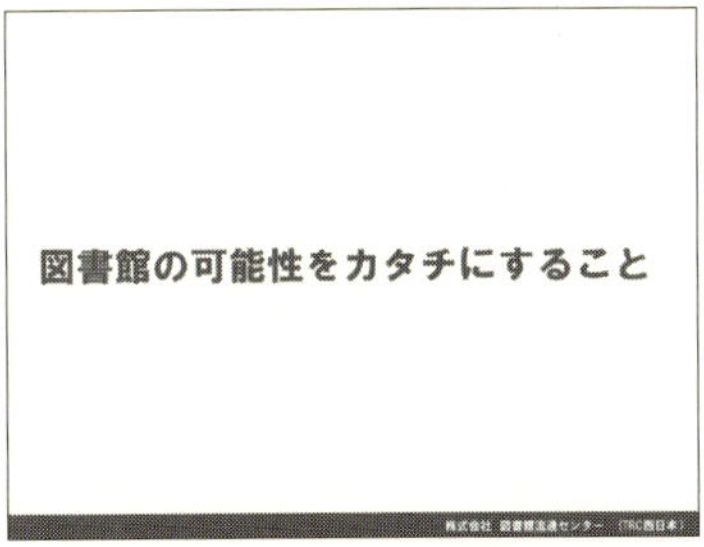
図書館の可能性をカタチにすること
株式会社 図書館流通センター (TRC西日本)

スライド 85

想いは
カタチにして
はじめて伝わる！
株式会社 図書館流通センター (TRC西日本)

スライド 86

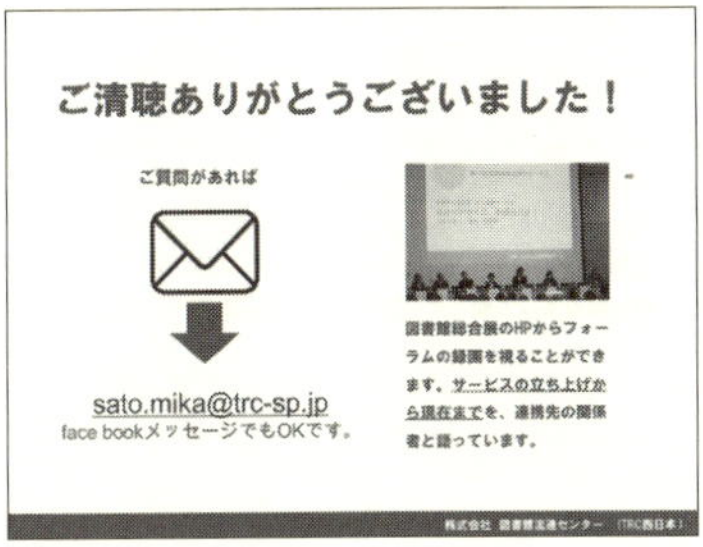
ご清聴ありがとうございました！
ご質問があれば
sato.mika@trc-sp.jp
face bookメッセージでもOKです。
図書館総合展のHPからフォーラムの録画を視ることができます。サービスの立ち上げから現在までを、連携先の関係者と語っています。
株式会社 図書館流通センター (TRC西日本)

スライド 87

4．パネルディスカッション

テーマ：全力討論Ⅱ　がん患者さんと家族を支えるために
図書館と病院・医療従事者の連携が始まる

コーディネーター　神代　浩　氏（再）、岡山慶子　氏（再）
パネリスト　小林　茂樹　氏（NPO法人キャンサーリボンズ委員・三重大医学部附属病院健診センター長）
塚田　薫代　氏（静岡県立こども病院　医学司書）
佐藤　美加　氏（再）

［岡山］このパネルディスカッションでは、まず最初にパネラーのお二方に一〇分ほどずつ最初の発言をしていただきます。

まずは、三重大学医学部附属病院健診センター長、小林茂樹先生です。NPO法人キャンサーリボンズの委員でもいらっしゃいます。「三重県立図書館と三重大学病院リボンスハウスとの連携」ということでお話しいただきます。よろしくお願いいたします。

［小林］皆さん、おはようございます。三重大学、小林です。

リボンズハウスが三重大学にできて約三年、図書館との連携を始めて約一年といったところで、現状を踏まえて少しご紹介させていただきます。

三重大学の特徴は、大学病院では珍しい、リボンズハウスを設置しているということ、医療福祉支援センターの強化、

▲小林茂樹氏の発表

コンビニ・コーヒーショップを開設し患者さんに使っていただくという取り組みを行っていることです。

三重県立図書館とリボンズハウスの連携事業については、県立図書館に医療・健康コーナーをつくっていただき、医療関係の情報パンフレットなどの展示をしていただいています。また、リボンズハウスや病院内への本の貸出もしていただいています。

きっかけは、県立図書館側が何かできないかということを考えていらっしゃったこと。たまたま、前院長の竹田先生が図書館長と知り合いだったということ、立地が近いということもあり、三重県立図書館とリボ

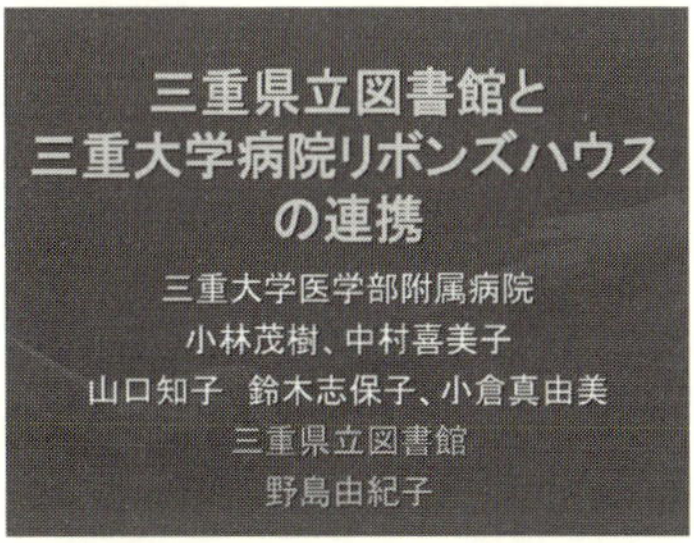
三重県立図書館と
三重大学病院リボンズハウス
の連携
三重大学医学部附属病院
小林茂樹、中村喜美子
山口知子　鈴木志保子、小倉真由美
三重県立図書館
野島由紀子

スライド１

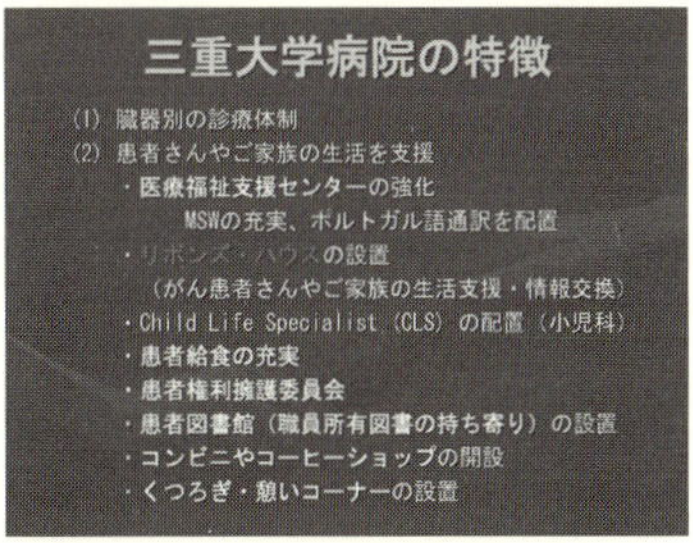
三重大学病院の特徴
(1) 臓器別の診療体制
(2) 患者さんやご家族の生活を支援
・医療福祉支援センターの強化
MSWの充実、ポルトガル語通訳を配置
・リボンズ・ハウスの設置
（がん患者さんやご家族の生活支援・情報交換）
・Child Life Specialist (CLS) の配置（小児科）
・患者給食の充実
・患者権利擁護委員会
・患者図書館（職員所有図書の持ち寄り）の設置
・コンビニやコーヒーショップの開設
・くつろぎ・憩いコーナーの設置

スライド２

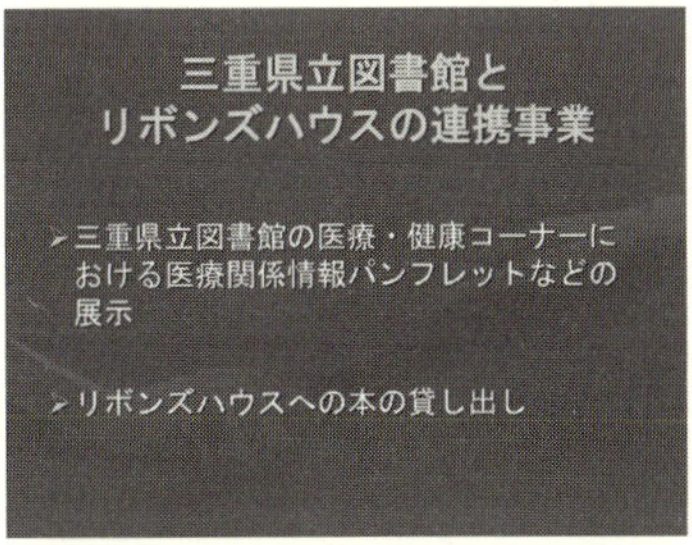
三重県立図書館と
リボンズハウスの連携事業
➢三重県立図書館の医療・健康コーナーにおける医療関係情報パンフレットなどの展示
➢リボンズハウスへの本の貸し出し

スライド３

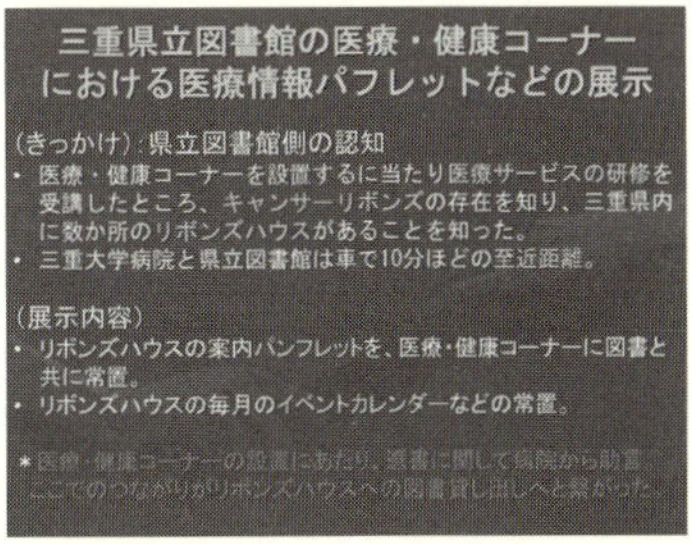
三重県立図書館の医療・健康コーナー
における医療情報パフレットなどの展示
(きっかけ)：県立図書館側の認知
・医療・健康コーナーを設置するに当たり医療サービスの研修を受講したところ、キャンサーリボンズの存在を知り、三重県内に数か所のリボンズハウスがあることを知った。
・三重大学病院と県立図書館は車で10分ほどの至近距離。
(展示内容)
・リボンズハウスの案内パンフレットを、医療・健康コーナーに図書と共に常置。
・リボンズハウスの毎月のイベントカレンダーなどの常置。
＊医療・健康コーナーの設置にあたり、選書に関して病院から助言
ここでのつながりがリボンズハウスへの図書貸し出しへと繋がった。

スライド４

ンズハウスとの連携が始まっていきました。

三重県立図書館は三重県総合文化センターの中にあります。実際に、県立図書館内にはこういった「医療・健康コーナー」があります。このコーナーのほかにキャンサーリボンズと連携した「がんと暮らす情報コーナー」、医学専門書領域、商業雑誌のようなものが置いてあるコーナーと、計四ヶ所ございます。様々なパンフレットやリボンズハウスのイベントカレンダーなども置いてあります。

これが「がんと暮らす情報コーナー」です。がんの一般常識というか、簡単に書いてあるパンフレットが非常に人気です。

リボンズハウスへの図書貸し出しは、図書館さんが新しいサービスの一環として、入院患者さんへの支援を検討していたという段階でした。三重大学医学部附属病院のリボンズハウスには専任の職員がいるというのが非常によかったところで、実は県内にはほかに、藤田保健衛生大学病院七栗サナトリウム、済生会松阪総合病院にもリボンズハウスがあるんで

スライド５

スライド６

スライド７

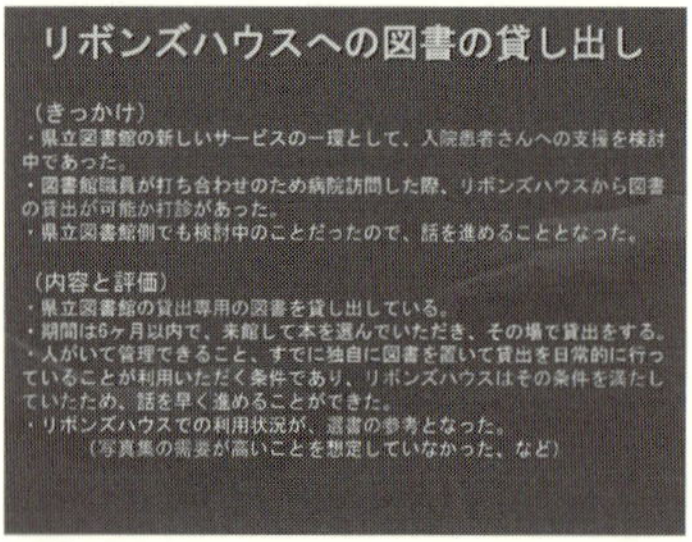

スライド８

すが、専任の職員が詰めている施設はなかなかないんですね。図書の貸出を行っているのは現在附属病院のみで、本の貸出ができる条件がそろっているということが一番だったと思います。実際の本の利用状況ですが、病院の中では医学専門書はあまり選ばれておらず、それ以外のものを選んでいることが多い様です。

これは、三重大学病院のリボンズハウスです。専任の職員が詰めています。こういうふうにイベントカレンダーを三ヶ月ごとにまとめて、病院内に掲示しています。様々な活動があるんですが、大学病院の医師によるミニ講演会というようなものもやっています。

これが、県立図書館所蔵のリボンズハウス内の貸し出し図書コーナーです。リボンズハウスには医学専門書もありますが、それは病院のがんセンターのほうで用意した本を置いています。

これが図書館の特別貸出用図書庫です。リボンズハウスの職員、相談支援センターの職員、計三人が行きまして、半年ごとに選書し、入れ替えしています。

実際の利用状況ですが、月に大体三〇〇人ぐらい。

スライド9

スライド10

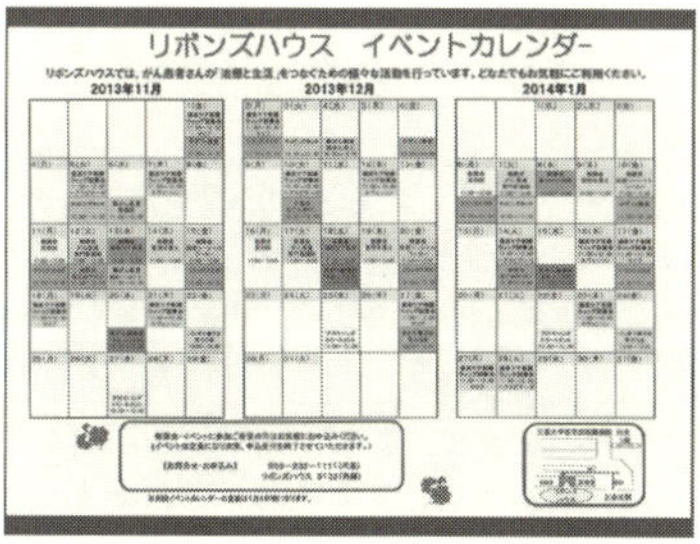

スライド11

スライド12

女性が八割。男性は大体入院患者さんで、ほぼ固定化する傾向にあるようです。ただ、リボンズハウスが病院内で少し名前が売れてきており、病棟でもいろんな紹介していただくということで定着してきております。貸し出し図書は半年ごとに三〇〇冊ずつ入れ替え。リボンズハウス内の全貸出の、多いときには八割を占めているということです。貸出の多い本は、先程ちょっと言いましたが、花や景色などの写真が多い本とか、気軽に読める本、軽い本。あまり重い本はどうも貸出がないようです。ただ、その中でお読みになっていらっしゃる方もいらっしゃいます。「患者さんの声」としては、「食べ歩きの本を読んで、退院後の目標ができた」とか、抗がん剤治療をやるとどうしても味覚が落ちます。皆さんなかなか料理を作ることができないんですね。退院後、外来になってもしばらく抗がん剤による味覚障害が残るわけです。料理の本を読みながら、退院後家族に作ってあげることを目標にしてきた、といった声もありました。図書の選択においては、特定のリボンズハウスの職員だけでは内容がどうしても偏りま

三重県立図書館　特別貸出用図書庫

スライド13

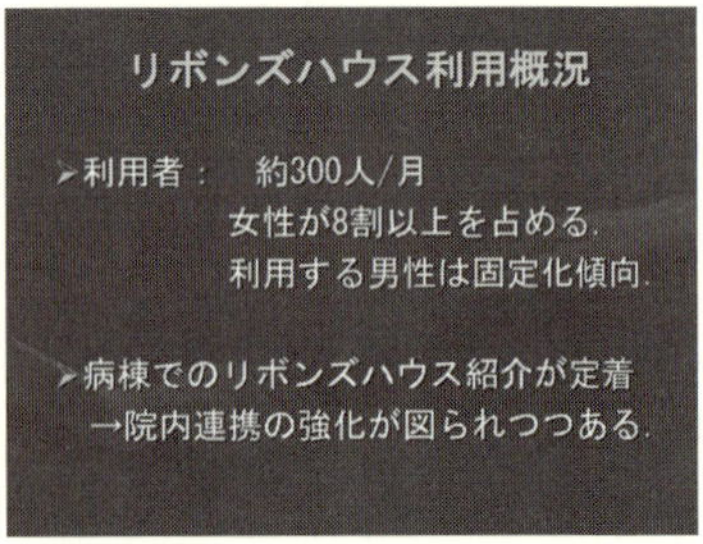
リボンズハウス利用概況
➢利用者：　約300人/月
女性が8割以上を占める.
利用する男性は固定化傾向.
➢病棟でのリボンズハウス紹介が定着
→院内連携の強化が図られつつある.

スライド14

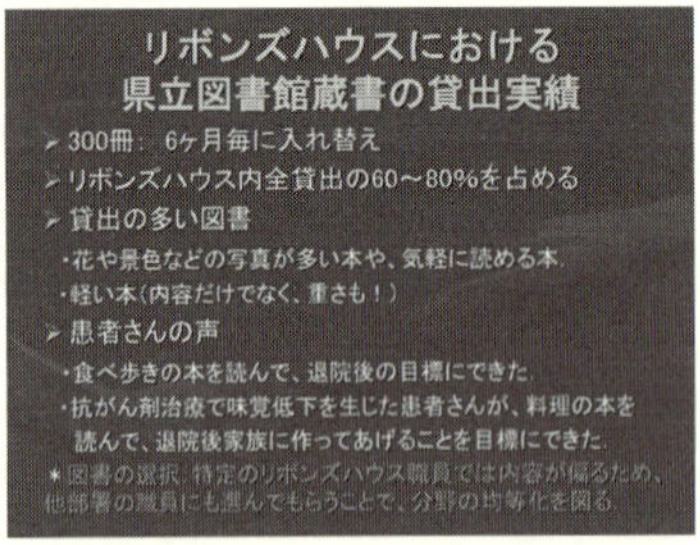
リボンズハウスにおける
県立図書館蔵書の貸出実績
➢300冊：6ヶ月毎に入れ替え
➢リボンズハウス内全貸出の60〜80%を占める
➢貸出の多い図書
・花や景色などの写真が多い本や、気軽に読める本.
・軽い本(内容だけでなく、重さも！)
➢患者さんの声
・食べ歩きの本を読んで、退院後の目標にできた.
・抗がん剤治療で味覚低下を生じた患者さんが、料理の本を読んで、退院後家族に作ってあげることを目標にできた.
＊図書の選択：特定のリボンズハウス職員では内容が偏るため、他部署の職員にも選んでもらうことで、分野の均等化を図る.

スライド15

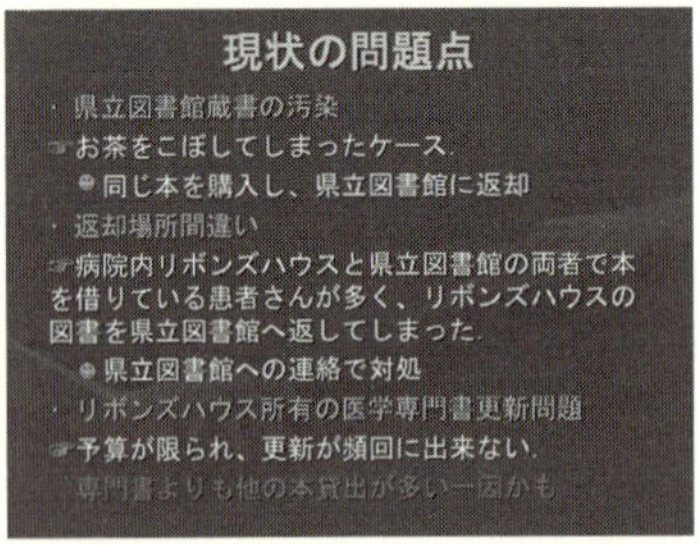
現状の問題点
・県立図書館蔵書の汚染
☞お茶をこぼしてしまったケース.
同じ本を購入し、県立図書館に返却
・返却場所間違い
☞病院内リボンズハウスと県立図書館の両者で本を借りている患者さんが多く、リボンズハウスの図書を県立図書館へ返してしまった.
県立図書館への連絡で対処
・リボンズハウス所有の医学専門書更新問題
☞予算が限られ、更新が頻回に出来ない.
専門書よりも他の本貸出が多い一因かも

スライド16

すので、他部署の職員にも選んでもらうことで分野の均等化を図っています。

現状の問題点ですが、本を病棟へ持って帰りますので、読んでいてたまたまお茶をこぼして汚してしまったこと。もちろんその場合は、同じ本を購入して図書館に返却しました。また、県立図書館が比較的近いので、リボンズハウスで借りた本を図書館に返してしまったというようなこともあったようです。これも連絡で対処しています。それから、リボンズハウスそのものの医学専門書ですが、非常に予算が少ないので、更新が頻回にできない。最低でも二年に一回は更新されますが、専門書は非常に高く、これぐらいの小さな本でも一万円ぐらいする。絶えず新しいものというわけにはなかなかいかないのが今の問題点です。専門書の貸出が少ないのは、「本が古い」というのが一因ではないかと考えています。

以上、ざっと駆け足で説明させていただきました。どうもありがとうございました。

［岡山］ありがとうございました。三重県の場合は、県立図書館・大学病院・三重県（行政）・NPO法人の四つが連携しており、かなり理想に近い形で運営できているところかなと思い、ご発表いただきました。

それでは、パネリストのもうお一方です。塚田薫代さん、静岡県立こども病院医学図書室、医学司書をしていらっしゃいます。「君は白血病に負けない！たっくんの闘病」という題でご発表いただきます。どうぞよろしくお願いいたします。

［塚田］静岡県立こども病院医学図書室の塚田薫代です。しばらくお付き合いをお願いいたします。

これは、バーチャルストーリーです。この十一歳のたっくんがどんなふうに闘病したかということを、皆さんと一緒に見ていきたいと思います。

十一歳、小学校四年生。「自分が何か悪いことをしたから病院に連れてこられたんじゃないか」、最初は思っていました。

スライド17

検査の結果、残念ながら「急性骨髄性白血病」と診断されました。子どもの数は減っているのに、白血病をはじめとする小児がんは、私の印象では増えているように思います。「印象で」と申しましたのは、行政でも正確な人数が把握できていないのです。拠点病院でこの三年間に診断されただけで九千人。もちろんお父さん、お母さんは大変なショックを受けました。「何でウチの子が」「ウチの子がよりによって」、いろんな思いが駆け巡るわけです。告知されたときというのは、このように大抵の方々は大変ショックを受けて、現実を受け入れがたい。それは唐突にやってきます。

▲静岡こども病院塚田薫代氏の発表

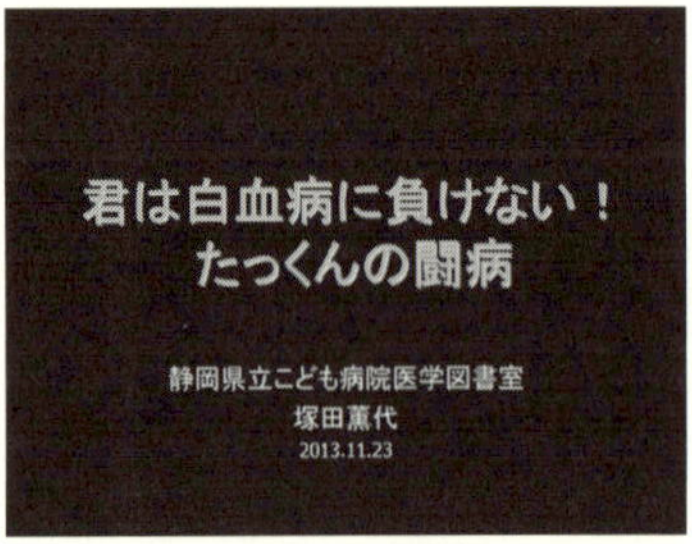

君は白血病に負けない！
たっくんの闘病
静岡県立こども病院医学図書室
塚田薫代
2013.11.23

スライド１

小学校4年生　たっくん　11歳
サッカー好きの男の子
熱が下がらず、
かかりつけの開業医から
紹介されて
こども病院に
入院してきました
ぼく何か
悪いこと
した？

スライド２

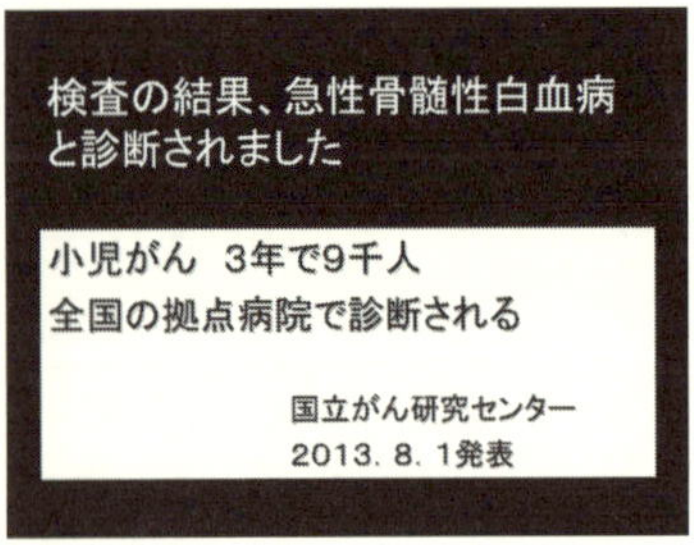

検査の結果、急性骨髄性白血病
と診断されました
小児がん　3年で9千人
全国の拠点病院で診断される
国立がん研究センター
2013. 8. 1発表

スライド３

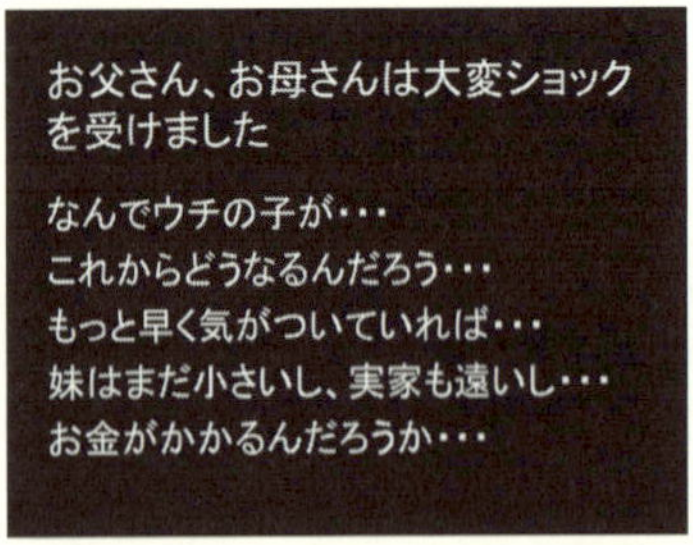

お父さん、お母さんは大変ショック
を受けました
なんでウチの子が・・・
これからどうなるんだろう・・・
もっと早く気がついていれば・・・
妹はまだ小さいし、実家も遠いし・・・
お金がかかるんだろうか・・・

スライド４

それにもかかわらず、非常に重大な決断がこのときに迫られるわけです。

　主治医は、一生懸命説明します。子どもの場合の親権者は親ですので、親に向かって、こういう治療で、こういう許可を頂きたいんです、と説明します。「インフォームド・コンセント」といいます。これは皆さんもよくご存じかと思いますが、子どもに対しても同じように説明が必要とされます。これを「インフォームド・アセント」と呼びます。大体十一歳ぐらいになりますと、病態を理解することができるといわれています。ちゃんと説明をすれば納得できるんです。では、十一歳以下は説明しなくてもよいかというと、そんなことはありません。その年齢に合わせたきちんとした説明をしてあげることがとても大事です。説明をせずに痛い治療をすると、それはほとんど虐待に等しい。心に傷が残る可能性があります。子どもにも説明を受ける権利があります。少なくとも、「大人が真剣に話しているんだ」という姿勢は伝わります。

　でも、本当に苦しい治療の連続ですので、そういう

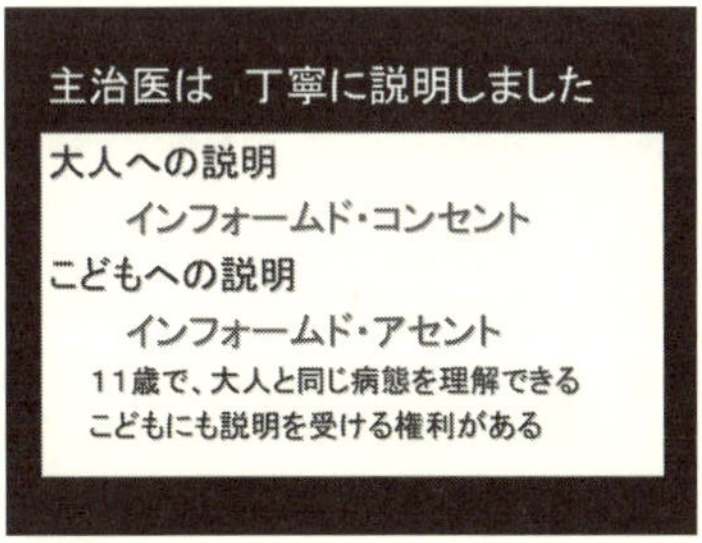
主治医は　丁寧に説明しました
大人への説明
インフォームド・コンセント
こどもへの説明
インフォームド・アセント
11歳で、大人と同じ病態を理解できる
こどもにも説明を受ける権利がある

スライド5

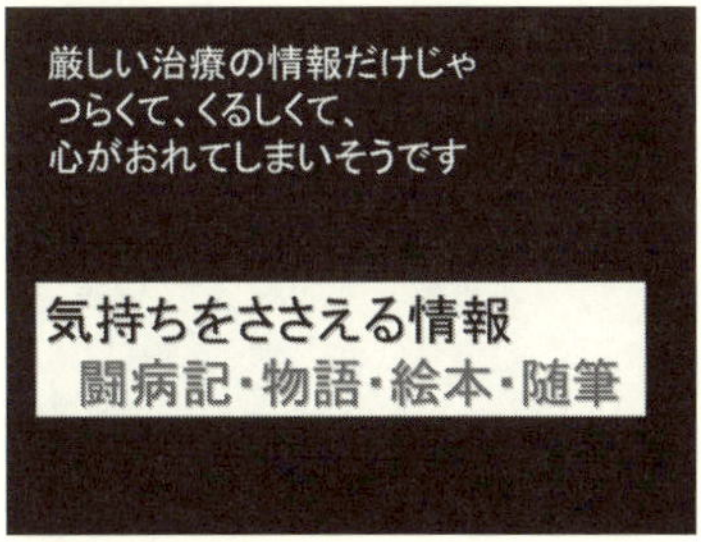
厳しい治療の情報だけじゃ
つらくて、くるしくて、
心がおれてしまいそうです
気持ちをささえる情報
闘病記・物語・絵本・随筆

スライド6

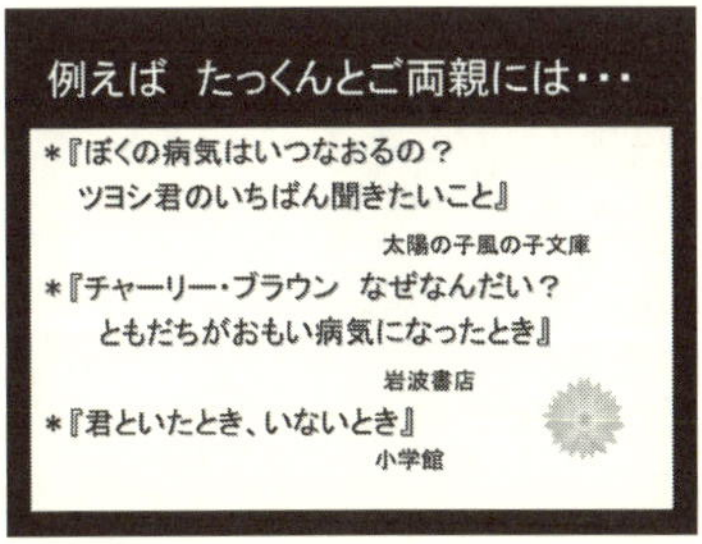
例えば　たっくんとご両親には・・・
＊『ぼくの病気はいつなおるの？
ツヨシ君のいちばん聞きたいこと』
太陽の子風の子文庫
＊『チャーリー・ブラウン　なぜなんだい？
ともだちがおもい病気になったとき』
岩波書店
＊『君といたとき、いないとき』
小学館

スライド7

「オレはハゲになる
でも
こどものがんだから
治る！」
小児白血病の治癒率は約80%

スライド8

情報だけだと心が折れてしまいそうです。ですから、「気持ちを支える」ということがとても重要で、それには、闘病記・物語・絵本・随筆というような情報が有効です。これこそ、公共図書館が最も得意とする分野ではないでしょうか。逆に言いますと、私ども医療機関が手薄な部分といえると思います。

たっくんには、このような情報をお勧めしました。『ぼくの病気はいつなおるの？　ツヨシ君のいちばん聞きたいこと』（太陽の子風の子文庫、二〇〇一）、『チャーリー・ブラウン　なぜなんだい？　ともだちがおもい病気になったとき』（岩波書店、一九九一）、『君といたとき、いないとき』（小学館、二〇〇一）。最後の『君といたとき、いないとき』というのは、著者が台湾のジミーという作家ですが、この人は白血病のサバイバーです。

説明を受けたたっくんは、自分の病気に立ち向かう決意を固めてくれました。クラスの友達にこう話します。「オレ、薬でハゲになっちゃうんだ。でも治る！」。実際に、子どものがんはとても治癒率が高いんです。

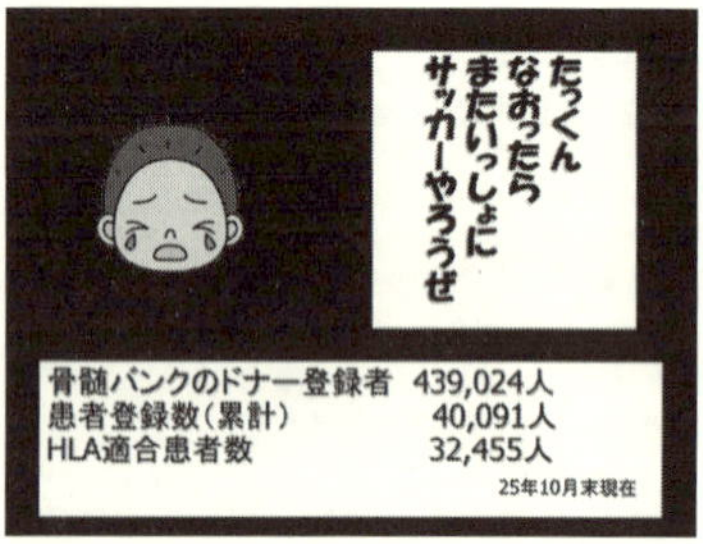
たっくん
なおったら
またいっしょに
サッカーやろうぜ
骨髄バンクのドナー登録者　439,024人
患者登録数（累計）　40,091人
HLA適合患者数　32,455人
25年10月末現在
スライド 9

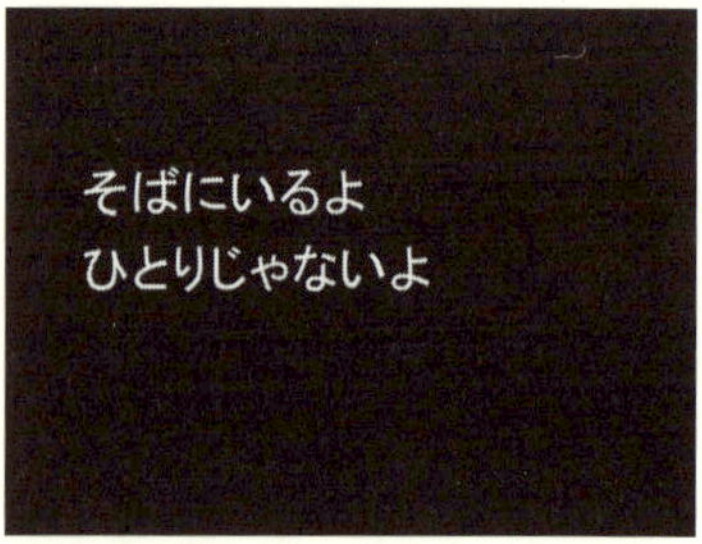
そばにいるよ
ひとりじゃないよ
スライド 10

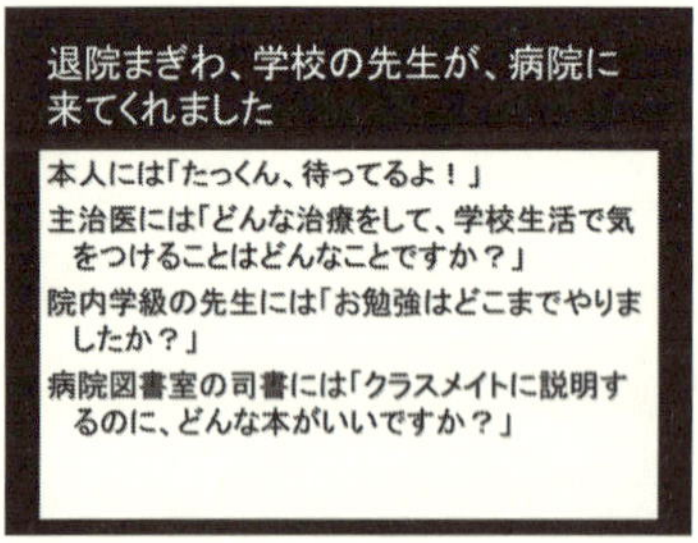
退院まぎわ、学校の先生が、病院に来てくれました
本人には「たっくん、待ってるよ！」
主治医には「どんな治療をして、学校生活で気をつけることはどんなことですか？」
院内学級の先生には「お勉強はどこまでやりましたか？」
病院図書室の司書には「クラスメイトに説明するのに、どんな本がいいですか？」
スライド 11

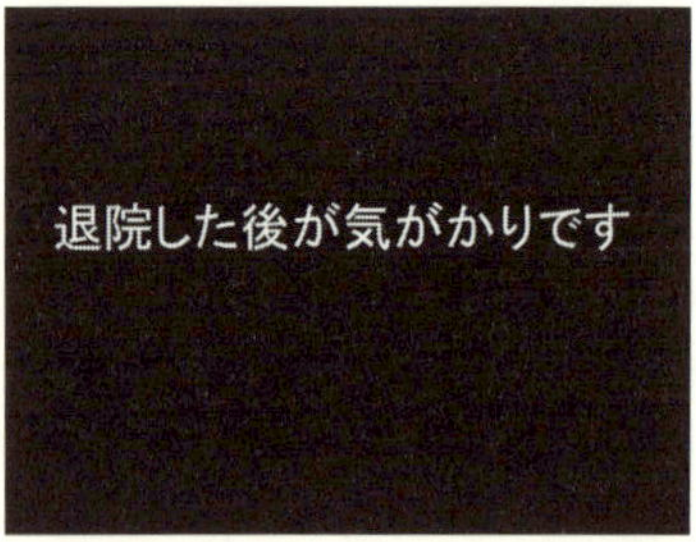
退院した後が気がかりです
スライド 12

私がこども病院に来た二〇年前の頃は、五分五分といわれていました。親子で骨髄移植のドナーが現れるのを祈るような気持ちで待っていた光景を、今でも覚えております。

たっくんは、どんどん病状が進んで、骨髄移植を受けることになりました。前処置といって、自分の白血球をすべてたたくため吐き気や頭痛がするつらい処置をします。クラスの友達から「一緒にサッカーやろうぜ」という手紙が届いて、頑張ることができました。現在、骨髄バンクのドナー登録者はおよそ四四万人。希望するほとんどの方が移植を受けられるまでになってきています。

たっくんのもとには、ボランティアで夜、絵本を読みに来てくれる人が来ています。夜八時、面会時間が終わってお母さんが帰ってしまったつらいつらい病院の夜。泣きたくなるけど、でもこの人がそばに来て、寝るまで一緒に本を読んでくれる。絵本の持つ力はすごいですね。この方は退職した元教員だそうです。こうやって子どもに寄り添ってくれています。

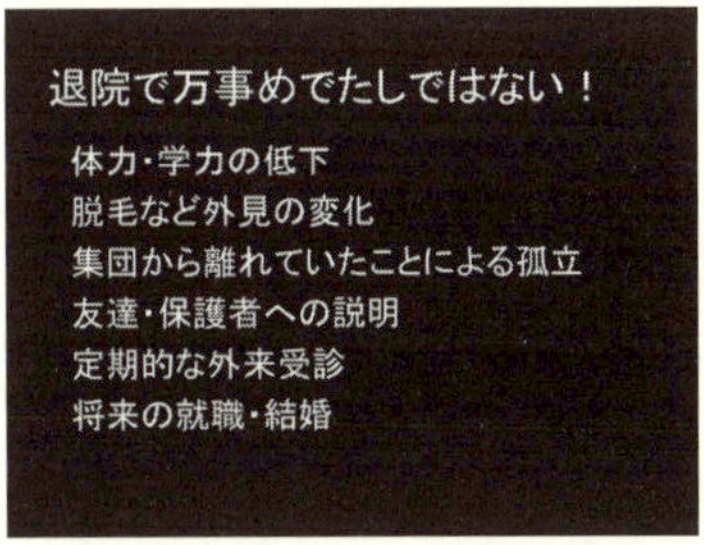
退院で万事めでたしではない！
体力・学力の低下
脱毛など外見の変化
集団から離れていたことによる孤立
友達・保護者への説明
定期的な外来受診
将来の就職・結婚
スライド13

こんな支援もあります
★NPO法人 こどものちから
http://kodomonochikara.web.fc2.com/
小児がんの親子を支える活動
★ STAND UP！
http://standupdreams.com/
若年性がん患者を支える活動
スライド14

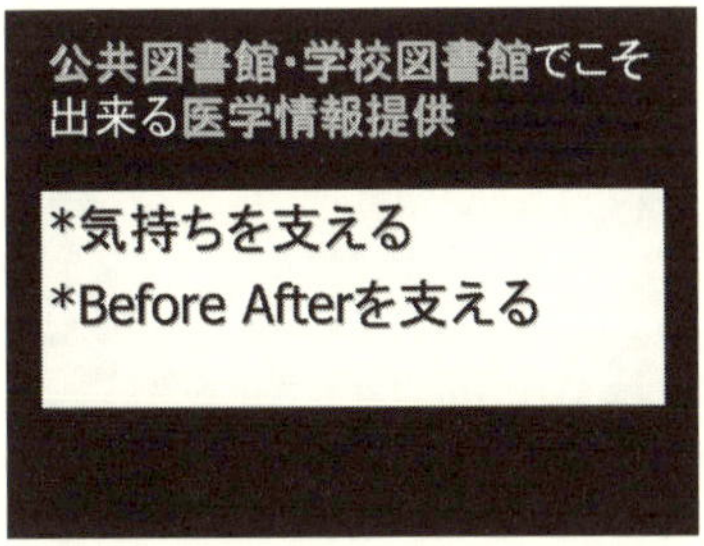
公共図書館・学校図書館でこそ
出来る医学情報提供
*気持ちを支える
*Before Afterを支える
スライド15

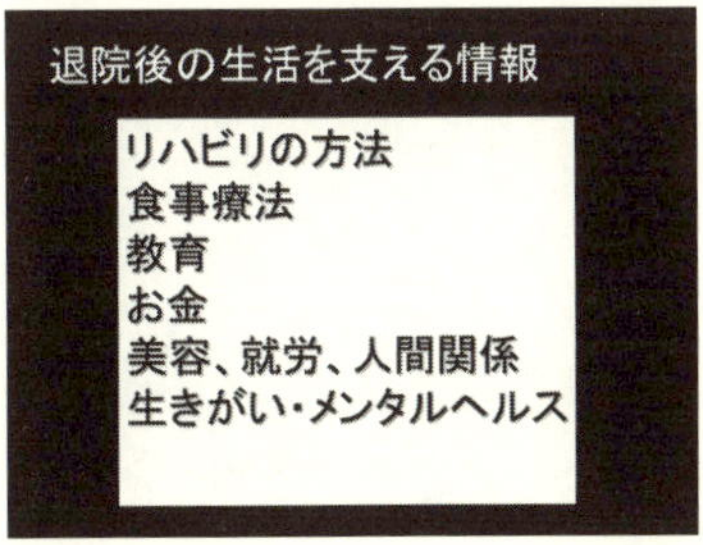
退院後の生活を支える情報
リハビリの方法
食事療法
教育
お金
美容、就労、人間関係
生きがい・メンタルヘルス
スライド16

やがてたっくんは、寛解（検査値が正常に戻る状態）を迎えて退院できることになりました。その退院まえに、学校の先生がたっくんに会いに来てくれて「待ってるよ」と声をかけました。主治医には、「どんな治療をしましたか」と詳しい情報を聞きます。たっくんは院内学級に通っていたので、院内学級の教師に「勉強はどこまでやりましたか」と聞いています。そして病院図書室に寄って、「クラスメイトに説明するのに、どんな資料がいいですか」と聞いていってくれました。実際にある子どものところへは、担任の先生と養護の先生と校長先生の三人で来てくれたことがありました。その子が復学したとき、校長先生が坊主頭をしなって迎えてくれたそうです。その子が髪の毛が抜けてなかったから。それを聞いたときは、私たちはみんな泣きました。主治医も男泣きでした。

実は、退院した後こそ大変なんです。「退院してよかったね。元気でね」ではないんです。医学的にも様々な問題がありますが、一番の問題は「自尊感情が低い」ということ。自分は本当に生まれてきてよかったんだろうか、親やきょうだいに迷惑ばかりかける存在ではないんだろうか。思春期になると、どの子もみんなそういう問題に突き当たります。これは、大人でも同じことではないでしょうか。『がんサバイバー：医学・心理・社会的アプローチでがん治療を結いなおす』（医学書院、二〇一三）という去年出た本があり、その中にやはりこういった問題がすごく出ています。これをベネフィット、つまり利点に変えるためには、環境、社会的な支援が非常に重要と位置付けられています。「社会的な支援」、そこに

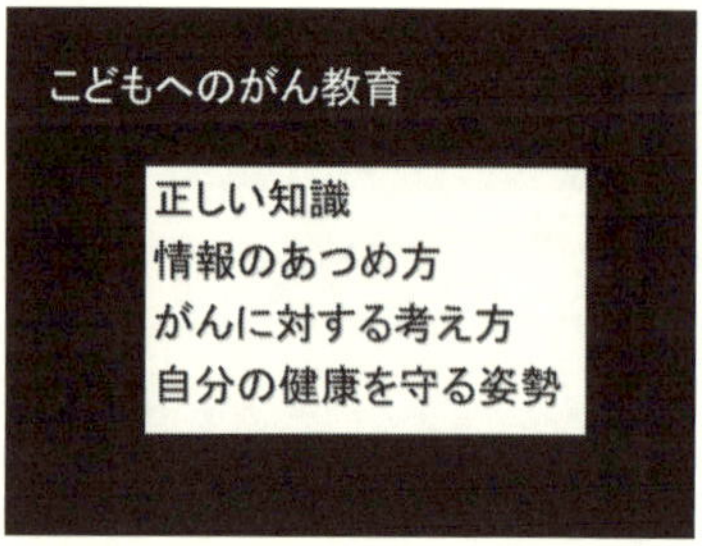

スライド 17

スライド 18

図書館が力を発揮できる場があるのではないでしょうか。

がんになるということは非常につらい体験ですが、ある意味、成長の機会でもあると書かれています。周りの人に感謝すること、自分の生に感謝すること、人間として大きな尊厳を私たちに見せてくれる「がんサバイバー」というのは、非常に尊敬できる存在であると私は思っております。

こんな支援もあります。「NPO法人こどものちから」。それから「STAND UP!」は、若年のがん患者さんを支える活動をしています。中心になっている方が、やはりがんのサバイバーです。彼は、努力して勉強してドクターになりました。今、後輩患者のためにこういう活動もしています。

公共図書館・学校図書館でこそできる医学情報サービス。気持ちを支える。もちろん医学情報の普及という点も大事ですが、特に「退院した後を支える」という意味で、その力はとても大きいと思っています。退院後の生活を支える情報は、リハビリの方法・食事療法・教育・お金・美容・就労・人間関係・生きがい・メンタルヘルスといった情報です。

そして、子どもさんへの正しいがん教育というのが、これからとても重要です。これは高校生に医学情報の話をしているところです。高校生がぐらいになると、自分の将来の目標として、医療関係、リハビリ関係に進みたいというはっきりした目標を持っている子もいます。この男の子もそうです。「僕は将来リハビリのほうへいきたいんですけど、どんな本を読んでおいたらいいですか」「それではこの解剖書を……」と話をしているところですね。これは小学校四年生、まさしくたっくんと同じ年頃の子に、このときは心臓をテーマに話をしました。すごく喜んで、バコバコ人工呼吸をやってくれまして、これが二〇一〇年十一月。この三ヶ月後にあの大震災が起こります。

たっくんは、その後十八歳になりました。彼は今専門学校生。後輩患者を支えるキャンプを私たちと一緒に企画してくれています。

先程のビフォーアフターのことを少し、この図でご説明したいと思います。これは私のオリジナルの図です。入院するときというのは突然やって来ますが、このときはすごく危機的な状況です。ここで厳しい医学的な情報をいろいろ伝えても、三割ぐらいしか覚えていないというのが普通の方です。そのときに私は、気持ちを支える情報を一緒にお出しするようにしています。ですから、先程のたっくんのようなご両親も、たっくんがどんな状況かというのと同時に、絵本も一緒にお渡しします。まず気持ちを支えてから、やがて気持ちが病気に立ち向かっていけるようになってきたところで、さらに詳しい情報をお出しすると、皆さん非常に前向きになっていただけます。そのときの人間の力というのは、素晴らしいものがあります。

入院中はそういう専門的な情報が必要ですが、やがて退院を迎えます。アフターですね。「ああ、よかったですね。それでは、何かあったらまた来てくださいね」と、病院で言われますよね。何かないと行っちゃいけないのか。ちょっとしたことも聞きたいじゃないですか。特にお料理のこととか。女の人だったら美容のこととか、セックスのことだってそうですよね。お金のこと、すごく大事です。そういったことを病院が手取り足取り教えてくれるわけではありません。そういう情報はどこへ行ったらいいのか、皆さんすごく悩んでいらっしゃいます。そこにこそ図書館、多角的な情報を持っている図書館がすごくいいね、というメリットがあるわけです。さらに図書館のいいところは、気持ちを支える情報がすごくいいですね。総記〇類（日本十進分類法）だったら哲学的なこともあるでしょう、闘病記もあるでしょう。お金のことも、あるいは就労支援ということもありますよね。どんな情報でも、図書館に行けばなんとなく手がかりは得られるだろう。さらにそこに医学情報。皆さんがイメージする「医学情報」は、恐らくエビデンス（医学的根拠）だと思うんですが、エビデンスとナラティブ（気持ちを支える）の両方があってこそ患者さんを支えることができるのだというのが、私の持論です。

今日は、公共図書館にお勧めできるような、「源泉（厳選）かけ流しブックリスト」をお付けしましたので、どうぞごらんいただければと思います。ありがとうございました。

［神代］ありがとうございました。今日、少なくとも午前中は落ち着いた、静かな感じでやろうと思っていたのですが、初っぱなから笑わされたり泣かされたりと、いろんなことを考え、感じながら皆さんのお話を聞いていました。

長崎市立図書館のビデオ、素晴らしかったですね。海援隊の精神を非常に端的に市民の皆さんにお伝えするビデオとして、よくできているなあと思いました。

今日一日のフォーラムを通したキーワードあるいはメッセージとして一つ挙げられるのが、「情報コーナーをつくる」ということです。これを午前中のテーマに合わせて表現すれば「医療・健康情報コーナー」ということなんですが、図書館の中にそういうコーナーをつくることがどういう意味を持つのか。図書館関係者の皆さんはよくお分かりだと思いますが、そうでない方は「関連分野の本を集めて、どこかに設置すればいい」といった程度にお思いになるかもしれません。でも、実はそんなに簡単なことではない。渡邉さんと佐藤さんに、自分の図書館ではどういうところに苦労したかについて、ご紹介いただきたいと思います。

［渡邉］三島市立図書館で情報コーナーをつくるときに苦労したのは、常設のコーナーをつくることが難しかったことです。うちの場合は、書架を二段空けまして、イーゼルとかを入れて書架台展示みたいなことを始めました。すると、当然ちょっと本がずれます。かといって抜いたところだけ本を薄くするというのもおかしいので、一列か二列ぐらい本を調整してずらし、抜く本を抜いて、そこにコーナーをつくる作業を一人でやりました。館内のほかの職員からは、「そこまでする必要があるのか」「定期的にやれるのか」みたいな質問が出ましたが、そういったことから始めたいということで苦労しました。

また、どういった本を選べばいいのか、選書に不安がありました。今まであった蔵書のレベルが自分もいいか悪いか分からないというのがあったので、ほかの図書館のサイン棚とかブックリストみたいなものを参考にしながら、公共図書館にどの程度のレベルの、また三島市立図書館の規模にはどんな程度のものがいいのかということを考えて、本を選定していった過程があります。

［佐藤］長崎市立図書館のがん情報コーナーで苦労した点は、コーナーに置きたい情報はたくさんあるのに、出版されている資料、所蔵している資料、リストのカテゴリーが偏っているという点。集めてみたら五大がんの本ばかりで、舌がんとかメラノーマとか、そういった書籍の情報がない。でも高齢者の方は、インターネット情報には抵抗がある。そういったときにどうするかということで、医療機関や製薬会社が発行している小冊子の収集に力を入れました。なるべく貸出ではなくお持ち帰りいただきたかったので、一〇〇部、二〇〇部単位で「下さい」と言うと、「何で」という言葉が返ってくるんですが、後日、そのパンフレットがこういうふうに使われたということをきちんと伝えることで、たくさん頂けるようになってきました。

一番苦労したのが、コーナーがどういうふうに活用されていて、どう効果を発揮するのかという、評価の点です。コーナーをつくりっぱなしでメンテナンスもないという状況はどうしても避けたかったですし、パンフレットがなくなっていればそれで活用されているといえるかというかと、そうではない。いろいろ実践したんですが、例えば、一年目は『がんと一緒に働こう』という本ががん情報コーナーではなく、三類の普通の棚にありました。一年たって貸出を見たところ、『がんと一緒に働こう』は貸出がゼロ。それを、次の年にがん情報コーナーに置いてみたところ、年に十回はいっていなかったですが、それなりに貸出回数がありましたので、棚の動きなどを見て評価につなげなければならないなと。確立した評価方法ではないので、実際にコーナーがどういうふうに活用されているかというのがもう少し大事なのではないかと思います。

［岡山］後でお話ししようと思ったんですが、私どもＮＰＯでもいろいろなものを作っています。「働く」ことと「治療」をどうやってつなげていけばいいのか、医師が見ても納得、企業の人が見ても納得、もちろんご本人が見ても納得という、三者の参画を上手に連携していくというようなこともいろいろ作っております。その辺こそまさに、海援隊リボン部の発

揮できるところかなと思っています。

［神代］塚田さんに作っていただいた「源泉（厳選）かけ流しブックリスト」。長崎市立図書館のビデオの中でもがんに関する書籍の背表紙がちらちらと見えていましたが、題名に「がん」と書いてある本を集めてくればいいんだろうと思われるかもしれませんが、実はそういう単純な話ではない。あるいは図書館の情報システムで「がん」と検索したら分かるではないかと思われるかもしれません。しかし、特にがんの闘病記のような本は、そんなやり方では見つからない。例えば、『私はあきらめない』とか『明日に向かって生きる』とか。塚田さんご紹介の絵本にもありましたが、『チャーリー・ブラウン　なぜなんだい？』ががんに関係する本かどうかというのは、ちゃんと中身を知っている司書の方でないと分からない。そこに図書館員としての専門性が発揮される大きな可能性があるのだと思います。

その上で、今お話にあったように、物理的な制約があったり、内部の理解を得るのが難しかったりというのが現状だろうと思います。

では次に、病院側の立場で、図書館と連携することについて内部の人たちの理解を得るのが難しいといった事情が当初はあったのではないかと思います。小林先生、もしご苦労されたようなことがございましたら。

［小林］まず、患者さんにどういうニーズがあるのか、実は医療関係者もあまり分かっていないのではないか、というのが実感です。通常の外来だと五分間診療、大学病院の最たるもの。健診センターでは、病気にすごく不安を持っている方、実際にがんにかかった後に別のがんが心配で受けられた方などが受診されていて、三〇分ぐらいかけて説明します。そうすると、患者さんがどういう不安を持たれているかというのが、よく分かるんです。そういうことをできるだけ生かそうと思い、職員間でそういうところを詰めています。

この間、県立図書館の司書さんとお話をさせていただいたのですが、やはり選書に関してはすごく不安を持たれていました。この「源泉（厳選）かけ流しブックリスト」は非常にお手頃な値段でびっくりしたんですけれども、こんなのなかなかないんですよ。これはすごくいいリストだと思います。専門書というのは、高くなればなるほど見にくくなる。難しくてよく理解できないんです。けれども、実は外来の先生たちはご自身でたくさん知識を持っているんですね。外来をやっているときだけが診療ではなくて、休みの間に次の外来患者リストを見ながら勉強するなど、いろいろやっているんです。でも、一日一〇〇人、一人五分以下ですから、情報を伝えることができない。最近医者の態度が悪いと言われるんですが、熱意を持ってされている方は、本当は多いんです。それがどうも伝わらない。時間の制約の中で全然情報交換できないというのが、ジレンマではないかと。それを補うのが図書館との医療連携で、医療側ができないことをしていただけると非常にいいと思いますので、これからもできるだけ進めていただきたいと思います。

［神代］ありがとうございます。小林先生にもう一つだけ。三重大学病院の場合は、地理的にも図書館と近い、あるいは館長と院長が知り合いだったという、ある意味ラッキーな条件の下で連携が進んでいったと思いますが、ほかの病院、図書館が連携の方向へ進んでいくためには、どの辺が鍵になるとお考えになりますか。

［小林］やっぱり僕のような人間でしょうね（笑）。とんでもない、そんなことは思っていませんけれども、お金をかけなくてやってくれる人。ただ、病院の中ではなかなかいないと思うんです。一生懸命されているんですが、病院の職員は病院の中でしか行動していないということがどうもあります。ほかの世界の方と話すというのが、極めて不得意な方が多い。「やりたい」と思っている方はたくさんいらっしゃいます。看護師さんが多いですね。看護師、相談支援センターの方にまず話をするというのがいいかもしれない。病院には窓口がなかなかない。だから、患者さんを相手にする相談支援センターが一番いいのではないかと。その中の看護師さんが比較的医者も動かしますし。医者は本当に動きません。ただ診療だけはまじめに考えていると、そうご理解いただければと思います。

［神代］ありがとうございます。今小林先生から、お医者さんは病院の中でしか動きたがらないというお話がありましたが、図書館にも似たような状況がありませんか。

［渡邉］僕自身も、正直外の人といきなり行くとなったら得意ではないです。では手をこまねいていていいのかというと、そうでもなくて、例えばこの資料が欲しかったら動くだとか。

あと僕は、いろいろな研修会に参加したことが大きかったですね。図書館の人だったら、心配事を相談することができる、研修会では近くの席の人に話しかければ答えてくれる。そこで、「ここではこういう連携している」「これだったら行政の人に連絡を取ってみてあげるよ」みたいな話を聞いて、「やれるのかな」と思って自分自身が動き出したという部分があります。今回このフォーラムもその一つだと思います。近くの人に声をかけたり、同じ県内の人に相談してみるとかということのきっかけになれば、外に出ることができるのかなと思っています。

［佐藤］一番外に出やすく、かつ自然な方法は、行政などが開催している市民公開講座に市民として参加することです。そこで、一番最後まで残って資料なんかを見ていると、「何か悩んでいるんですか」というふうに聞かれるので、「実はですね……」と（笑）。一番自然でいい方法だと思います。

まさに私がそうだったのですが、今日来ている上司から「こういう講座があるから、勉強のために行ってみたら」と市民公開講座のチラシをもらったので、行ってみたんですね。そうしたらがんのこともよく分かったし、うろうろしていたら相談支援センターの方に「病気かなんかですか」と聞かれて……。

公開されている場所に参加すると、どういう人たちが来ているのかもよく分かるし、市民の視点に立って一般質問ではどういうことをみんな疑問に思っているのかなということで、図書館としても役に立つ。そういう所に出かけていくというのが、最初のとっかかりとしてはいいのではないかと。休みの日なら、ほかのスタッフも一緒に行くというのは、すごく有効な手段の一つだと思います。

［神代］佐藤さんの最初のご発表もそうだったんですが、今の答えも非常に実践的というか、明日からすぐどこの図書館員でもやれそうなアイデアで、とても面白いと思います。

さて、塚田さんは病院の中の図書室で、「医療と図書」という両方の立場から考えることができるために、割と取り組みを始めやすかったのかなという感じもするんですが、今日までの道のりを振り返っていただくとともに、この「源泉（厳選）かけ流しブックリスト」を作る上でのご苦労があれば、ちょっとご紹介いただけますか。

［塚田］やはり、退院した後の子どもたちのことがすごく気がかりだったんです。「退院してよかったね」と送り出していったその後で、学校でいじめられたとか、就職のとき困っているとか、彼女ができたけど打ち明けたらフラれちゃったとかという話を聞いていると、その後もずっと見ていかなくてはいけないと。それは小児医療の責任だろうと思ったわけです。患者さんのサービスというのを突き詰めていくと、その後の生活にいかに上手にソフトランディングしてもらうかということが大事。先程も申しましたが、病気は「不幸な経験ではなく、貴重な得がたい成長の機会である」というふうにとらえてほしかった、というのが大きいと思います。

この「かけ流しリスト」は、まさしく小林先生がおっしゃってくださったように、三千円を目安に選んでいます。公共図書館で三千円って、買うのにちょっと思い切る金額ではないでしょうか。五千円となると、もう決死の覚悟。ですので、そこを目安に選びました。ただどうしても、解剖学とか図鑑とかは金額がいってしまいます。これはいいものを買っておけば長く使えます。そしてもう一つの条件は、五年です。賞味期限五年。医学情報に関しては、ガイドライン等々が大体五年で変わっていきます。ですから、あまり古いものはかえって害がある。とりわけがんの治療というのは、すごい勢いで進んでいます。抗がん剤になるともう二年ぐらいで。本になった時点で情報はもう古いと、私たち専門の分野ではいわれております。ドクターに提供する医学情報はオンラインが主流で、本の中に最新情報はないんです。ですから、患者さん向けもなるべく最新の情報を提供するようにしています。よく公共図書館の四九（日本十進分類法で医学分野）の棚を見て、「古い」というご意見はないでしょうか。ご自分の館へ戻られて四九の棚をごらんになって、発行が五年より以前のものはちょっと考えていみるというのが、すぐにできることかと思います。リストの書籍を全部買っても三〇万円ぐらいかと思います。「今これがないと駄目だそうですよ」といって予算をもらった館がありますので、消費税が上がる前にぜひいかがでしょうか。

［岡山］一つ質問です。ここに来ていらっしゃる方はそうではないと思うんですが、例えば、医療側のトップ、図書館のトップがこういう連携に理解を示さなかったり、促進に協力的でなかったりするとなかなか難しいことがあると思うんですが、一番トップの人は、皆さんがこういうプレゼンテーションをしていらっしゃることをご存じなのでしょうか。むしろ中に向かって、「私たちはこんなことをして、外でこんなふうに素晴らしいと言われている」というようなことを、病院のトップ、図書館のトップの方にお知らせするというのが大事かなと思ったので。もしご自分でやりにくいのであれば、私たちが「この図書館はこんな素晴らしいことをやっている。館長さん、ご存じですよね？」といったようなことをやっていければいいかなと。「中に向かって」というのも大事かなと思っているということで、意見を述べさせていただきました。

［渡邉］今日の佐藤さんのお話にあったんですが、組織でやっていく、仲間と一緒にやっていくというのはすごくいい考えだと思いました。僕の場合は、一人だったんです。僕自身がいないとレファレンスも手薄になれば選書も手薄になるということがあったので、佐藤さんのそういったスタイルは学ばなくてはいけないかなと。

それは、ほかの図書館も共通しているのではないかなと思います。人数が少ない図書館もあるとは思いますが、その人たちを仲間にしておくというんでしょうか。こういうプロジェクトを進めていくに当たっては、公共図書館だと余計な仕事になってしまうことがある。理解はあったとしても、余分な仕事をやってしまうのであれば、「一人でやれば」という流れになってしまう。チームでやっていくのは、何か一つやるにしてもみんなの了承を得ないといけなくて大変なため一人で始めたのですが、僕はやり方をそこで間違っていたのかなと思っています。

［佐藤］チームという前に、どうやって上司を口説いたのかということですが、まず最初に私がこういうことをしたいと

言ったときは、自分の思いが強く、主観で上司に話をしていました。しかも、「きっとこうなる」と思うという予測の部分が多かったんです。当時、企画を持っていったのがカウンター二年目で、上司からは「まだまだほかにやるべきことがあるのに、今なの？」と。反対ではなく、本当にそれをずっとやれるのかと言われたとき、「そうだよな」と自分で思いました。ただ、さっきも言いましたけれども、「妥協してもあきらめない」ということで、いろんな所に顔を出して、図書館はこういうふうに思われているみたいですよとか、こういうふうに必要とされているみたいですというように、外堀から埋めていきました。主観だけで突っ走るのではなく、「外にも必要とされているみたいだから、試しにやってみてもいいかも」と言って、オーケーをもらったんです。「試しに」というのはすごく使えるな、と思いました（笑）。

最初は多分、みんな何をやっているか分からないということがあったと思うんですが、一年は自分で全部やりました。でも、ものすごくきつくなってしまって。そんな一年目のとき、医学情報研究サービス大会で発表させてもらったんですが、自分たちがやっていることが外に出るとこんなに反響があるんだとすごく感動したんですね。こういうことをもっと現場のみんなと分かち合いたいと思ったことがきっかけで、チームを作りたいと思いました。でも、最初みんなに言っても、「仕事、増えるよね」という感じでした。なぜチームが必要かというと、私にはたくさん欠点があって、例えば人をまとめるのも苦手だし、細かいことをいっぱい見落とすし、本当はあまり人前で話したくないし、細かい管理ができない。資料がたくさん増えてどうしようというとき、これが得意な人がチームになってくれるとすごく楽だなと思ったんです。ここはスタッフが六〇人ぐらいいるんですが、この人のこういうところがあそこに生かせるのではないかということで、スタッフをスカウトしていきました。みんながみんな全部をできなくても、一人がそこに力を発揮することができればみんなが主役になれる、みんなが責任を果たそうとすることでチームが回るのではないかと思いました。それでなんとなくうまくいって、今チームでやっているんですが、一番大事なのは、チームの理解がないとなかなか続けられない、というところだと思っています。

［神代］塚田さんは、図書館の中とはまたちょっと違った意味で、病院の中での理解を得る上でご苦労されたことはありませんか。

［塚田］最初は、やはり「ノーサンキュー」でした。病院の中はみんな医療のプロばかりですので、子どもの本の重要性は分かってはもらえるのですが、患者さんに情報提供するというのは昔はＮＧだったんです。今はもうカルテを公開する時代ですし、病院の中で、静岡県内の公共図書館の司書さんとか県外の方も招いて勉強会をします。そこに病院のドクターを呼んで専門性の話をしてもらい、先生の応援メッセージを出してもらう。これによって病院と地域とのつながりもできますし、うちは県立ですので、県民に対するサービスという点でも評価をもらえますし、そこで院長先生に出てもらってちょっと話なんかしてもらった日には非常に効果的。今は大きな応援団となってもらっています。

やはり、一朝一夕にはできません。あきらめないで取り組んでいくことだと思います。

［神代］情報コーナーを設けたり利用者に情報提供したりするのは余計な仕事、本来図書館としてやらなくてはいけない仕事のプラスアルファだとか、余裕があったらやってもいいよねみたいな、そういう感じでとらえていらっしゃる方がまだまだ多い。これもまた、今日のフォーラムを通じて伝えたいメッセージの一つだと思うんですが、実はそれは余計な仕事でもなければプラスアルファでもなく、図書館法に定められている図書館本来の業務の一つなのです。この認識を、少なくとも今日ご参加の皆さまには持っていただきたいと思いますし、それがまず医療・健康情報サービスに関する今日の課題ではないかと思います。

先程岡山顧問からお話がありました。こういうことをやろうとしてもなかなか中の理解が得られないとき、あるいは連携がうまく進まないときに、病院と図書館の両方を別の角度から見られるＮＰＯ法人の役割が非常に重要になってくるかと思います。顧問から今後の可能性、展望のお話がありましたら。

［岡山］二人に一人ががんに罹患される、あるいは高齢化で、どなたも何か疾患を持っていらっしゃるというときに、本

当に正しい情報はどこにあるのかということをみんな求めています。つまり、図書館に行きたくなる社会的背景がある。そして小林先生がおっしゃったように、ドクターたちは忙しいからなかなかケアができない。医師たちの負担を軽くしたいというのも、私たちがＮＰＯ法人をつくったきっかけなんです。両方の立場が分かり、医師たちは私たちＮＰＯを信頼してくださっていることがあって成立しているということですので、私自身、ＮＰＯとして確かな情報を持つということが大事なことではないかと。確かな情報を図書館の皆さんと共有したい。そのためには、どこまでエビデンスが出ているかというような確かな情報を共有していくということが大事で、そのことをまた医師たちに、「なるほど、あのＮＰＯと図書館の連携は本当に患者さんにとっていいいな」と認めてもらうというか、お互いに理解し合うということですので、そういう意味でもよき連携をし合うということかなと思っています。

[神代] 今、皆さんお話が一つにまとまりつつあります。今後それぞれのお立場で、がん患者の方々やそのご家族、あるいは我が国の国民全体がより豊かに生きられるような社会にしていくために、私たちが連携していくことが鍵になるだろうと思います。その観点から、もっとこういうことをしていきたい、もっとこういうことが考えられるのではないかという、今後に向けた抱負やアイデアを最後に皆さんから頂きたいと思います。

[小林] これからは、「予防医学」に力を入れるべきです。どの国もそういうふうに動いています。予防には、「一次予防」と「二次予防」があります。「一次予防」というのは、簡単に言えば、肺がんを減らしたければ喫煙を制限する、胃がんを減らそうと思ったらヘリコバクターピロリの感染を減らす。これに尽きます。そういったことで、普段のことから気を付ける予防。「二次予防は」私たちが提供する健診になりますね。だから、この２つを今後は啓発していかないと、がんにかかられる方は減らないんですね。だから、ともかくまずがんによる不幸な死亡を減らすこと。このためには一次予防、二次予防の両方が必要であること、図書館さんにはこのことに関して啓発していただきたいと思っています。

[塚田] 今後もますます公共図書館の皆さん、あるいは学校図書館の司書の皆さんとつながって、正しい医学情報を広げ

て、少しでもハードルを下げて底辺を上げるというボトムアップをしていきたいと思っています。

［佐藤］私の場合は、まず続けるということです。今やっと三年目で、サービスの基盤が固まりました。さっきご紹介した行政二名の方、実はなんと一名残っていたんですね。残って今年サポートしてくださったんですが、恐らくいよいよ転勤で、これからが本当に図書館の力が試されるところかなと思っています。だから、今はまずやってきたことを確実に続けていくこと、そしてチームで発展していくことだと思っています。

［渡邉］医療・健康情報のレファレンスを受けていて、具体的に「胃がんのこれについて調べたい」と言ってくる人って少ないんです。でも、そういう場合があっても、該当の棚を案内する程度のクイックレファレンスで終わらせてしまうことが多かった。棚のところに行って、「ここが胃がん関係になりますので、ごらんください」といって案内して終わってしまうこともできます。ではそれが間違いかというとそうでもないんですが、そこでもう一歩踏み込んで、「では、胃がんのどんなことを調べたいんですか」と言えば、その人は「この人は聞いてくれるかな」ということで、さらに質問してくださると思うんです。必ずしもその人の正しい答えが見つかるかどうかは、僕たちには分からないんですけれども、受け側の図書館としてはもう一歩進めて、その人の気持ちに添えるような形でレファレンスを受けていくのが、この医療・健康情報の提供で大事なことなのではないかと思っています。みなさんも今までは自信がなくて案内で終わっていたということがあると思うので、それをもう一歩進めてください。窓口が忙しくなってしまうかもしれないんですが、そこが肝になってくるのではないかと思っています。

［神代］ありがとうございました。

▲パネルディスカッションの様子

まとめに入る前に、塚田さんから一つご紹介があります。

［塚田］今日お手元の資料に、このリストが入っています。「子どもの体と様々な障がいについて理解を深める本のリスト」、これは偕成社が出版なさったものです。子どもの本というのは、絵があってわかりやすく理解するのに非常に有効なツールであるとともに、気持ちを支えるときに役に立ちます。それは子どもにとどまらず大人も、とりわけ年配の方には大変有効です。医学書はなくても、子どもの本なら公共図書館は本当に豊富にお持ちですよね。そういうところから入っていくと、非常に入りやすいかと思います。

今回はこの子どもの本のリストだけですが、私はこれにエビデンスを加えて、この疾患にはこの医学書が分かりやすくていいですよ、というのをタイアップして付けたいと思っています。

このリストを作ってくださった偕成社の方がいらっしゃっています。ちょっと立っていただけますか。実際にうちの病院にも来てくださって、このリストを作ってくださった千葉さんもがんの子どもたちの様子を見ていってくれました。そういう現場を見た上でのリストです。うちの図書館にこのリストが欲しいという方は偕成社さんに直接交渉してください。

［岡山］これが後の朗読につながっていくわけですが、読み聞かせをされるということを伺っております。私たちＮＰＯ法人では「朗読で元気をつなぐプロジェクト」という活動を行っています。がん患者さんだけではなく、糖尿病の方や喘息の方たちに声に出して本を読む楽しさを体験していただき、朗読を通して思いや悩みを共有し、元気を出していただこうという活動です。そのこともお知らせを兼ねてお伝えしておきたいと思います。

［神代］ありがとうございました。第一部の議論はここまでにしたいと思いますが、今日もう一つ出てきたメッセージとして、要は図書館の人たちが図書館の中にこもらずに、外に出て行って様々な方とつながることですね。本屋さんも含めいろんな人と付き合う中で、自分の図書館のサービスを向上するきっかけをつかんでいただけるといいのではないかなと思いました。四人のパネラーの皆さん、どうもありがとうございました。

第二部　地域経済の活性化や生活支援に取り組む図書館海援隊の活動

共催団体代表挨拶

竹内　利明　氏（ビジネス支援図書館推進協議会　会長）

皆さま、こんにちは。午後のセッションでは、ビジネス支援の取り組みを紹介する機会をいただき、ありがとうございます。本日、このように多くの方が参加しているのは、図書館海援隊の神代隊長のご尽力の賜物です。感謝申し上げます。

私の専門は中小企業経営論です。今回、武雄市立図書館を訪問し、その後、砕石機メーカーの中山鉄工所を訪問しました。同社は、年商四十億円で、内部留保が年商を超える超優良企業です。二代目経営者の中山社長と二時間以上懇談して意気投合しました。そこで、今アメリカの図書館に3Dプリンターが入り、子供たちが工作に使っている。日本の図書館も子供たちのために三Dプリンターを設置して欲しいという話をしました。すると中山社長は「私が寄付しましょう」と即答。その場から、樋渡市長に武雄市図書館に3Dプリンターを寄付したいというメールを送りました。

我々は、三次元の立体物を、正面図、立面図、側面図という三角法で理解します。しかし、子供たちが、3Dプリンターを工作に使うことにより、立体物を直接イメージできるようになります。そこで、ぜひ、図書館は3Dプリンターの導入を検討してください。

▲午後のはじめに挨拶をするBL協議会の竹内利明会長

1．基調報告：始まりの始まりの話〜元気な図書館員集まれ！〜

報告者：神代　浩　氏（再）

［神代］午前中にリボン部の始まりの話をしましたが、その本隊といいますか、そもそも「図書館海援隊」とは何か？　また私自身について、図書館大会には出ていないのになぜここに出てくるのか？　こいつは何者だ？　という疑問もあろうかと思いますので、自己紹介も兼ねてお話ししたいと思います。

我が国の図書館をめぐる状況は、「図書館の数は増えているが、指定管理者の割合も増えている」、「職員数は増えているが、専任職員の割合は減っている」、「貸出冊数は増えているが、一館当たりの資料費は減っている」といったことになっています。その一方で、やれ電子図書だ、クラウドだ、ツタヤだ、スタバだというような話が、昨今の図書館をめぐる状況としてあります。その中で、図書館の必要性はそれなりに社会で認知されていると思うけれども、なんとなく元気がないのでは？というふうにも見えます。

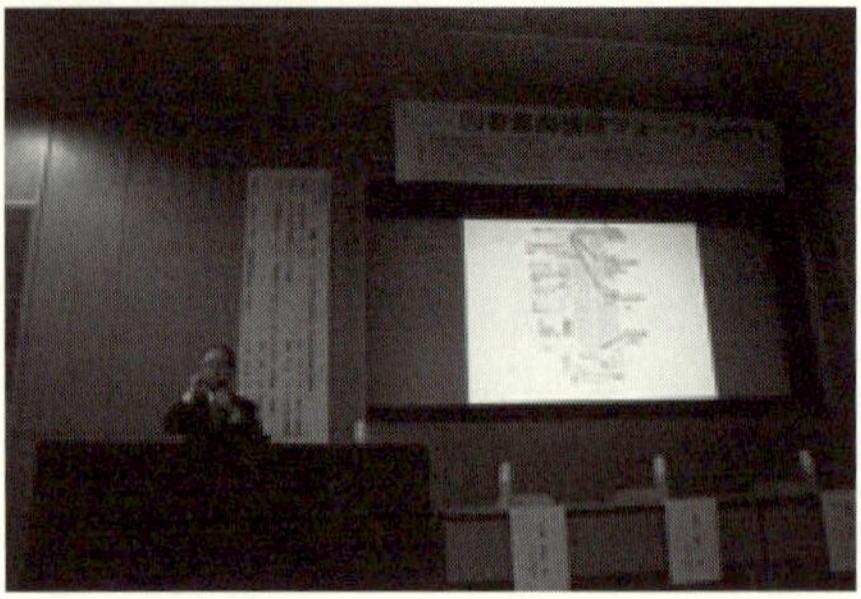
▲神代 浩氏の基調報告

話は、二〇〇八年十二月三一日にさかのぼります。この日日比谷公園に「年越し派遣村」ができました。派遣切りなどにあった失業者達に対し炊き出しをしたり、職業相談に応じたり、あるいは生活保護申請のお手伝いをするということで、そこに約五〇〇〇人の失業者が集まり、その三倍以上のボランティアが集まりました。しかし、その様子を伝えるテレビ中継を見た私は、何かが足りないと感じたのです。確かに、派遣村に行けば温かい食事があり、暖かい服や寝る場所もある。衣食住は最低限満たされているが、それで本当にここに来た人たちは、来年から仕事を探そうと思って動き出すだろうか、という疑問が浮かびました。例えば、サッカーの元日本代表のゴールキーパー、川口選手を相手にＰＫをやるとか、派遣切りを題材にした俳句大会や詩のバトルとか、そういうものがあの派遣村には欠けている。はっきり言えば、社会教育の出番がそこにあるはずと、私は感じたのです。

　これまでの図書館をめぐる動きですが、二〇〇〇年にビジネス支援図書館推進協議会が起ち上がったというのは、一つの大きなターニングポイントだったと思います。「ビジネス」と「図書館」という、全く正反対の方向を向いているように思われる二者が一緒にやっていくということで、大きな影響を与えました。私から見ると、これは図書館海援隊発足につながる原点だったと思います。それから、二〇〇六年には「これからの図書館像」という報告がまとまり、図書館は単にただで本を貸すだけではない、それ以上のことができるはずだ、といった方向性がある程度具体的に示されま

「図書館海援隊」ぜよ
～始まりの始まりの話～
元気な図書館員集まれ！
図書館海援隊フォーラム2013
11月23日（土・祝） 福岡県立図書館
図書館海援隊長？
元文部科学省社会教育課長
神代 浩
スライド１

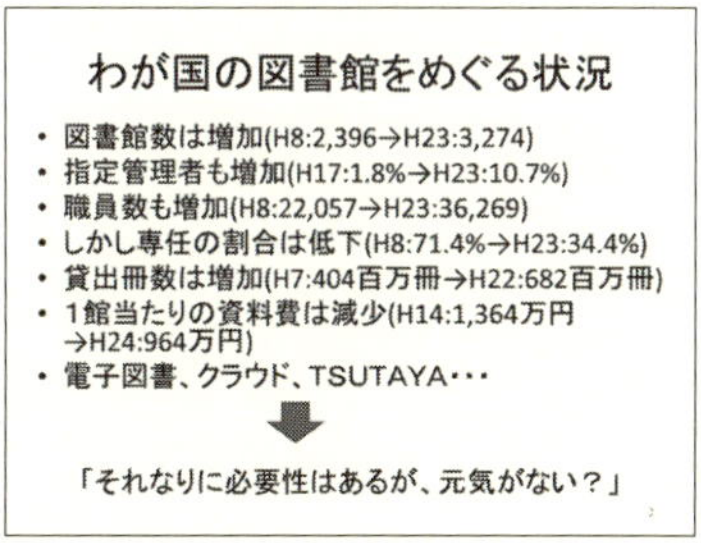
わが国の図書館をめぐる状況
• 図書館数は増加(H8:2,396→H23:3,274)
• 指定管理者も増加(H17:1.8%→H23:10.7%)
• 職員数も増加(H8:22,057→H23:36,269)
• しかし専任の割合は低下(H8:71.4%→H23:34.4%)
• 貸出冊数は増加(H7:404百万冊→H22:682百万冊)
• 1館当たりの資料費は減少(H14:1,364万円→H24:964万円)
• 電子図書、クラウド、TSUTAYA・・・
「それなりに必要性はあるが、元気がない？」
スライド２

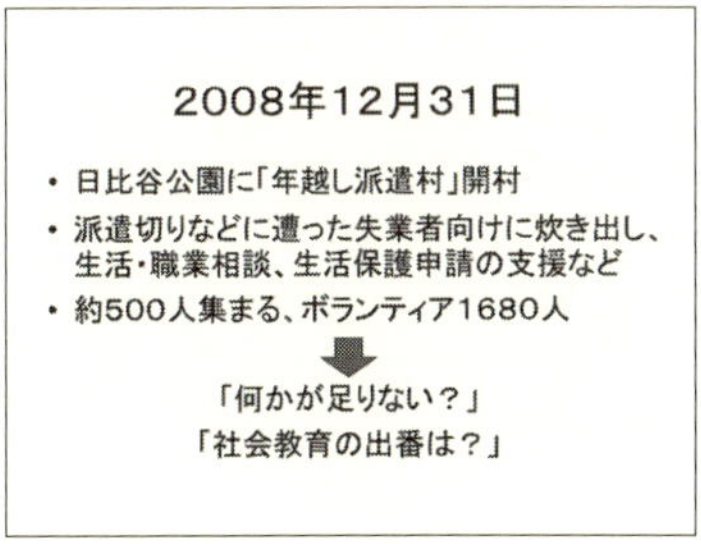
2008年12月31日
• 日比谷公園に「年越し派遣村」開村
• 派遣切りなどに遭った失業者向けに炊き出し、生活・職業相談、生活保護申請の支援など
• 約500人集まる、ボランティア1680人
「何かが足りない？」
「社会教育の出番は？」
スライド３

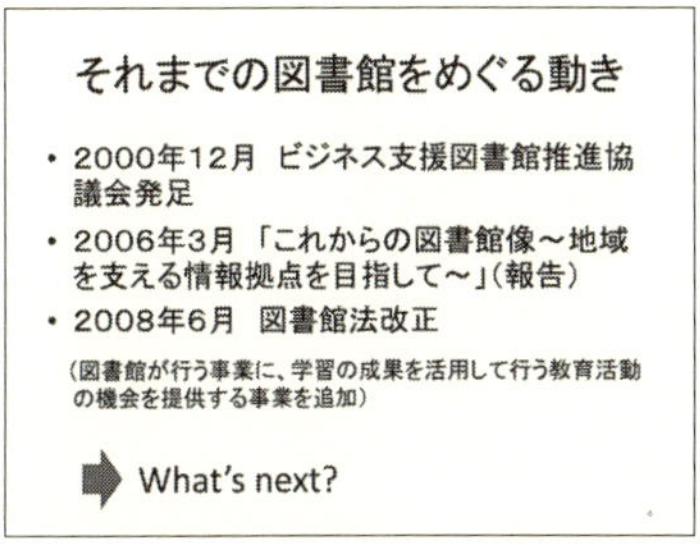
それまでの図書館をめぐる動き
• 2000年12月 ビジネス支援図書館推進協議会発足
• 2006年3月 「これからの図書館像～地域を支える情報拠点を目指して～」（報告）
• 2008年6月 図書館法改正
（図書館が行う事業に、学習の成果を活用して行う教育活動の機会を提供する事業を追加）
What's next?
スライド４

した。また、図書館法の改正が行われ、図書館の行う事業に「学習の成果を活用して行う教育活動の機会を提供する」ものが追加されました。

では、次はどうする、という段階になって運命的な出会いがありました。二〇〇九年七月に私は社会教育課長になったわけですが、その四ヶ月後に「ディスカバー図書館inとっとり」に行かないかと誘われました。実際鳥取に行って、私は図書館の新しい可能性を身をもって感じました。どういうことかというと、鳥取県立図書館の入口横にあるチラシの棚には、例えば「いじめ」と題されたパンフレットがある。手に取ると、いじめに関する書籍・資料、それに関する新聞記事、法令関係の情報、県内の相談機関の一覧が掲載され、背表紙を見ると、これらの資料が館内のどこに配置してあるか書かれている。こんなパンフレットが実にいろんなテーマで用意されている。交通事故に遭ったとき、逆に交通事故を起こしたとき、介護、多重債務、離婚など。図書館界では、こういうのを「パスファインダー」というそうです。いじめに遭った子が誰かに

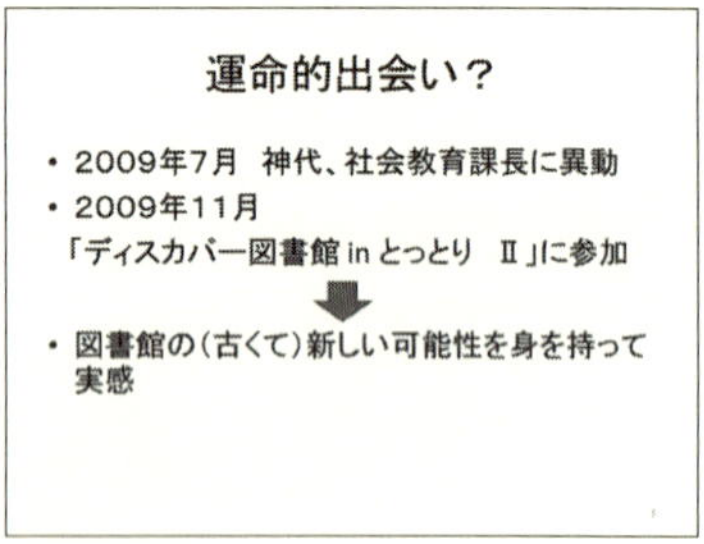
運命的出会い？
• 2009年7月　神代、社会教育課長に異動
• 2009年11月
「ディスカバー図書館 in とっとり　Ⅱ」に参加
• 図書館の（古くて）新しい可能性を身を持って実感

スライド5

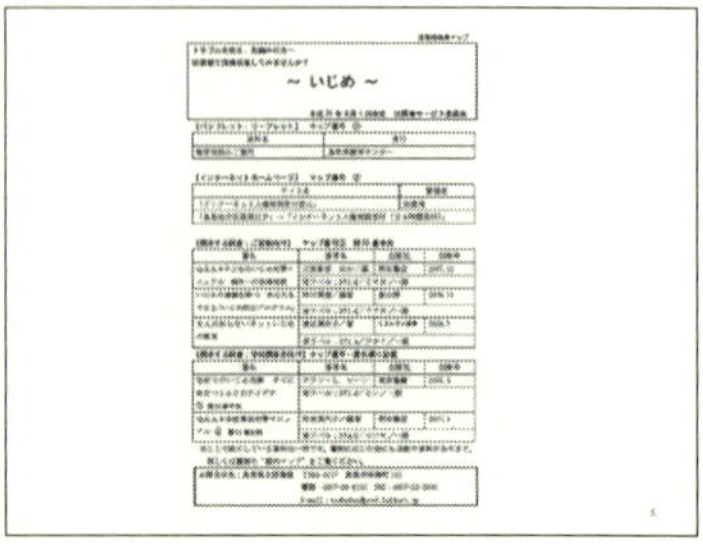
〜 いじめ 〜

スライド6

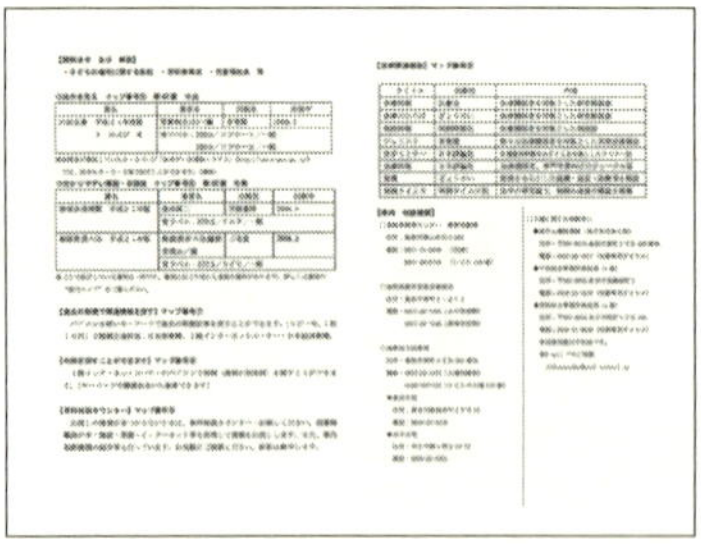

スライド7

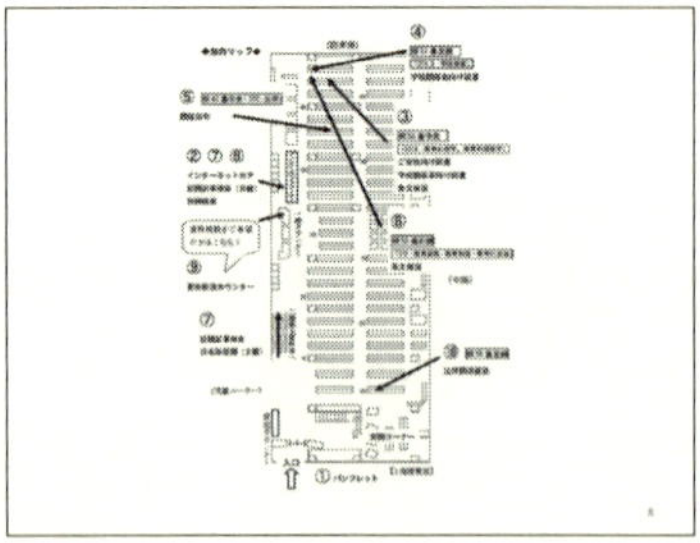

スライド8

相談したいと思ったとき、教育委員会や民間の相談機関があっても、いきなりそこに電話するのは勇気がいる。でも、図書館に行ってこのパンフレットを入手すれば、ある程度自分で調べられる。それで解決する場合もあるし、相談するにしても、自分で調べた知識があるのとないのとでは、専門機関への相談の仕方も違ってきます。そういう意味でこれは非常に面白い。「図書館ってこんなことができるんだ」と思って帰りました。

さて、その年の十二月、やはり雇用状況はなかなか改善せず、民間の活動だった年越し派遣村を今度は公設で設置しようという動きが出てきました。そこで私は、「何か図書館でできることはないか？」と、全国の知り合いの図書館員に問い合わせました。すると、数時間後にこんな資料が来ました。鳥取県立図書館の高橋真太郎さんが送ってくれた資料です。私はこれを見て、背筋がぞくぞくしました。失業した人が失職してから再就職するまでの様々な課題が時系列で並んでおり、黒い文字で書かれている。そしてそれぞれの課題の下に図書館でできることが赤字で書かれています。

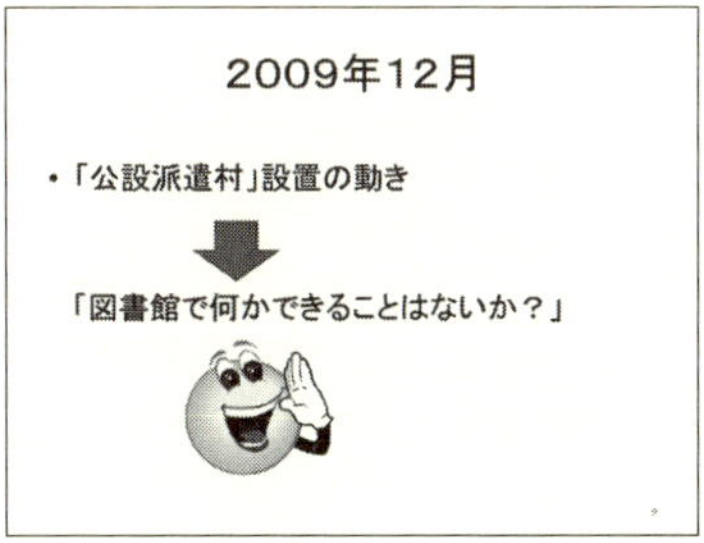
2009年12月
•「公設派遣村」設置の動き
「図書館で何かできることはないか？」

スライド9

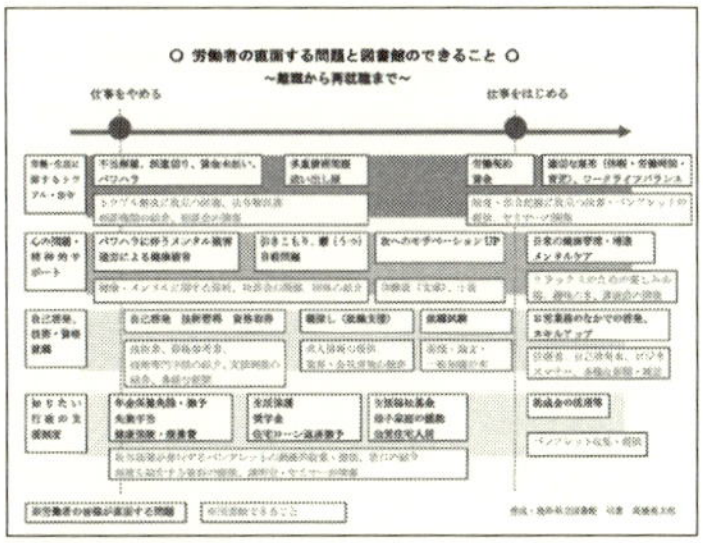
○ 労働者の直面する問題と図書館のできること ○
～離職から再就職まで～
仕事をやめる
仕事をはじめる

スライド10

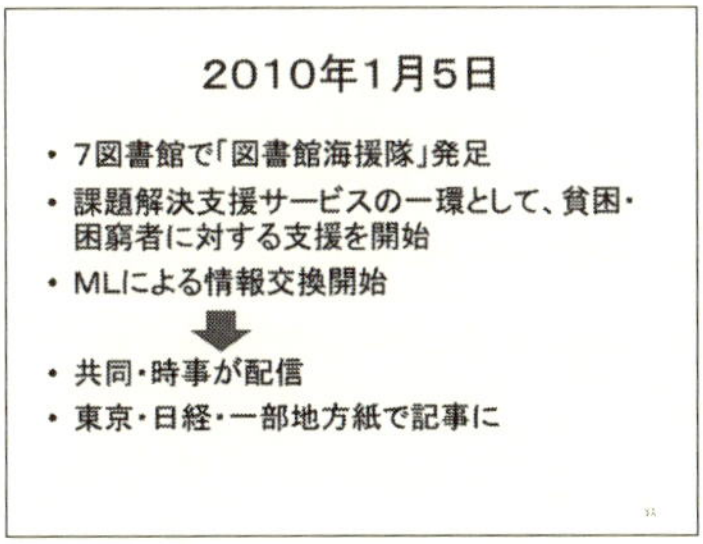
2010年1月5日
• 7図書館で「図書館海援隊」発足
• 課題解決支援サービスの一環として、貧困・困窮者に対する支援を開始
• MLによる情報交換開始
• 共同・時事が配信
• 東京・日経・一部地方紙で記事に

スライド11

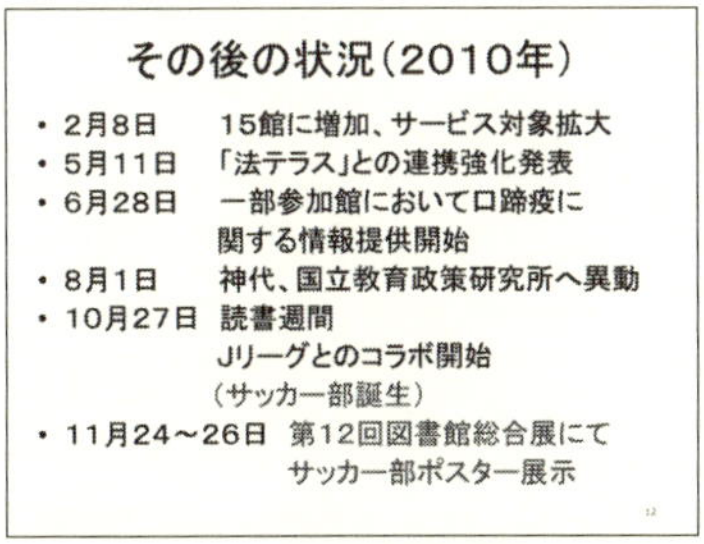
その後の状況（2010年）
• 2月8日 15館に増加、サービス対象拡大
• 5月11日 「法テラス」との連携強化発表
• 6月28日 一部参加館において口蹄疫に関する情報提供開始
• 8月1日 神代、国立教育政策研究所へ異動
• 10月27日 読書週間 Jリーグとのコラボ開始 （サッカー部誕生）
• 11月24～26日 第12回図書館総合展にて サッカー部ポスター展示

スライド12

これはすごいなと。

　ところが、彼がこの図を完成させるまでには一苦労あったようです。高橋さん、ちょっとその話をしていただけますか。

［鳥取県立図書館　高橋］最初に言われたときはすごくうれしくて、「図書館で何かできることを伝えなくてはいけない」と思いました。まず、とにかく図書館でできることばかりを書いていったんですが、全然うまくできない。三〇分ほど考えていたら、「図書館は利用者のためにある」という上司や先輩の言葉を思い出しました。そこで労働者の課題を洗い出し、それに対して図書館では何ができるかというのを考えたら、すぐにできたんです。

　このことを通して私は、図書館はやはり利用者のためにあり、利用者のことを知ってサービスをつくると本当にいいものができる、ということを学ばせていただきました。

［神代］これなら図書館にも何かできることがあると確信し、翌年一月五日に七つの図書館が始めたのが、「図

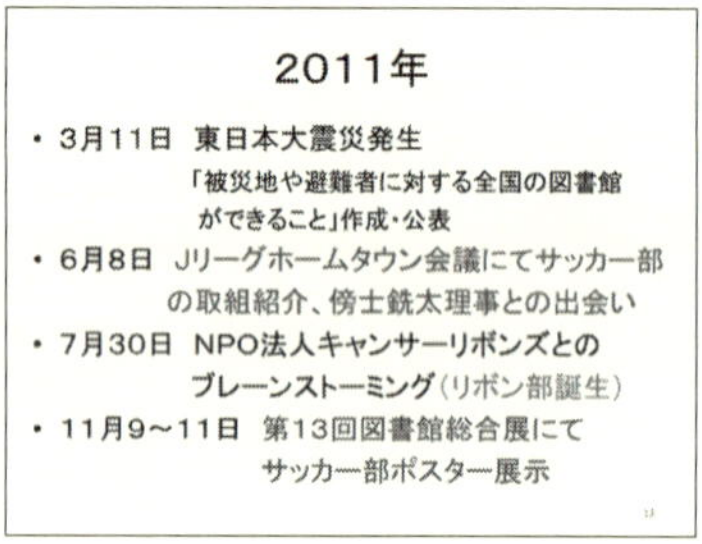
2011年
・3月11日　東日本大震災発生
「被災地や避難者に対する全国の図書館ができること」作成・公表
・6月8日　Jリーグホームタウン会議にてサッカー部の取組紹介、傍士銑太理事との出会い
・7月30日　NPO法人キャンサーリボンズとのブレーンストーミング（リボン部誕生）
・11月9～11日　第13回図書館総合展にてサッカー部ポスター展示

スライド 13

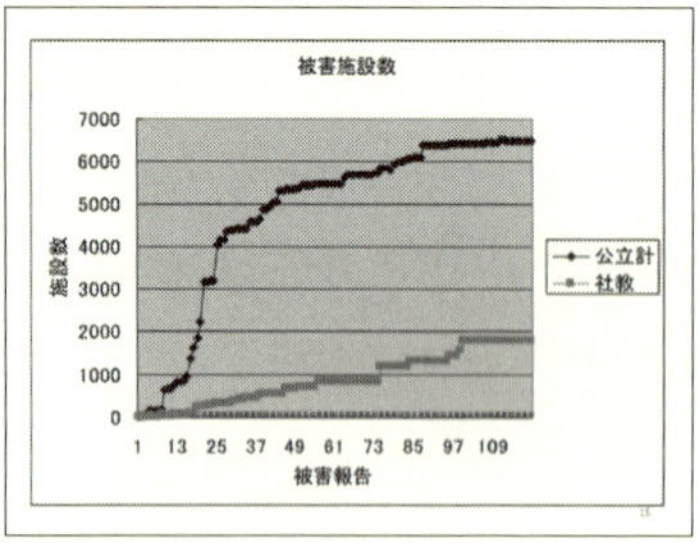
被害施設数
7000
6000
5000
4000
3000
2000
1000
0
施設数
1 13 25 37 49 61 73 85 97 109
被害報告
公立計
社教

スライド 15

2012年以降
・2012年4月4日　参加館49館に
・11月20～22日　第14回図書館総合展にてサッカー部・リボン部ブース出展、フォーラム開催
青木裕子アナとの「出会い」
・2013年4月　青木アナ、軽井沢町立中軽井沢図書館長に就任（朗読部誕生）

スライド 14

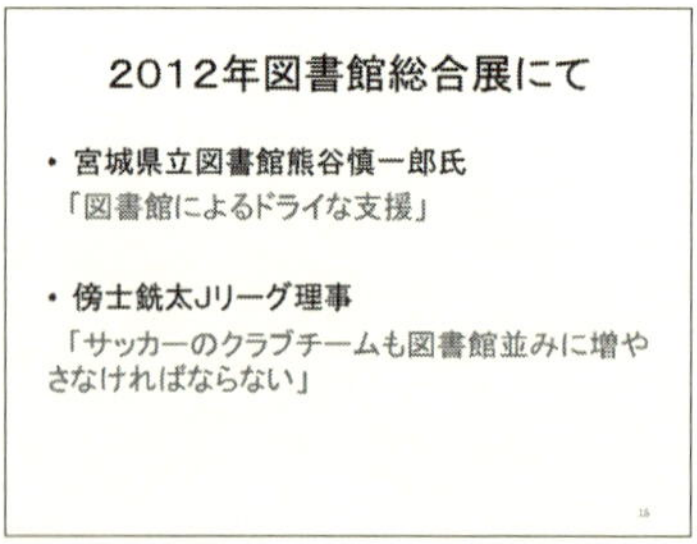
2012年図書館総合展にて
・宮城県立図書館熊谷慎一郎氏
「図書館によるドライな支援」
・傍士銑太Jリーグ理事
「サッカーのクラブチームも図書館並みに増やさなければならない」

スライド 16

書館海援隊」のそもそもの始まりです。図書館がもともと持っている課題解決支援サービスの一環として、まずは貧困・困窮者に対する支援にスポットを当て、手を挙げてくれた図書館同士のネットワークをつくり、情報交換を開始しました。その後徐々に参加する図書館の数が増え、貧困・困窮者支援だけでなく、各館の特長を出せるものであればどんなサービスでもいいではないかということで対象を拡大しました。

もう一つ大事なことは、就労支援においてはハローワークや行政との連携が欠かせないということです。例えば、海援隊発足後に一番顕著に表れてきた効果は、求人票を図書館でも取れるようにすると、ハローワークより早くはけるのがわかったことです。そんな調子で行政や法テラスなどの団体との連携も図っていきました。いい感じになってきた、と思っていたら、なんと八月一日に私は異動になってしまいました。

普通はここで、「後任に引き継ぎました。私は関係ありません」と言おうと思えば言えます。これが役人の大多数の行動パターンですが、しかし私はここで見捨

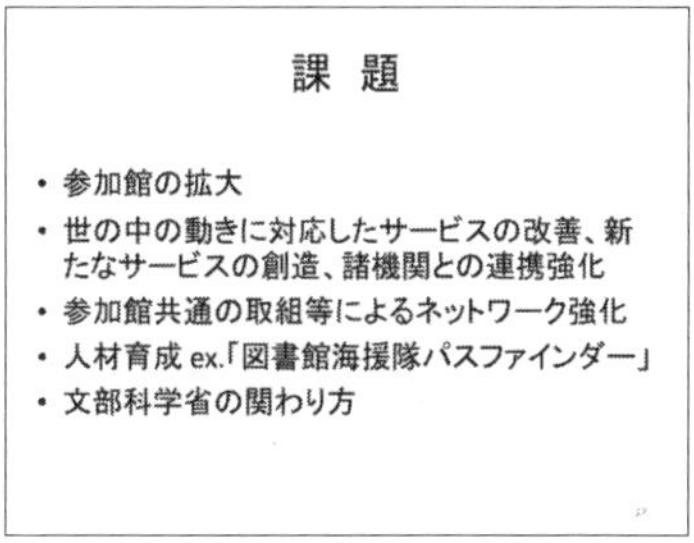
課　題
• 参加館の拡大
• 世の中の動きに対応したサービスの改善、新たなサービスの創造、諸機関との連携強化
• 参加館共通の取組等によるネットワーク強化
• 人材育成 ex.「図書館海援隊パスファインダー」
• 文部科学省の関わり方
スライド 17

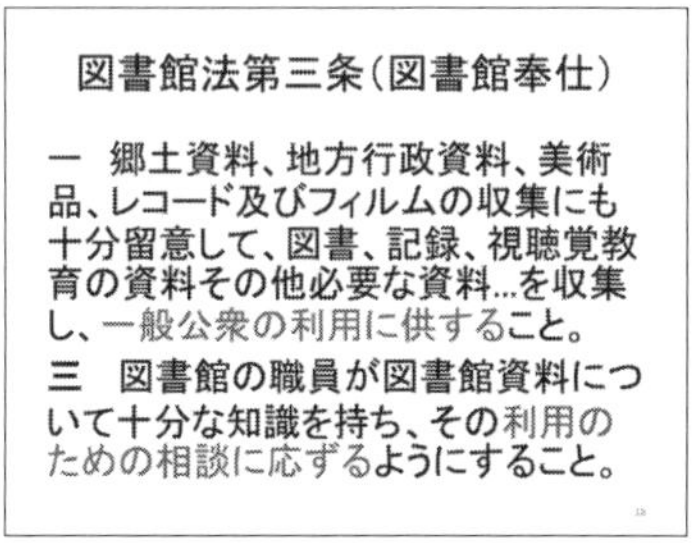
図書館法第三条（図書館奉仕）
一　郷土資料、地方行政資料、美術品、レコード及びフィルムの収集にも十分留意して、図書、記録、視聴覚教育の資料その他必要な資料…を収集し、一般公衆の利用に供すること。
三　図書館の職員が図書館資料について十分な知識を持ち、その利用のための相談に応ずるようにすること。
スライド 18

「図書館海援隊」ウェブサイト
• 文部科学省
http://www.mext.go.jp/a_menu/shougai/kaientai/1288450.htm
• サッカー部
https://www.facebook.com/japan.football.library
スライド 19

Thank you!
スライド 20

ててはいけないと思ったので、本業に支障のない範囲でできることをやっていくことにしました。

ところが、今度は私の意図を越える形で海援隊員たちが動き始めたんです。それがJリーグとのコラボで、派生ユニット第一号「サッカー部」が誕生します。そして早々と十一月の総合展でポスター展示をやりました。

二〇一一年三月には東日本大震災が発生。すぐに、先程と同じパターンで被災者や避難者に対して図書館ができることの表を作成し、ウェブ上に公表しました。

六月にはJリーグホームタウン会議にてサッカー部の活動を紹介。七月にはNPO法人キャンサーリボンズの皆さんと出会い、「リボン部」が誕生しました。二〇一二年四月には海援隊参加館が四九館になり、その年十一月の図書館総合展ではサッカー部・リボン部それぞれがブースを出展、しかも海援隊をテーマにしたフォーラムまで開催しました。そこで今日朗読していただいた青木裕子アナウンサーとの接点ができました。その翌年に中軽井沢図書館長に就任され朗読部が誕生した、という道筋をたどってきたわけです。

このグラフ（スライド十五枚目）は文部科学省の発表資料に基づき、東日本大震災後被害にあった施設の数をグラフにしたものです。学校施設についてはすぐに情報が集まり、どんどん数字が上がっていくんですが、社会教育施設、文化施設はなかなかそうはいきません。つまり、東日本大震災並みの災害が起きると、教育委員会だけでなく文部科学省の中ですら社会教育は後回しにされるのです。

二〇一二年の図書館総合展では、宮城県立図書館の熊谷慎一郎氏から「図書館によるドライな支援」という発言がありました。午前の部では病気になった方の心のケアといった「ウェット」な話も出てきましたが、ビジネス支援、生活に役立つ情報の入手、自分が持っている課題の解決の糸口をつかむなど、図書館は住民に対して有益な情報提供ができるところだという意識が大切です。

またJリーグの傍士理事は「サッカーのクラブチームも、図書館並みに増やさないといけないんだよね」とおっしゃってくださいました。これは私としては本当に心強かった。身近で、手の届くところに図書館はなければならないのです。

最後にお話ししておきたいのは、「古くて新しい」ということ。図書館の業務として、図書館法第三条第一号には、図書等の資料を「一般公衆の利用に供する」、第三号には「その利用のための相談に応ずる」ことが定められています。つまり、利用者の課題解決のために様々な資料や図書を提供する、あるいは図書館の中で得られない情報は外部の専門家とつなぎ、情報を得られやすくするということは、図書館本来の業務として法律に位置付けられていることなのです。今日ここにおられるみなさまとはぜひこの認識を共有したいですし、そのためのサービスをいろいろな分野で開拓していきたいです。組織を越えてネットワークを強め、社会全体を良くしていくのが我が海援隊の目指すところです。

これからも私が思いもよらないような新しいサービス・活動を、海援隊のみなさまがどんどん展開していくことを大いに期待したいと思います。ご静聴ありがとうございました。

2. 事例報告

コーディネーター：齋藤　明彦　氏（元・鳥取県立図書館長／現・鳥取県地域振興部理事監兼東部振興監）

元鳥取県立図書館長ですが、実は私がやっていたのは二〇〇二〜二〇〇四年という大昔です。多分ここに立たせていただいているのは、その期間の中で「田舎ならではのビジネス支援」をかなり早い時期に始め、ある程度の成果を上げたということ、また、「これからの図書館像」の作成に参画したということがあってのことだと思っています。

さて、今日はこれから四人の方にお話ししていただき、その後リレートークしていきます。それぞれ、就労、農業に対するビジネス支援、個人を支えるという意味合いでの図書館の活動、図書館は地域をどう支えていくか、ということについて話していただきます。

リレートークといいましたが、私と発表者の間だけのやりとりではなく、できるだけ会場にいらっしゃる皆さんとキャッチボールがしたい。質問でも意見でも、あるいはご感想でもいいと思っています。ぜひこの場に参加していただき、一緒にこの会をつくっていきましょう。よろしくお願いいたします。

報告1：就労支援の取組み

発表者：田中　のぞみ　氏　（小郡市立図書館　司書）

小郡市立図書館の海援隊事業への参加、就労支援の取り組みを発表します。

小郡市は、福岡県の南西部に位置する、人口約五万九千人の田園都市です。交通の便のよさから宅地化が進んでおり、人口も毎年増加しています。

一九八七年十一月に開館し、今年で二六年目を迎えた小郡市立図書館ですが、二〇〇六年四月から三年間にわたり指定管理者による運営を行いました。平成二一（二〇〇九）年度から市の直営に戻した図書館として注目され、全国からの問い合わせ、視察が相次いでいます。現市長のマニュフェストには、「役に立つ図書館づくりと読書活動の充実・支援」という項目が含まれており、「読書のまちづくり日本一」と掲げられています。このような流れの中から、様々な読書推進活動に十分取り組めるようになっています。二〇〇六年九月には、二〇〇四年策定の小郡市子ども読書活動推進計画に基づき、小郡市内にある小・中・高・専門学校の学習や読書の支えとして、学校図書館支援センターが設置されました。

このような特長がある小郡市立図書館ですが、二〇〇九年十二月、「小郡市立図書館も図書館海援隊事業に名を連ねることになった」という、永利館長からの突然の報告で事業が始まりました。担当を引き受けたものの、他県の例を見て、「こんなこと、とてもできない」と思いました。すると館長から、他館のまねではなく、小郡らしくできる取り組みでいいから、と言われ、今までやってきたことを充実させながら「小郡海援隊」として動きだすこととなりました。

かなり狭い館内ですが、まず、出入り口近くの雑誌閲覧コーナー内に、利用者が自由に持ち帰ることができる配布物を集約した「お仕事チャレンジ&サポート情報コーナー」を設けました。このコーナーに置いた配布物は、基本的に小郡市役所商工企業立地課からの提供で、内容は様々でした。セクシャルハラスメントや賃金に関するものなど、労働問題のものも多く含まれていました。柱一本分のスペースしかなかったので、まずは就労目的のものと、小郡市内の関係機関が発行しているものを中心に置くこととし、配布物への問い合わせは利用者自身が各機関に行ってもらうよう提示しました。就職やそれに関する図書資料の提供を求められれば、通常どおりのサービスで対応しています。

この配布物を通し、市の担当職員とやりとりする機会が増えました。ブックスタートや子育て支援事業などで、健康課、福祉課、生涯学習課とはすでに連携ができていましたが、この事業開始により新たな部署との連携につながりました。

海援隊事業を始める前から取り組んでいたことが二点あります。一つは、新聞折込広告の求人情報をファイリングすることです。これは二〇〇八年四月に、利用者からの問い合わせがきっかけで始まりました。こういうニーズもあるのかと「目からうろこが落ちる」

スライド1

スライド2

スライド3

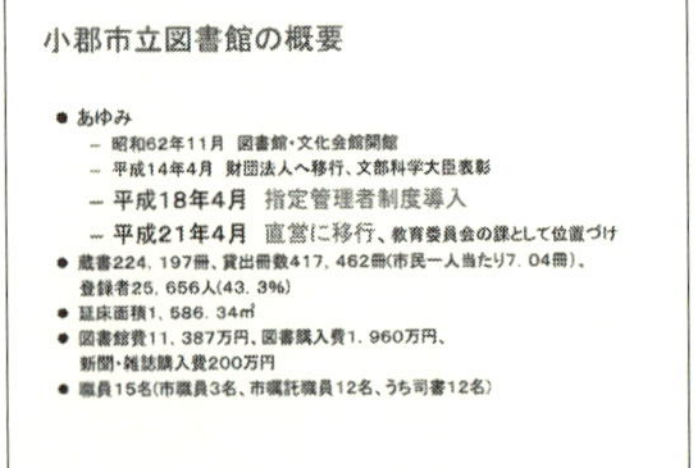

スライド4

思いでしたが、早速求人広告ファイルを雑誌閲覧コーナー内に置いたところ、多くの利用がありました。もう一つは、ハローワークの求人情報のダイジェスト版を図書館にも配信していただくよう手配したことです。毎週A3サイズの求人一覧がメールで送られてきますので、それを印刷して配布しています。

二〇一〇年三月、小郡海援隊に追い風となるような出来事がありました。それは、「小郡地域職業相談室ふるさとハローワーク」が設置されたことです。小郡市とハローワークが共同で運営しており、図書館から三〇〇mほどのところにある市立体育館の一室にあります。図書館内にも案内チラシを置いており、手に取る人が多いようだったので、ハローワークの方に「『図書館でチラシを見て来た』というような方はいませんか」と聞いてみましたが、「思い当りません」という返事でした。私の推測ですが、検索機が順番待ちになるほど利用が多いそうなので、少しはいらっしゃるかもしれません。

海援隊事業を始めてから二年間は、このコーナーと

スライド５

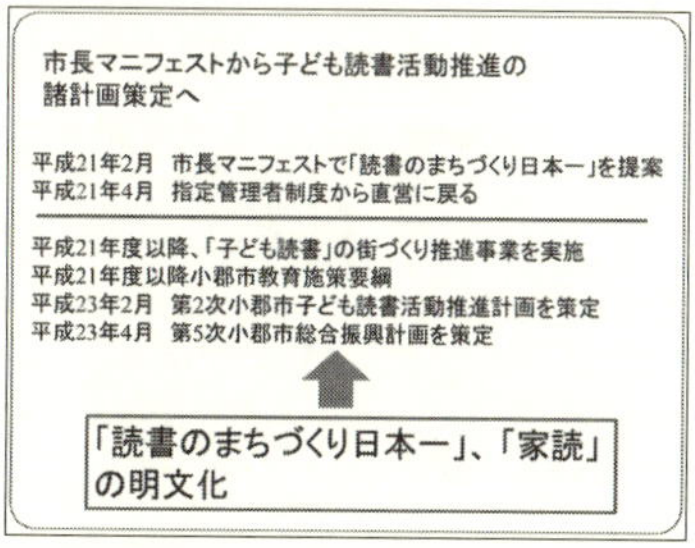

スライド６

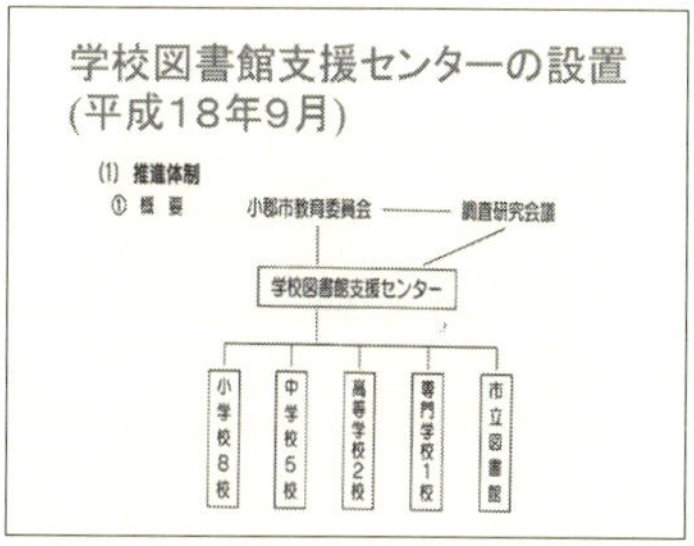

スライド７

スライド８

就活に関する図書資料の充実を中心にやってきました。書架の一部を「就活」「転職」「資格」「労働」等の分野に沿って、分類だけにこだわらない配架も行っています。

二〇一二年になって、図書館エントランスの掲示板が使えるようになったので、関連する図書資料の案内やポスターの掲示をするようになりました。また、求人フリーペーパー四紙を取り寄せて設置。フリーペーパーの減り方には目を見張るものがあり、翌日にはなくなってしまうものもありました。もの珍しさもあったのかもしれませんが、関心の高さには十分手応えを感じました。

平成二五（二〇一三）年度は、就労に関する新刊本を五～六冊紹介したチラシを作成し、エントランスの掲示板をはじめ、小郡地域職業相談室、市役所、生涯学習課、商工企業立地課の五ヶ所に掲示することを始めました。特に商工企業立地課では、このチラシを就労支援のパソコン教室等で配布してくれています。また、小郡市がごみ収集などを委託している会社の代表の方を講師に、仕事や就労にかかわる講演会も開催す

図書館海援隊「就労支援」
『雑誌閲覧コーナーの情報提供コーナー』
スライド９

図書館海援隊「就労支援」
『資格取得、就職関係図書コーナー』
スライド11

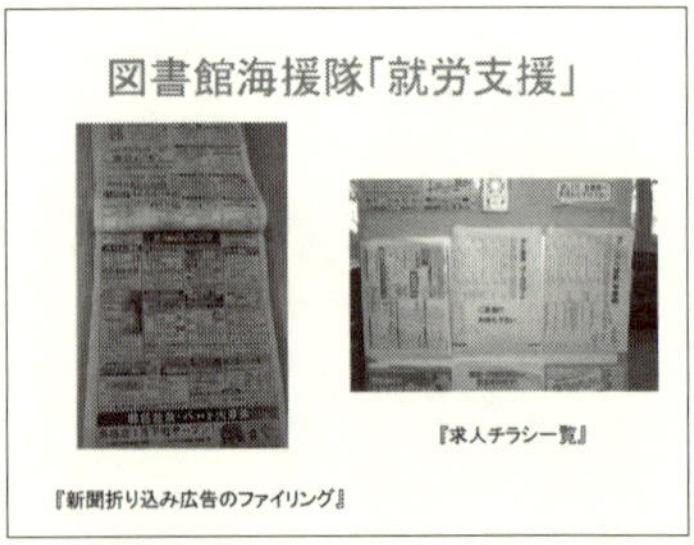
図書館海援隊「就労支援」
『求人チラシ一覧』
『新聞折り込み広告のファイリング』
スライド10

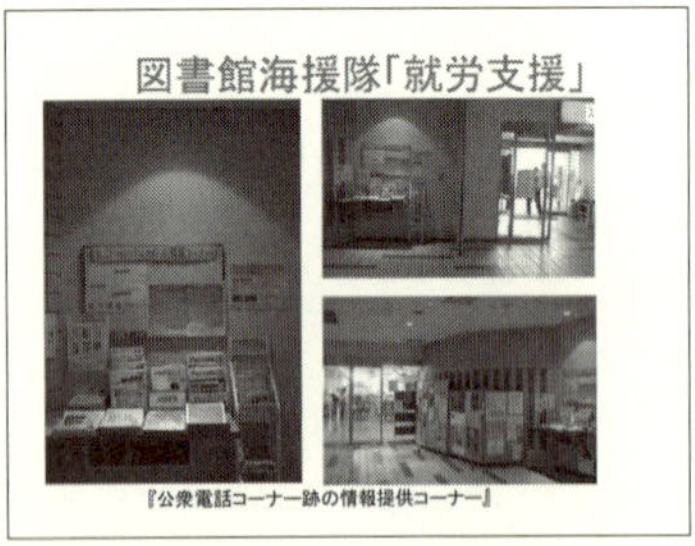
図書館海援隊「就労支援」
『公衆電話コーナー跡の情報提供コーナー』
スライド12

ることができました。この会社は小郡市にあり、二〇一三年四月に、経済産業省が行っている「おもてなし経営企業」の表彰を受けており、講師自身のことや会社が現在に至った経緯とともに、働くこととは何か、こんな人材が欲しい、というような内容を話していただきました。顧客へのサービス徹底はもちろん、社員教育の熱心さにも感銘を受けました。社員一人一人が責任感を強く持っていることが印象に残りました。

スライド15は、小郡市が二〇一二年に発行した第五次小郡市総合振興計画によるもので、行政サービスの満足度を市民にアンケート調査した結果に基づくものです。この会社が行っているごみ処理業務への満足度は、七六%と突出して高いことが分かります。ちなみに、このアンケートでは、図書館の満足度は六二%でした。この数字が高いのか低いのかよく分からないのですが、三〇項目の中の第五位になっていました。

平成二五（二〇一三）年度は新しい取り組みができましたが、今後の課題・目標として、「海援隊事業の市民への周知」「就労以外のビジネス支援」があります。

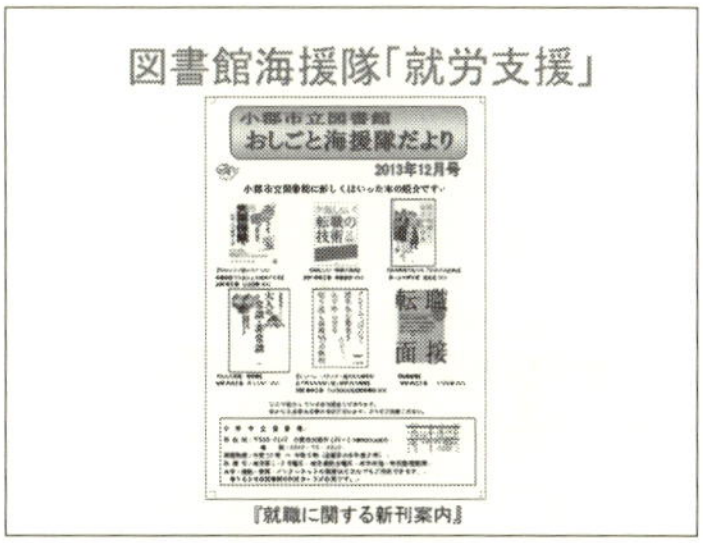
図書館海援隊「就労支援」
小郡市立図書館
おしごと海援隊だより
2013年12月号
『就職に関する新刊案内』

スライド13

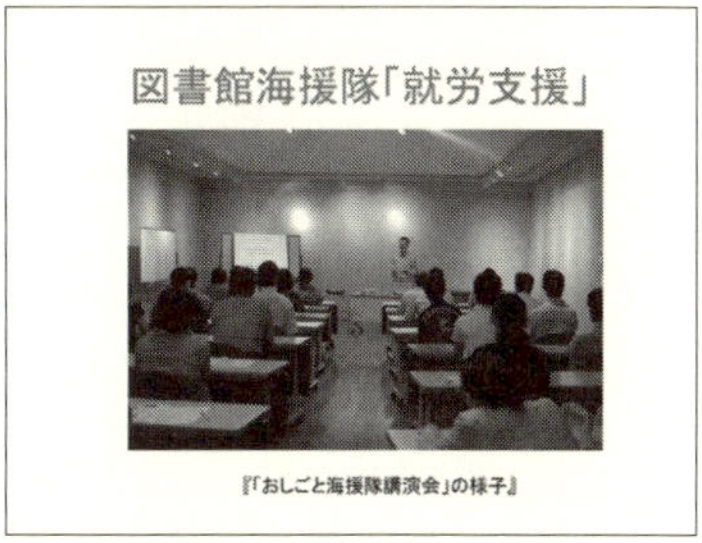
図書館海援隊「就労支援」
『「おしごと海援隊講演会」の様子』

スライド14

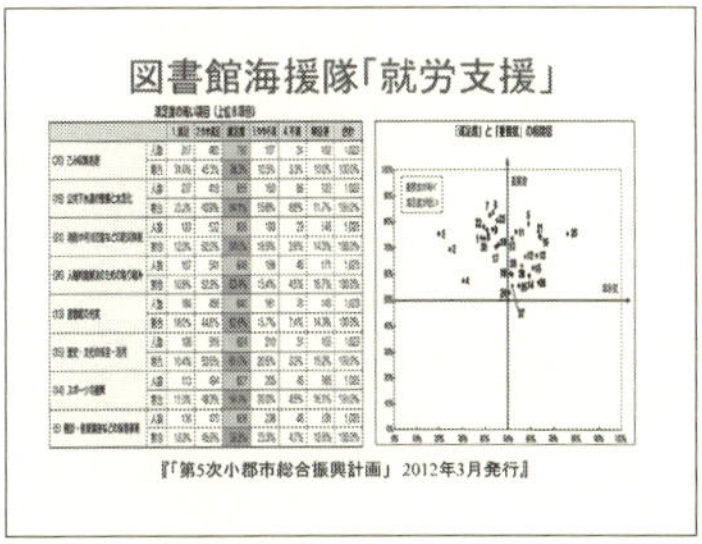
図書館海援隊「就労支援」
『「第5次小郡市総合振興計画」2012年3月発行』

スライド15

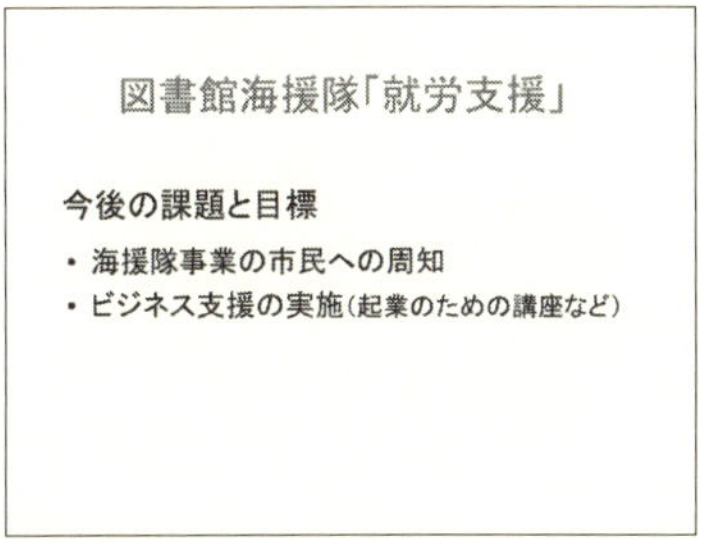
図書館海援隊「就労支援」
今後の課題と目標
・海援隊事業の市民への周知
・ビジネス支援の実施（起業のための講座など）

スライド16

例えば、図書館の閲覧用インターネット端末でハローワークの求人情報を見ることができるなど、図書の貸出以外にも図書館の利用方法があるということを市民の皆さまに広めていきたいです。また、講演会の内容を起業に向けたものにするなど、ビジネス支援の活動も広げていきたいと思っています。

私たちがやってきた取り組みは、果たして「海援隊の事業に参加しています」と言っていいのか、実は今も恐縮する思いです。今回の発表を通して、皆さまからアドバイスを頂き、小郡海援隊を充実させていきたいと思っています。さらに、私たちの取り組みを知った皆さまが、各地域の特性を生かした海援隊を起ち上げるきっかけになれば幸いです。小郡市立図書館海援隊事業設立の詳しいいきさつは、図書館問題研究会発行の『みんなの図書館』二〇一〇年五月号に掲載されていますので、ご参照ください。

ありがとうございました

スライド 17

報告2：宇佐市民図書館のビジネス支援

発表者：島津　芳枝　氏　（宇佐市民図書館　児童サービス担当　副主幹）

私の事務分掌は、児童サービスです。なぜビジネス支援の事例発表を児童サービス担当がやるのか、疑問に思われる方も多いかと思いますが、小さな図書館ですのでビジネスも医療も児童も私の担当です。また、地域のため、人のためという意味ではつながると思っています。

さて、皆様は「ビジネス支援」という言葉にどのようなイメージをお持ちでしょうか。図書館が商業地に立地していて、有能な司書、豊富な資料がないとできない、と思っている方が多いのではないでしょうか。宇佐市はそういう地域かというと、別にそんなことはありません。宇佐市は、北九州市と大分市のちょうど中間地点にあり、県内一の穀倉地帯です。

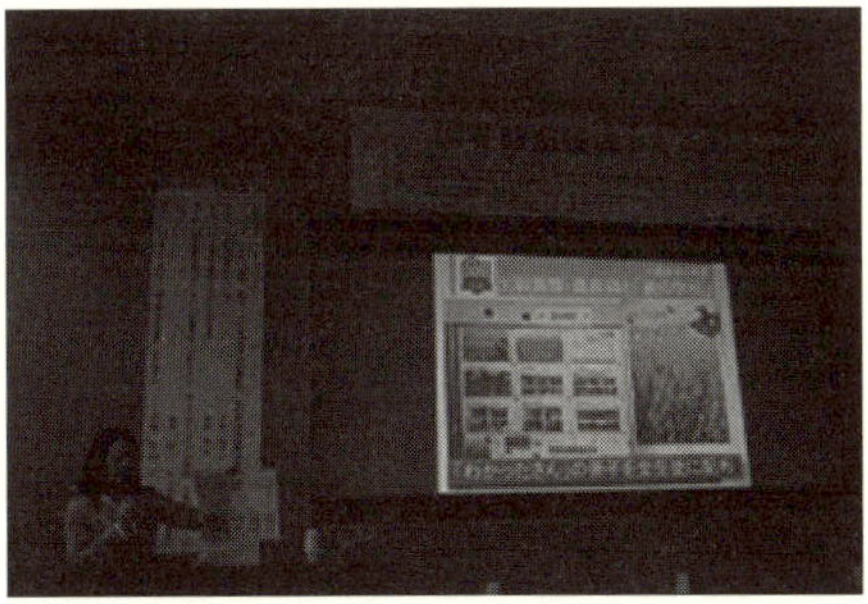
▲宇佐市民図書館島津芳枝氏の報告

図書館自体はどうかというと、司書有資格者は多いのですが非正規で、正規採用の司書は私を含めて二名だけでした。二〇〇五年に合併し、分館ができ、移動図書館車も一台増えたのですが、資料費は減ってきました。当時の上司に相談したのですが「今は仕方がない」で終わってしまいました。財政が危機的な状況下でもありましたが、このままでいいとは思えず、「職場の文系男子はもう頼らない!」と思い、調べて知ったのが「ビジネス支援」という考え方・サービスでした。「税金を使う図書館から、税金をつくる図書館へ」という考え方への転換です。

とはいっても、私企業を公の図書館が応援するのは難しいのではと思っていましたが、宮崎県立図書館の研修に参加したところ、図書館で県内企業を紹介する展示を行っていました。講師としてビジネス支援図書館推進協議会の竹内会長がいらして、「農業だってビジネスだ」とおっしゃっていました。それなら宇佐市でもできると思いました。

「自館の予算獲得も十分できない状況なのに、他人のビジネスを支援することができるだろうか？」また、「図書館が認知されるための手段としてビジネス支援を選択しているのではないか？」という思いもありました。それでも、やらないよりマシです。二〇〇七年に「役所の底力プロジェクト」という職員提案型事業があり、これをビジネス支援の考え方でやってみようと思い、参加しました。

　提案したプロジェクトは麦に関連したものでした。統計データをみると宇佐市は当時大分県の麦の七割を生産していました。七品種の麦の栽培を行っており、九州で一番裸麦が生産されていることが分かりました。宇佐市には七つの焼酎蔵があり、麦焼酎の出荷量は日本一です。しかし稲に比べて学校では麦の学習はして

スライド１

スライド２

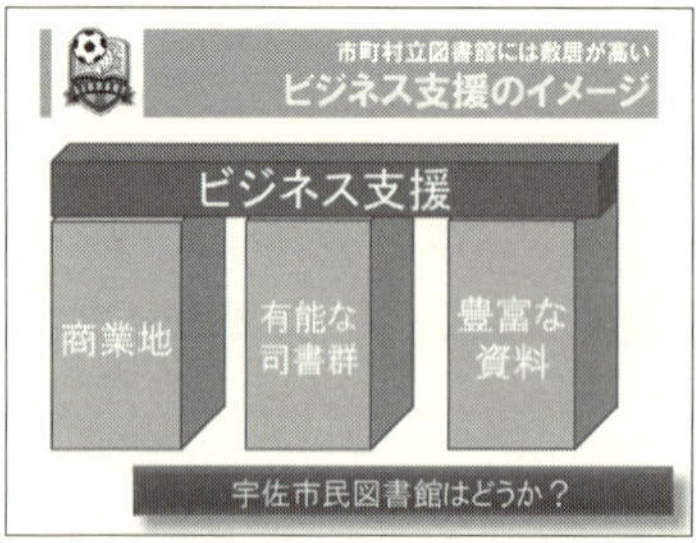

スライド３

スライド４

いませんでした。「これは紹介する意味はあるのではないか」食品や製品が知られていないのだから、「図書館に来る人にこういう情報と商品を紹介したら『買いたい』と思われるのではないか」、紹介してみようという実験的なプロジェクトを考えました。このプロジェクトであれば、図書館に負担をかけず、自分が休館日に実行すればなんとかなるとも思ったのです。

大分県も麦のことをPRしようとしていました。予算をかけて大きな麦の風景写真を作っていました。図書館に隣接する大分県の振興局から紹介してもらいギャラリーに展示しました。県内一の耕作地なので市内に県の研究所があり、そこから麦の見本も頂くことができました。企業の皆さんの協力を得て、七品種の麦からできている製品（例えば麦焼酎や味噌一箱）を頂くことができました。企画展をよく見てもらえるように「クイズに答えたら、展示物をプレゼント」も実施しました。「図書館に行ったら得した」と利用者に実感して欲しかったのです。もちろん、本も合わせて展示しました。この企画展には四四日間で一五七二人が

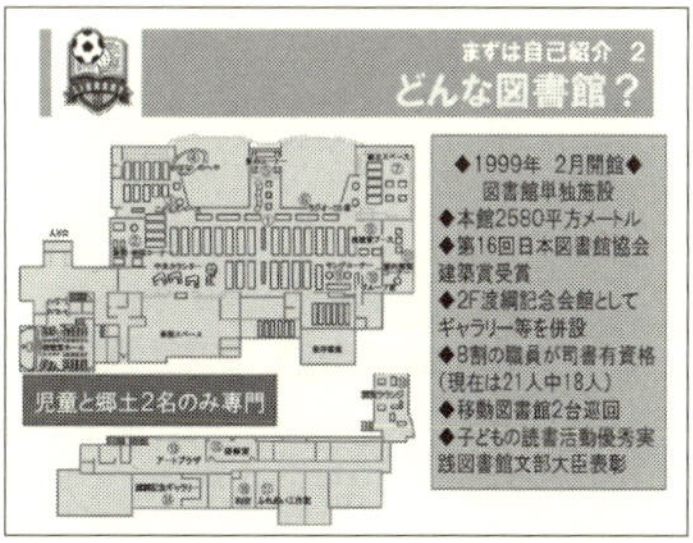

スライド５

スライド７

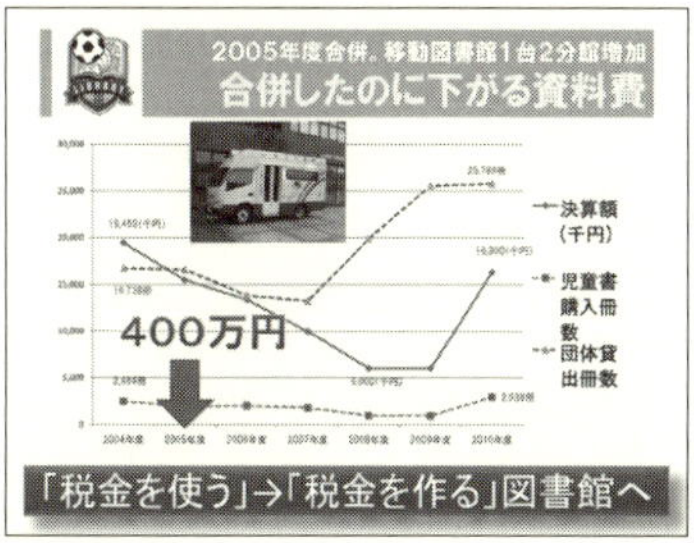

スライド６

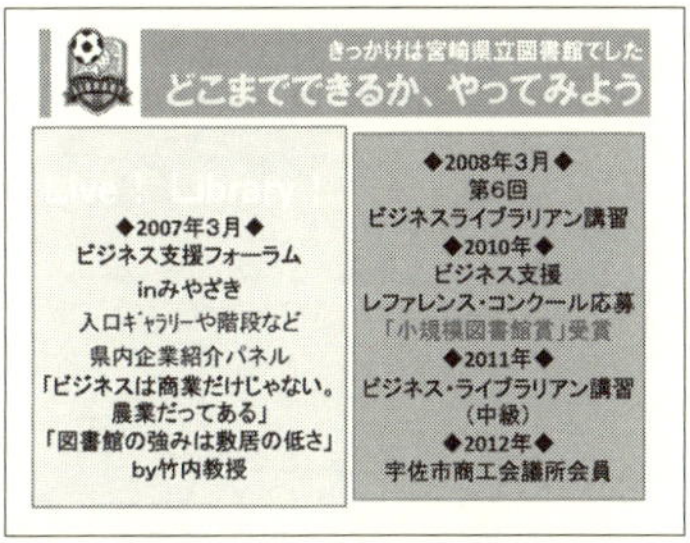

スライド８

入場し、好意的な感想も多く寄せられました。

事業効果としては、地元の雑誌に醤油屋さんが紹介されたり、「県の振興局が地元の麦を紹介してくれた」とパン屋さんが報告してくれたり、麦焼酎を使ったチョコを販売したお菓子屋さんでは一八〇〇円のチョコのセットが二〇〇個売れたらしく、「またやって欲しい」とも言われました。また、企画展の目的の一つには、自社商品を展示すれば企業の方たちも来てくれるかもしれないという期待もありました。企画展には地元酒類製造業者さんの営業部長さんが来てくれました。この時に「麦をもっと紹介したい」という話がありました。実はこのプロジェクトで一つの小学校が麦を栽培してくれていました。その後、農政課と地元酒類製造業者さんが協力して、「麦の学校」という事業を始め、『宇佐七麦物語』という冊子を作りました。企画展のデータや、図書館に講演に来てくれた永井郁子さんの「わかったさん」シリーズ（あかね書房）のイラストを出版社の許可を得て使い、市内の全児童生徒に配布しました。どんな麦が作られていて、どんな商品が作られ

スライド９

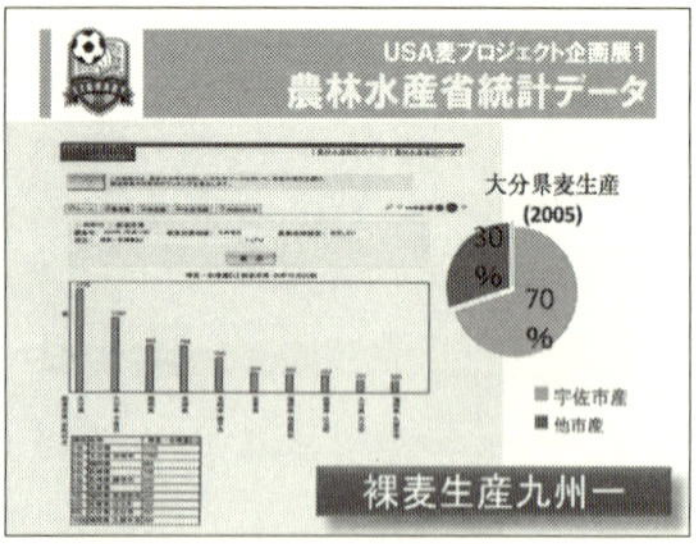

スライド11

スライド10

スライド12

ているのかを紹介しています。この事業は今も継続しており、図書館は子どもたちに麦のブックトークを行っています。「麦の学校」の取り組みは、文部科学省の図書館実践事例集（平成二六年三月）に掲載される予定です。

今やろうとしているのは、国東半島宇佐地域が世界農業遺産に登録されたことの周知です。文部科学省の委託事業を受けて、十二月十四日には、オオサンショウウオの研究をしている安心院高校の科学部と宇佐神宮の研究をしている別府大学の教授と世界農業遺産推進協議会の会長とで講座を予定しています。宇佐市に「メイドインUSA」という七〇品目のブランドができたので、ギャラリーで産品紹介もしようと考えています。

地域資源の掘り起こしの例では、宇佐はお神輿の発祥の地といわれていますが、世界初のジャングルバスは宇佐市にあるアフリカンサファリが制作したもので、デコレーションなどを宇佐市在住の方が作っていることが分かりましたので、紹介しようと思っています。また、最近の宇佐市といえば唐揚げ専門店発祥の地で

スライド13

スライド14

スライド15

スライド16

あり、「カラアゲ☆ＵＳＡ」という映画を作っています。二〇一四年秋から全国公開します。この映画のメイキング映像や資料は郷土資料となります。

　宇佐市民図書館は本格的なビジネス支援以前の段階かもしれません。しかし地域づくりに役立つ地域資源の発掘は、どんな図書館にでもできると思います。どんな図書館でもできる取り組みということで小さな図書館の取組みを紹介しました。

スライド 17

スライド 18

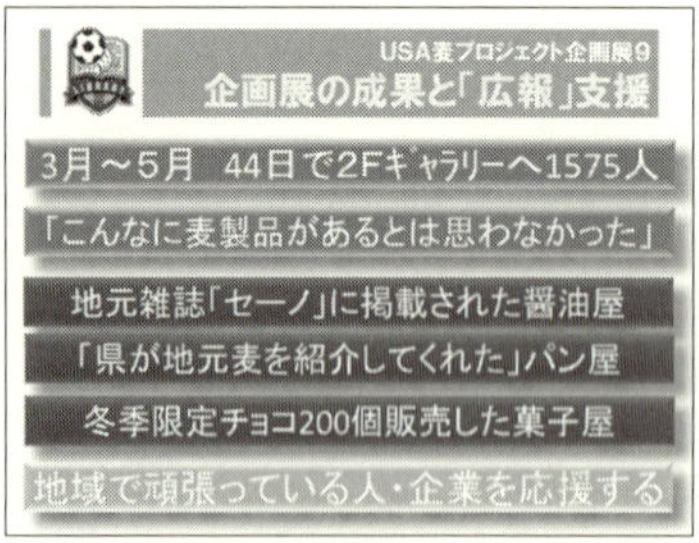

スライド 19

スライド 20

スライド 21

スライド 22

スライド 23

スライド 24

報告3：図書館政策フォーラム

『図書館はどう使えるか～明日の生きる力と図書館』の開催について（概要）

発表者：清水　勝三　氏　（宮崎県立図書館　情報提供課情報総括担当主幹）

昨年の十二月に行った図書館政策フォーラムの様子を発表して欲しいとの依頼がありました。私は選書・購入の担当なのですが、その私がなぜこのようなフォーラムを担当することになったかも含めてお話してみたいと思います。

私の部署には、実際には事業を単独で行う予算は何もついておりません。別の普及支援担当の部署が、市町村立図書館の職員の研修を担当しているのですが、その研修内容を検討している時に、こういうフォーラムをやろうという話になったのが始まりです。ただ、図書館関係者だけで行うのはもったいないということで、一般にも開放するような形で内容が固まっていきました。本を購入する担当が何故これをやるのかということですが、当館も資料費の予算の確保が厳しい状況で、（頼りない文系男子が説明しても）なかなか予算がつきません。仕方がないので、実際に図書館がどういうことをやっているのかということを知ってもらう事業を行おう、また、そのパネリストに知事に登壇していただければいいのではないかという話になりました。清家さんというベテランの司書が当課にいたこともあって、調整役を担当することになった次第です。

▲宮崎県立図書館清水勝三氏の報告

最初は、片山元総務大臣をお呼びして、慶應義塾大学の糸賀教授を招き、パネリストに知事や地域おこしに頑張っている方や女性に登壇していただいたらということで実際に調整に入ったのですが、日程調整が難しくて上手くいかず、この計画はとん挫しました。その他いくつか案はありましたが、地域に役立つということを実証するということで、宮崎でも大きな社会問題となっている自殺・自死防止の問題を取り上げ、図書館にできることにつなげていこうということになりました。基調講演とコーディネーターは慶應義塾大学の糸賀教授にお願いしました。トークセッションは、自殺防止に取り組んでいるNPOの方、精神障がいのある方の自立を応援しているNPOの方、子どもの読書活動に関わる団体の事務局長さん、ホームレスと自殺防止の活動に取り組んでいる司法書士の方に知事を加えて開催の運びとなりました。計画は何度も壁に当たりましたが、こういうことを成功させるカギは、やはりこういうことが好きで、核になれる人がいるということだと実感しました。

当日は雨で、人が集まるかどうか不安でした。図書館員が多く集まれる月曜日には日程調整の関係で開催できず、また、やはり何故図書館が自殺防止かという問いも多く寄せられていたので本当に心配しました。日程調整の難しい方々が集ってくださるこのフォーラムを是非成功させたいと、正式な広報とは別に、図書館の職員も個人的なつながりを精一杯使ってPRしました。結果として一一九名の参加があり、条件が難しいことがかえって功を奏したように思いました。当日の基調講演は糸賀先生の流れるようなお話で始まり、利用者がそれぞれに抱える課題、借金とか介護とか自殺とかそういう問題に図書館がどうアプローチできるのかをわかりやすくお話しいただきました。二部のトークセッションでは、それぞれの方の絡みがどうかと心配していたのですが、糸賀先生のすばらしいコーディネートでうまくテーマに絡めた進行となったと思います。日ごろのパネリストの皆さん個々の活動は関連していないと思われるのですが、この場で五人が集まってお話しいただくと関連する部分が多くあることがわかった点は、私にも驚きでした。終了後に会場で参加者に伺ってみたところ、「図書館がこういうことをすることはとても不思議に思ったけど、今日のフォーラムに参加してよくわかった」とか「様々な立場の方が一堂に集まってお話が聞けて大変勉強になった」というような声が寄せられました。また、「本の貸し借りだけじゃなく、図書館にはいろんな情報があるということが分かった」、「基調講演もトークセッションも大変勉強になった」というような声を多数お聞きして、本当にやって良かったと思いました。この時の縁で、自殺者の家族のサポートをしている方の会を定期的に図書館で開催することになりました。図書館の敷居の低さが生きた事例であり、小さなことですが、当館にとっては地道な一歩になったと思います。

今回のフォーラムを計画、開催してみての課題ですが、まず、図書館がいろんな機能や人脈を持っているということがまだ県民には十分届いていないのではないかということです。図書館側は十分にやっているつもりですが、聞いてみると今日初めて来たという方もたくさんおられました。今後もPRをずっとやっていかなければならないと実感しました。

また、本当に情報を必要としている人に届いたかどうかがわからない、という点も課題となると思います。フォーラムをやって終わりということではいけない、今後どういう活動につなげていくのかということが今の私たちの宿題と考えています。身内の教育委員会の職員に対して理解を促す活動も大切で、図書館の機能や情報が使えるということが本当に県民に分かってもらえれば、図書館の予算が減らされたら困るということにつながると思うのですが、ここがまだ結びついていかない点が悩みです。利用者の要望に応えるためには、図書館職員の資質の向上も必要です。ところで、当初のねらいの一つであった予算確保の点ですが、知事に出席していただいたイベントということを成果として予算要求に向かったのですが、財政サイドの壁は厚く、この点ではうまくいきませんでした。今年もまた、頑張りたいと思います。

報告4：大都市・大阪で『地域創造図書館』を目指す（概要）

発表者：戸倉　信昭　氏（大阪市立中央図書館　地域サービス担当係長）

何かにつけて話題にのぼることの多い大阪。図書館としてもまだまだできてないことが多く、自分としては退路を断つつもりで報告します。

二〇〇六年、前の前の市長の時の市政改革で求められたのは、スリム化・民間の活用ということでした。図書館も例外ではなく、一五三人いた専門職の司書のうち四三人が削減となりました。現業職員はほぼ全廃、その人件費を原資にして定型業務を一部委託化し、あわせて祝日開館、開館時間の延長等のサービス拡充を行いました。新たな定員を超える人数部分（過員と呼ばれた）は異動することとなり、自分も本庁の指導部初等教育担当というところで四年間働きました。私の業務は「学力向上」で、学校図書館の活性化から全国学力調査の集計・分析まで幅広いものでした。この四年間で私は、本庁の職員や学校の先生方に図書館の機能がまだまだ知られていない、ということを実感しました。図書館職員としては不徳のいたすところ。私も含めて司書は、行った先の職場で図書館のことを広める、一方で図書館に帰った時のために、市全体の仕事の流れや予算のことを身につけ、人脈も作って図書館をパワーアップさせるぞ、と思ったものです。

▲大阪市立中央図書館戸倉信昭氏の報告

平成一九（二〇〇七）年度から四年間、大阪市立図書館は「知識創造型図書館改革プロジェクト」を行いました。それまでも、課題解決型の図書館ということを折々に織り込んできましたが、その集大成として、いつでもどこでも誰もが課題解決に資する情報にアクセスが可能であるということを、レファレンスから児童サービスまであらゆる場面で図書館としてやっていくのだというミッションを全て書き込みました。大阪市の人口は都心回帰で増えており、図書館サービスが充実した地域から流入してくる方もある中で、どういう図書館にしていくか。得てして総花的になりがちで、やることも山積、ニーズも山積、そういうことに汲々としていた面もありました（「今も」ですが）。ただやはり、ミッションと成果を結び付けるという意味で、何をやりますということを宣言して、何ができましたということをいろいろな形で示していくことは重要だと思います。「どういう課題設定」をして、「どういうアウトプット」が、「どんな形」であったのかということを評価し公表する。これは、本庁に対してアピールにもなりますし、いろいろなところに営業をかけるときでも、こういうところでこういう連携ができるという意思表示の資料にもなります。

振り返ってみると、特徴的なサービス展開は主に「中央図書館」という舞台で行っていたように思います。例えばビジネス支援であれば、一九九六年の新装オープン時には既にビジネス書コーナーを作ったし、大阪商工会議所などとの連携でチラシのコーナーを設けています。ビジネスマンや起業を考えている方を対象とした講座「元気塾」をこの数年やってきており、非常に好評です。医療に関しても、闘病記の展示をした後にそのリストを手直ししながらＷＥＢで公開しています。また、「調べかたガイド」というジャンルごとのパスファインダーを三〇種類作っています。大きいというスケールメリットや職員配置数を生かして、中央図書館では何とか形になってきた、これを、地域図書館も含めた図書館全体のストーリーとしてどう流していくか、というのが今後の課題だと考えています。

いま、二四の行政区がそれぞれに特色を出すことが求められています。公募で選ばれた区長が図書館を良くしたいと言い出すことは十分に予想される状況です。地域図書館をどうやって売っていくのかということを考えていかなければなりません。改革のキャッチコピーの中に「ニアイズベター」という言葉があります。そういう問題意識の中で昨年から取り組んでいるのが「地域創造図書館」です。レジュメに「小さな図書館をいかに根付かせるか」と書きましたが、市民にも職員にも、地域図書館は「小さい」というイメージが最初にあります。ここは職員の意識改革が必要なところです。館は小さいけど、そこから繋がっている世界は広い、というイメージを根付かせないといけません。中央図書館も含めた市全体二八〇万冊の図書、二七種類の商用データベース、電子書籍……、こういう条件を生かせば図書館の規模にとらわれないサービスが展開できるはずです。このことをどう利用者に気づいてもらうかが大きな課題です。

具体的な着目例として、社会人への就労支援を紹介します。「しごと支援コーナー」を、平成二二（二〇一〇）年度の「住民生活に光をそそぐ交付金」を使って全館で整備しました。また、資料の旬や書き込み式がネックでなかなかそろえにくい資格試験用の図書については、電子書籍で買いたいので充実させてほしいとベンダーに働きかけています。余談ですが、ビックイシューの発行元が、「路上生活者脱出ガイド」という無料のパンフレットを作ったので図書館で配ってほしいと持ってこられたとき、あとから、図書館で手にしたパンフレットを見て生活相談に来たという方がいましたよ、というううれしい話も聞こえてきています。大阪の景気の冷え込みは計り知れないものがあり、行政も冷たい感じですが、何とかそこで図書館が踏ん張っていけないかと考えています。

最後に「何かあったら図書館へ」もいいけれど、「何もなくても図書館へ」ということも大切かと思います。たまたま来た場所が図書館であっても、図書館はこういう場所だったのかという、リピーターになってもらうような工夫が必要。最近では企業とタイアップして「図書コン」というのをやりました。街コンの発展形で、図書館近くでバルイベントをやったあと、好きな本を肴に語り合う、というもの。また、図書館オリジナル企画では、二回目の「書評漫才グランプリ」がちょうど明日開催。昨年は七組、今年は十四組の参加があります。図書館にきて、図書館がこういう場所だったのかという気が付いてもらうことを、大阪ではできることをできるだけやっている、という段階です。

リレートーク

（コーディネーター、以下（齋藤））皆さんの発表から共通することが二点あると思います。
①とりあえずやってみる。予算不足・人手不足でも踏み出せる。
②自分が一歩進んでいくことで周りが理解し、協力してくれる。
事業実施後、図書館に対する館内外の理解は高まりましたか？

（島津）事例の事業は市長へのプレゼンが前提だったので、すでに理解は得られていました。

（齋藤）施策としておもしろいと思ってもらえれば、図書館を使ってもらえる。今日の事例は真似する価値があります。図書館の役割に気づいた幹部職員が輩出されたことで、予算確保や次ステージへの状況に変化はありましたか？

（清水）口蹄疫被害で本県の負担は大きく、資料費予算確保にはつながりませんでした。費用対効果を見せることが難しいです。

（齋藤）教育委員会は予算要求が下手ですね。企業やＮＰＯ等と連携していくことで外から図書館が守られる状況をつくることも必要ではないでしょうか。

○感想・質疑応答
（会場）現実で物事を変えていくことはどんな仕事でも大切だと感じました。

（会場）司書講習のカリキュラムは、現在の業務の役に立っていますか？　↓　役に立ったとの反応なし。

（会場）日本図書館協会の研修は役に立っていますか？

（齋藤）パネリストは挙手をしてください。　↓　挙手ゼロ
（戸倉）資格がなくても〝発想〟を持っている人が図書館内で力を発揮しています。司書講習で学んだことだけが実際に大きく影響するわけではないと思います。また、研修については東京近辺の研修が多く、地方は参加が難しく恵まれてい

ないと感じます。検討して欲しいです。

（清水）自分は司書ではありません。十分やっているつもりですが、司書がレファレンス対応していると、利用者の安心度が違うように感じます。

（島津）現在児童サービス担当ですが、講習では児童サービスの単位は取得していません（選択制だったため）。講習で学んだことよりも、関係ないものを結びつける力が必要で、それはブックトークで学びました。

（齋藤）司書講習では、図書館に対する新しいニーズにあう事柄（例えば連携の仕方など）は学べてはいないと思います。

（会場）今後求められる司書とは？

（齋藤）本を好きな人は当たり前。さらに人とのつながりがうまくできる人が必要ではないでしょうか。必要なものを引き出して結びつけようとする人が必要です。それをおもしろいと思う人が必要です。事業実施には人間対人間で考え動ける人が大切です。そのような人材を養成して欲しいです。

（会場）パネリストから挙手がなかったのは残念。意欲が減ったが、貸出しだけに頑張るのではなく、今後の図書館の可能性に気づいたので、その役割を発揮できるよう頑張りたいと思います。

（会場）私は「図書館経営論」が役に立っていると思っています。

（戸倉）図書館経営論から経営論を学ぶのではなく、企業経営論など常に様々な事柄から学んでいくことが必要です。私は司書に要求される資質は「ハプニングに強い」ということだと思います。学生時代は司書になるための事柄だけを学ぼうと思っていない方がよいと思います。

（齋藤）図書館の可能性について二点指摘しておきたいと思います。
①図書館は何にでも対応できる。情報につなぐプロがいる。
②図書館は、様々な人たちを結びつけることで、大きな効果を上げていくことができる。実際に取り組めている図書館

▲第二部の全体風景

はまだ少ないです。広げていくためにはまず一歩目を踏み込むこと。一歩踏み込めば、まわりを巻き込むことができると思います。

第三部 『Jリーグ』のクラブチームとの連携を進める図書館海援隊サッカー部の活動

1．基調報告：『クラブチーム×図書館』連携の回顧と展望

報告者：天野 奈緒也 氏 （愛媛県立図書館主任 司書）

［祖父江］皆さまこんにちは。それではいよいよ、最後のプログラムとなりました。どうぞ最後までお付き合いください。恐らく図書館海援隊サッカー部第一部、第二部に負けない、楽しい内容をお送りすることができると思いますので、ってハードルを上げました。ひとつお断りしておきますが、大宮アルディージャではありません。思い起こせば一年前、入れ替え戦の結果、奇蹟の残留を果たし、今日十一月二三日にめでたくJ1在籍十年を迎えたアルビレックス新潟のふるさと、新潟市からまいりました、新潟市立中央図書館の祖父江と申します。第三部の司会を務めさせていただきます。どうぞよろしくお願いいたします。それでは始めに、図書館海援隊サッカー部を代表しまして、愛媛県立図書館の天野奈緒也が基調報告を行います。よろしくお願いいたします。

▲天野奈緒也氏の基調報告

［天野］ただ今ご紹介にあずかりました、愛媛県立図書館の天野と申します、よろしくお願いいします。オレンジ色ですが、大宮アルディージャではありません。愛媛FCです。よろしくお願いいします。基調報告としまして、『クラブチームと図書館、連携の回顧と展望』というタイトルでお話させていただきます。

最初に、図書館海援隊サッカー部の歩みということで、スライドが飲み会の写真

ばかりですが、こんな感じで楽しくやってますので、第一部第二部の雰囲気とは打って変わって、皆さんも肩の力を抜いて、お聴きください。図書館とサッカークラブの連携ということは、最近ではわりと普通のこととなりつつあるのですが、図書館海援隊サッカー部以前の事例としましては、仙台やさいたまで、クラブチームの展示が行われたり、浦和、清水、磐田、平塚とか、それぞれJリーグのクラブがある図書館にサッカーの本を集めたサッカーコーナーができたりという事例などがあります。

特に、今回九州なので言及しておきたいのですが、二〇〇七年に当時JFLでロッソ熊本と名乗っていた現在のロアッソ熊本と熊本県立図書館さんがお話会をやっていました。これは連携の非常に早い事例として注目されます。このように連携の事例は散見されていたのですが、本格的に連携が始まり出したのは二〇〇九年から二〇一〇年にかけてのことです。簡単に大きく三つの新しい動きをご説明します。

一つ目は、神奈川県川崎市の『川崎フロンターレと本を読もう』事業です。これは自治体がクラブチームと連携して本格的に事業化されたもっとも早い事例と思われます。

二つ目が、交換展示の新たな展開。この交換展示というのは、地域の離れた図書館どうしがお互いの地域について、文化や観光情報を本やパンフレットを使って紹介しあうという取り組みで、二〇〇八年ごろから盛んになってきていたのですが、それが同じクラブチームがあるホームタウン同士という切り口で行われ始めたのが、二〇〇九年から二〇一〇年ごろにかけてのことです。

三つ目が、常設コーナーの開設で、茨城県の潮来市、愛媛県、さいたま市の大宮で次々と開設されたのですが、先ほど紹介したサッカーコーナーと違うところは、サッカーの本を集めるのではなくて、クラブチームの出版物であるとか、クラブチームに関する資料を集めるという、資料のアーカイブを重視しているところです。この点についてはまた詳しく説明します。

こうした各地の取り組みが、ビジネス支援図書館推進協議会のメーリングリストで紹介され、各地で図書館とクラブチームの連携の手ごたえと、地域活性化への可能性を感じたメンバーが集まって、本格的に研究しようと、Jリーグと図書館の連携研究会を結成しました。最初に行ったことは、各地の事例の調査です。その成果をもって、連携を広げるためにどうしようかというところに、図書館海援隊の隊長である神代浩さんとの最初の出会いがありました。その神代隊長の心強いご協力の下、文部科学省とJリーグに説明を行い、ご協力を得て、二〇一〇年十月、『図書館からスタジアムに行こう！スタジアムから図書館に行こう！全国キャンペーン』を実施することになりました。このキャンペーンは、最終的に地域の活性化を目指して行われたものでして、呼びかけに当たっては、ビジネスライブラリアン講習会の修了生、あるいはデジタルライブラリアン講習会の修了生のネットワークを通じて行いました。今回両方の講習会の立ち上げに大きく関わられた、ビジネス支援図書館推進協議会の竹内先生、紀伊國屋の岡崎さんもいらっしゃいますが、この二つの講習会がなかったら、サッカー部は無かったと言っても過言ではないと思います。結果的に、全国十六のクラブチームと七二の図書館が参加して、その成果については現在も文部科学省のホームページでも紹介されています。ちょうど二〇一〇年がワールドカップの開催年、それから国民読書年という二つのメモリアル・イヤーであることが、キャンペーン実施の大きなきっかけとしてありました。

さて、このキャンペーンに参加した図書館も、われわれの研究会に加わっていただき、結構組織が大きくなってきて、この次どうするかということを考えた時に、研究会では名前が堅いのではないかというご意見を神代さんから頂きました。そこで神代さんから提案があった名称が『図書館海援隊サッカー部』です。神代さんからのメールを一部無断で抜粋したのですが、午前中に神代さんは「ＡＫＢ」に例えていましたが、当時は「モーニング娘。」だったのですね。図書館海援隊本体に参加しない図書館でもサッカー部に参加できるということを「モーニング娘。」で説明されているのですが、当時の私としては正直微妙だと思いました（笑）。

こうして二〇一一年二月に晴れて『図書館海援隊サッカー部』として再スタートすることになりました。そのミッションは、先ほどのキャンペーンからずっと掲げている通り、地域の活性化が一番目指すところです。実際に取り組んでいる内容はまず、連携事業の支援として、メーリングリストを運用して情報交換や意見交換を盛んに行っています。また、新しく始めようとする図書館であるとかクラブチーム、あるいは行政に対して、私たちが持っているノウハウの提供も行っています。

次に、連携事業の情報発信として、フェイスブックページ、既に『いいね！』をしていただいている方もいらっしゃるかもしれませんが、『図書館海援隊サッカー部』で検索していただくと、ヒットするフェイスブックページ、あとはツイッターで情報を発信しています。ぜひ皆さんもご覧になってください。

また、いろんなイベントで取り組みの成果の報告をしています。一番大きなトピックスとしては、ちょうど一年くらい前に横浜で行われた第十四回図書館総合展で行われたフォーラムです。この時は錚々たるメンバーをお迎えしまして、総勢一三〇名超の方のご参集をいただきました。この時の報告は、ビジネス支援図書館推進協議会のホームページに載っていますので、是非ご覧ください。スポーツ・ジャーナリストの中西哲生さんからは「チームのアーカイブを図書館がやってくれることは非常にありがたい」、Jリーグ理事の傍士銑太さんからは「もはやJリーグと図書館は一体になったのではないか」、川崎フロンターレの天野春果部長からは「図書館とJリーグが協働して事業を行えるのは、どちらも地域の人たちが使うということで、特性が似ているからではないか」というお言葉をいただきました。

現在の図書館海援隊サッカー部は、明確にどこまでがメンバーかというのは実は決まっていないのですが、ひとつの目安としてメーリングリストの登録五三名、昨日チェックしたら一人増えて五四名になりましたが、連携実績のあるJリーグクラブは三六クラブ、去年のフォーラムの時点では三三クラブだったのですが、名古屋グランパス、セレッソ大阪、カターレ富山でも連携が始まりました。残る四つのクラブの名前を書いてありますが、これはクラブの側だけに問題があるわけではなくて、受け入れる側の図書館もなかなか反応が鈍いというところもあって、まだこれだけ残っています。もしこの関係地域にお知り合いのいらっしゃる方は、声を掛けていただけるとありがたいです。今では、図書館海援隊サッカー部のメンバー以外でも連携がどんどん広がっています。例えば金沢市や横須賀市などでも連携が広がっています。図書館海援隊サッカー部と名乗っているので、どうしてもサッカーが中心になってしまうのですが、サッカー以外の競技種目、たとえば野球とかバスケ、バレーボール、アメフト、さらには駅伝に至るまで、さまざまな協議に連携は広がっています。

冒頭の飲み会の写真を見てもお分かりではないかと思うのですが、楽しみながら熱く盛り上がっているのが図書館海援隊サッカー部の特徴だと思います。何で熱いのかというのを分析してみると、まずメンバー間にゆるいライバル関係が築かれているからではないかと思うのです。先ほど紹介したメーリングリストでは、アイデア合戦の様相を呈しています。この図書館がこういう事例を報告したから、じゃあそこがやってないことをやってやろうとか、いいものはどんどん真似て、真似るだけじゃなくって＋αして、自分のところでしかできないことをやってやろうとか。常に他を出し抜いてやろうという野心が渦巻くメーリングリストになっています。

もうひとつは、サッカークラブそのものに対するシンパシーがあるのではないかと思います。サッカークラブは、単に勝利を追求するだけではなく、地域の活性化を目指している存在です。それは『これからの図書館像』に描かれているように地域を支える情報拠点として、地域の活性化を目指す図書館と全く同じ方向性で、ここにシンパシーを感じているのではないかと思います。

以上が、これまでの振り返りなのですが、ここからはこの後のパネルディスカッションにつなげるために、大きく三つの論点をお示ししたいと思います。まずこれまで図書館海援隊サッカー部が取り組んできた成果として二つお示しします。

一つ目が『クラブの歴史をアーカイブする』ということ。クラブの歴史を地域の図書館にアーカイブすることの意義について論じたいと思います。具体的にはクラブの常設コーナーの設置。これは先ほど説明したのですが、クラブが刊行した出版物、例えばイヤーブックのように出版流通しているものもあれば、試合の見どころやイベント情報が載っていて試合ごとに配られるマッチデー・プログラム。そういったものも棄てずにファイリングして図書館の資料として残していくということもやっています。さらには、クラブについてとかクラブに所属する選手について書かれた雑誌記事なども網羅的に収集しています。九州では福岡市総合図書館、長崎市立図書館などで行われています。また、歴史を伝える企画展示としては、サガン鳥栖がＪ１昇格した時の展示が佐賀県内のいくつかの図書館で行われました。ここ福岡でも福岡市総合図書館ではアビスパ福岡と連携して常設コーナーを設けたり、企画展示『歴代ユニフォーム展』を実施したりしています。

このような取組の意義をまとめます。一つ目は、クラブの出版物をアーカイブしたり歴史を紹介したりできているサッカークラブは、実はそんなに多くないです。例えば、鹿島アントラーズは自分のところのスタジアムにカシマサッカーミュージアムというのを作っているのですが、そういったところはなかなかないですね。あとは大宮アルディージャや大分トリニータはグッズショップの一角にトロフィーを展示したり、クラブの歴史を紹介するようなコーナーを設けたりしているのですが、わが愛媛ＦＣを始め、そこまで手を出せるところというのは非常に少ない。だからこそ図書館がこのような取組を行うことで、クラブの歴史をどのように残して伝えていくかという課題を解決する支援ができるのです。二つ目が、クラブの資料を図書館が受け入れることの意義ということで、クラブ自身が出版する出版物だけじゃなくて、クラブについて書かれた周辺の資料であるとか、それを取り巻くサポーターグループが出している刊行物なんかですが、そういったものを集めることで、さらに地域資料として受け入れることで、他の図書館資料と併せて、そのクラブの存在というのを多角的にとらえることができると思います。もう少し具体的に言うと、この他の図書館資料というのは例えば、新聞記事であるとか、その自治体の議会議事録などです。行政がそのクラブに対してお金を出しているケースがありますが、その是非に関する議論、あるいは、スタジアムを建てる時の議論なども、そういった議会議事録には当然出てきます。行政の広報誌にも登場することがあります。そういったものとクラブが刊行するものと併せて見ることで、その地域の中でのクラブの姿というのを浮き彫りにすることができるのではないでしょうか。まず一点目、こうしたクラブの歴史を地域の図書館でアーカイブすることの意義について議論をしたいと思います。

二点目ですが、まず図書館海援隊サッカー部が結成当初から掲げているミッションである地域活性化への貢献です。図書館の利用者に対して連携するサッカークラブのＰＲを行う。逆にクラブのサポーターの皆さん、お客さんに対して、選手のオススメの本の紹介であるとか、選手の読み聞かせを図書館で行う、あるいはスタジアムに図書館が出張しておはなし会を行ったり、本の貸し出しを行ったりして図書館のＰＲを行うということをしています。最近の取り組みの中で一番びっくりしたのが、長崎市立図書館がＶ・ファーレン長崎の新体制発表会の会場になっているんですね。これはＶ・ファーレン長崎のファン・サポーターの方も注目するし、図書館のお客さんもＶ・ファーレン長崎が図書館にやってくるというインパクトがあります。

次に、地域情報の発信ということで、先ほど紹介した交換展示ですね。昨年図書館総合展のフォーラムですごいプレゼンを行った図書館海援隊サッカー部が誇るフォワードの宇佐市民図書館は、スタジアムで物産品の抽選会を行って、大変盛り上がったそうです。また愛媛ＦＣ熱烈サポーターの一平君という、サッカーのサポーターにはカルトな人気を誇るキャラクターがいるのですが、これを使って各地の図書館がその地域の観光地や名産品を紹介しています。草津の湯畑の前で撮った写真であるとか、塩尻の奈良井宿で撮った写真、塩尻産のワインを持って涙を流して喜んだり上山城を見上げる一平君、すごくインパクトがある写真が並んでいますが、この湯畑で撮った写真は『J's GOAL』というサッカーファンサイトのアクセスの上位三位くらいに食い込みました。これはなかなか図書館発の地域の情報発信としては、すごい効果があったのではないかと思います。こうした地域活性化の取り組みの成果として、お互いが図書館に取ってもクラブに取っても連携パートナーとして欠かせない存在になってきているのではないか、その一例として埼玉の図書館では大宮の図書館が大宮アルディージャとの連携の中心だったのですが、今年からはそれ以外の地域館も連携を行うように広がっているということを聞いています。もうひとつは、地域の中での図書館へのニーズが高まるということで、新潟市ではスタジアムに出張したことをきっかけに、そのほかの新潟市の主催イベントであるとか、街づくりのイベントに図書館に声が掛かるようにもなったそうです。三つ目が、連携によってなかなか他に出てこないような媒体、例えば交換展示で行った先の地元メディアであるとか、サッカーメディアに図書館の名前が登場する、逆に図書館の関係の雑誌にサッカークラブの名前が出るという効果もあります。また、相乗効果でフェイスブックやツイッターなどでよく話題にもされております。

論点の三つ目としましては、今後の展望ということで、サポーターの課題解決をいかに支援するかということを考えたいと思います。サッカーのファン・サポーターって、皆さんどういうイメージを持っていますか？　私は、最初全く知らない時には、何か裸で踊って歌って飛び跳ねてる連中、しかも時々発煙筒を投げたりとかする危ない人たちかなとか思っていました。でもサポーターの人たちのミーティングにもちょっと顔を出したりするようになって、サポーターというのは、クラブから言われるのではなくて、自分たちで考えて自主的に行動する人たちであり、クラブを愛してさらに地域を愛する人たちであるということがわかりました。こういう人たちの力が最も発揮されたのが、先の東日本大震災の復興支援活動です。この時には、「サッカーファミリー」「サッカーのチカラ」を合言葉にして、日本中だけでなく世界中に支援の輪がどんどん広がって行きました。具体的にスタジアムで被災地の物産を販売したり、募金活動を行ったり、あるいはアウェイ観戦のついでに被災地に赴いてボランティア活動を行うというような活動を、現在も行っています。本当に、こういう人たちが地域にいるんだということを、連携を始めるまで知らなかったので、こういう素晴らしい人たちに何かできないだろうかということを考えた時に、実はもう既に取り組んでいる図書館がありました。山形の上山市立図書館なのですが、ここでは企画そのものが課題解決支援企画と名乗っていまして、初めてスタジアムに行く人のために、クラブやスタジアム、応援の仕方を学ぶ講座を実施したり、あるいはサッカースタジアムについて学ぶシンポジウムを行ったり、いろんな活動をしています。特に面白かったのは、講座をきっかけにそれまで無かったサポーターグループが組織されるようになったことで、これは図書館が住民同士の繋がりを創出するきっかけになった、非常に面白い取り組みだなと思いました。

では、今後図書館がサポーターの皆さんに対してどういうことができるのかを考えた時に、例えばサポーターの取り組みを図書館で紹介することで、これまで知らなかった人たちへ紹介して、また参加する人を増やしていくということができるでしょうし、またサポーターの人たちが抱えている課題に対して、例えば集客のアイデア何かないかという時に、他の地域で成功を収めた事例の新聞記事を提供するであるとか、あるいは何かイベントを考える時に地域の歴史に絡んだ情報、郷土資料を提供するということが考えられます。この辺については、また何ができるかということを、パネルディスカッションでお話できればと思います。サッカークラブの存在というのは、社会関係資本、簡単にいうと社会や地域における人々の信頼関係や結び付きといったところなのですが、そういったものを創り出す存在です。去年の図書館総合展のフォーラムでも話したことですが、クラブに関わる人、またクラブを支える人を地域でどんどん増やしていくことがクラブの評価につながって、最終的に地域の活性化につながっていき、それを実現できたクラブが順位も上がる、言うなれば地域の総力戦になっていくのではないか、では図書館もそこに加わってはどうか、ということを考えます。この辺を議論できればなと思っています。最後に、「課題解決支援はサポーターに響くのではないか」ということで、私がずっとお世話になっている愛媛ＦＣのコアなサポーターの方が、図書館海援隊の取り組みについて知った時のコメントを紹介します。「図書館とサッカーのコラボよりも、図書館が貧困・困窮支援の取り組んでいることの方が私にとっては驚きでした」。その方は仕事で福祉の仕事をされているのですが、クラブのために動いているサポーターの方は、地域についても生活についても高い問題意識、課題解決意識を持っている方が多いように感じます。だから、サッカーを入り口に図書館の課題解決支援の取り組みというのをどんどんアピールできる可能性があるのではないかと思います。

　ということで、最初は微妙だなと思った「図書館海援隊サッカー部」というネーミングなのですが、絶妙なネーミングだなと思いました。神代さんありがとうございます。パネルディスカッションの方でまた議論を深めていければなと思います。ご清聴ありがとうございました。

2. 活動報告：九州Jリーグホームタウン連携会議の活動報告

報告者：佐藤　全　氏　（北九州市役所　広報室）

現在北九州市の広報室でフィルムコミッション図書館担当している佐藤全です。それまでは五年ほどスポーツ振興課でギラヴァンツ北九州がJリーグに上がるところから関わっていました。上がる前二年、上がって三年、そんな縁で来ました。北九州フィルム・コミッションはこれまで二五年活動していて、「ジンクス」「オリンピックの身代金」など一六一本のドラマ・映画に関わってきました。四月に上映した「図書館戦争」は美術館と中央図書館をメインのロケ地になっています。休みの日があるので撮影には二週間掛かり、夜中を中心に撮影しました。撮影後は展示も行い、十一月はDVD発売もあって同じ展示をしています。映画の小物、衣装など。図書館でギラヴァンツ北九州のコーナーも作っています。

▲佐藤全氏の活動報告

九州Jリーグホームタウン連携会議は、Jリーグに上がった三年前に鳥栖市から声が掛かり、在籍する六つのクラブで何かできないかということで、考えて、同士対決は行き来しやすいので、盛り上げて客を呼び込もうと自治体担当者が考えて作り上げました。基本的に予算もお互いの旅費くらいしかなく、二ヶ月から三ヶ月に一回持ち回りで会議し、好い情報は真似る、より好いものにしてやる、ということで都合四年目になりました。まだまだ客は増えてないながらも地道に取り組んでいるので、図書館関係者にも協力してもらいたいです。立ち上げの時はマスコットも来て、マスコミも来てにぎやかでした。新聞にも載りました。Jリーグの試合は土日開催、役所は土日休みで、情報を得るには観光情報センターになります。図書館は土日もやっていて役所に近いところに建っていることも多いので、情報発信スペースには有意義、地域のための図書館という側面と、観光、遠方からの人のためへの情報発信だと思っています。私もよくアウェイでは図書館が気になってのぞいてみたりしています。それぞれの個性や味わい、その土地の空気が分かります。旅行に行ったら、図書館を見ていただくのもその土地を知る上で好いかもしれないと思っています。

スライド１

スライド３

スライド２

スライド４

スライド5

スライド6

スライド7

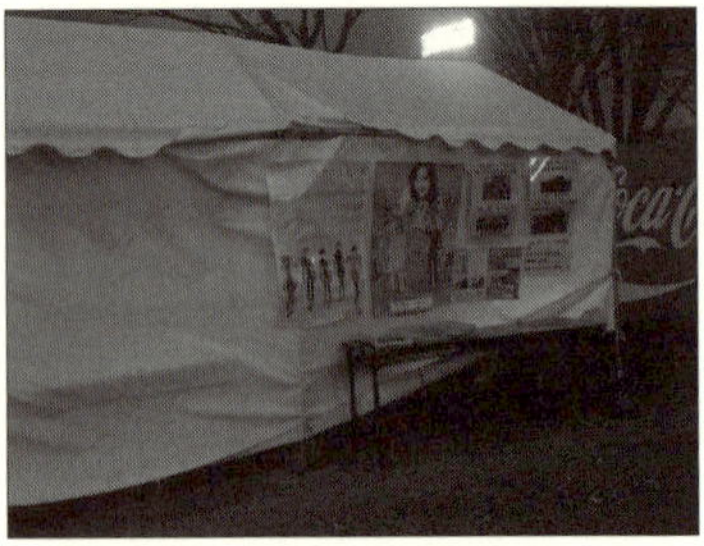

スライド8

スライド9

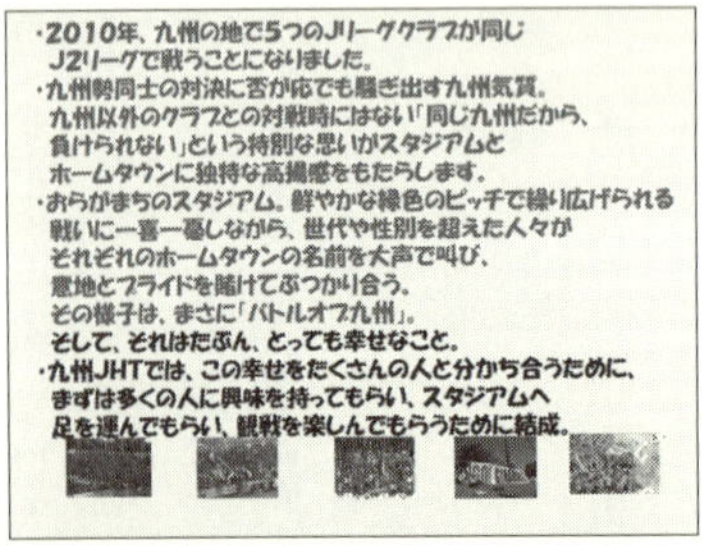

スライド10

スライド11

スライド12

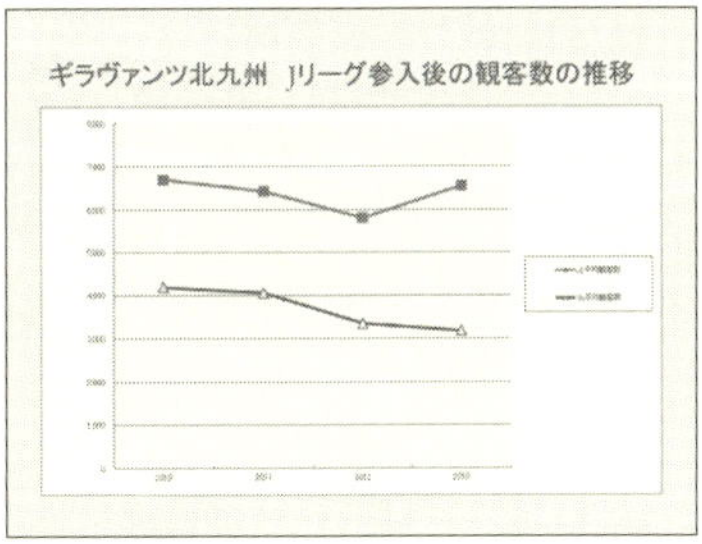

スライド 17

スライド 13

スライド 14

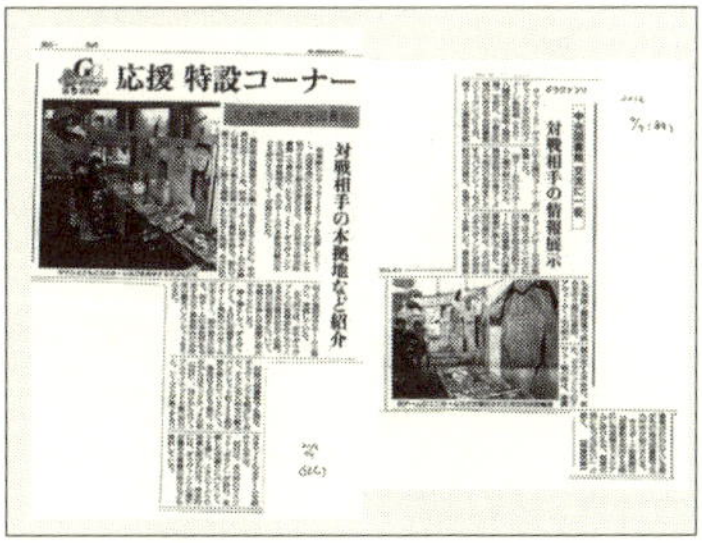
応援 特設コーナー

対戦相手の本拠地など紹介

対戦相手の情報展示

スライド 15

スライド 16

3. パネルディスカッション

コーディネーター　南　博　氏（北九州市立大学　准教授）
パネリスト　川端　暁彦　氏（フリージャーナリスト／元・サッカー専門新聞エルゴラッソ編集長）
竹中　嘉久　氏（愛知工業大学　准教授／元・川崎フロンターレ　サッカー事業部長）
堀　行徳　氏（菊陽町教育委員会　生涯学習課課長）
天野奈緒也氏（再）

［祖父江］それではパネルディスカッションを始めたいと思います。これよりの進行はコーディネーターであります北九州市立大学の南博先生にお渡しいたします。よろしくお願いいたします。

［南］それでは始めます。先ほどの基調報告で天野さんから三点、論点を示していただきました。一つ目はクラブの歴史をアーカイブする、二つ目は地域活性化への貢献、これら二つはこれまでの取り組みです。それから三つ目は今後の課題として、サポーターの課題解決を支援。このパネルディスカッションでは、これらの中身について深めていく議論をしたいと思います。まずパネリストの皆さんに自己紹介をお願いします。

［川端］フリーランスのジャーナリストです。八月まではサッカー専門新聞のエル・ゴラッソで編集長をしていました。その中で図書館海援隊サッカー部の活動を知りまして、鳥取に「変態図書館員」がいると聞きまして、ちょっと取材をさせていただきました。それまでは図書館海援隊サッカー部のことは知らなくて、フォローしていたらこういう話をいただ

きました。

［竹中］　こんにちは、二〇一〇年までは川崎フロンターレに勤めていました。昨年（図書館総合展フォーラムに）出席していた天野（春果、川崎フロンターレプロモーション部長）の上司で、猛獣でした。私の好きな色は水色で嫌いな色はオレンジです。祖父江さんの新潟には大変大変お世話になりました。ありがとうございました。

［堀］　現在は熊本県菊陽町の生涯学習課長をしております堀と申します。日本サッカー協会登録選手の一人です。二〇一〇年四月一日より二〇一三年三月三一日まで菊陽町図書館の館長をしていました。日本サッカー協会登録選手の一人です。熊本市がホームタウンで、菊陽町図書館はホームタウンではありませんが、図書館からうまかな・よかなスタジアムまで五〜六kmと近くにあります。館長としては専門職ではないのでお客様目線でしか見れませんが、働きやすい環境作り、意識改革をしました。ヴィジョン作りをする中で地域に根差すというJとのコラボの起点がありました。特にやったのは、変わる・変えるということです。それは、真の温故知新。相手目線で物事を考えること。取組の一部はホール外に掲示しています。取組内容は常設展示、企画展示、交換展示などです。鳥取県立図書館ともやりました。二〇一〇年十月には図書館海援隊サッカー部に加入しました。今年のイベントで『女性だけのロアッソ観戦講座初心者編』をやりました。

［天野］　愛媛県立の天野です。

［南］　ありがとうございました。私は普段は地域社会や地域経済の活性化に向けて都市政策がどうあるべきかということを研究しています。公職として北九州市スポーツ推進審議会だとか、いくつかの自治体の行政評価、市民参画の審議会などに参加しています。その中で当時ニューウェーブ北九州というサッカークラブがJFLに上がり街の活性化に重要な役を果たすのではないかということで、二〇〇八年からJリーグやスポーツを活かしたまちづくりに関する研究もしています。新スタジアム建設の検討や観戦者の調査にも関わっていて、北九州市立中央図書館のギラヴァンツ北九州関連展示の手伝いもしており、来館者に興味を持っていただけるよう、試合日程告知をイラスト入りのポスターで展示しています。

イラストはサポーターの「まいく・ラガ」氏に描いてもらっていて、今年は菊陽町図書館とも交換展示しました。

では、論点ごとに話を進めます。一点目はクラブの歴史をアーカイブするということについて。それぞれの立場からの考えを聴かせてください。まずは堀さんからお願いします。

[堀] 基本的には皆さんが図書館業務としてやっていることをやっているだけです。どこでもやれると思います。チームの発行物、新聞記事を集めてコーナーを作っています。常設コーナーでは（今はロアッソ熊本といっていますが、JFL時代はロッソ熊本）、私物を公的に展示しています。僕のコレクションです。職員作成で監督選手コーチ、試合日程のカレンダーを顔入りで作成しています。町内に住んでいる選手がいてスタジアムも近いので、地域資料のひとつとして置いています。特別な部分としては、応援メッセージも集めています。取り組みをするだけならクラブの許可がいらないところでできます。気軽な気持ちで（動機は不純でもいい。）始めて、後は本来業務として続けていくだけだと考えています。

[南] ありがとうございます。続いて、クラブにいた立場から竹中さんに、アーカイブについてお願いします。

[竹中] フロンターレに十年いて辞めて三年です。歴史資料、アーカイブは基本的に継続して作っていくものだと思います。クラブの事情からは、担当者が代わったりした時、引継ぎが出来ていないと途切れてしまいます。図書館の担当も人事異動で二～三年に一度代わってしまって、その時に上手く引継ぎができないと断たれてしまいます。クラブ側も図書館側もアーカイブの引継ぎに関して個人的な力に頼るのではなく組織的に考えなくてはいけません。

Jリーグにも問題があります。四〇クラブあって、まともな会社組織として成り立っているのは一〇クラブくらいだと思います。本当はそれを指導しないといけない。人事異動を含めて情報・アーカイブの継続、サステナビリティーはどうやればちゃんと出来るようになるのか。

また行政側もちゃんと分かっていないと、異動した時に挨拶に来る時間もないので、それをクラブ側も理解しないといけません。図書館もそれをクラブに説明する必要があります。クラブは経営よりもサッカー好きが多いので、それ以外の部分は知らないことが多い。互いの事情を知ると継続性が生まれると思います。

［南］ありがとうございます。では、ジャーナリストの立場から川端さん、お願いします。

［川端］書く側の立場からすると、やはり資料が欲しいと思うことはよくあります。クラブに問い合わせると大抵の場合は『あるかもしれませんが分かりません』と返ってくる。担当者が代わって行く中で分からなくなったり、熱意のある職員が片手間でやってたりすると、その人がいなくなるとなくなってしまいます。その役割を図書館が担ってくれると嬉しいです。貧乏なクラブが多いので、人は定着しないし仕事は減らせません。そうするとアーカイブをするのは難しくなります。三国志の蜀にだけ歴史に関する部署が無かったので、記録が残っていません。Ｊのクラブはそんなところが多いと感じています。そういう時に図書館が地域として担ってくれればありがたい。

［南］ありがとうございます。同じくジャーナリストと図書館との関わりということで、ここで神戸市立中央図書館の松永さんにお話をいただきたいと思います。

［松永］神戸市立中央図書館の松永です。神戸市出身の元産経スポーツ編集部長、賀川浩氏が所蔵するサッカー関連資料図書約五〇〇〇点を受贈し、特別コレクションとして中央図書館内に開設する予定です。賀川氏はサッカーをされていた選手であり同時にスポーツ記者として、一九七五年から十年間編集部長をしていました。その時に集めた本を、高齢ということもあって神戸市に寄贈されました。その中にはイギリスで出た古い本もあり、日本サッカー協会の誕生にも言及しています。ご自身のウェブサイトもあり、とても充実しています。サッカーは横浜と神戸のどちらが先かという話ですが、広めたという観点からは神戸だと述べています。

初の法人である神戸フットボールクラブには田辺文庫というのがあり、将来的にはまとめて受贈したいと考えています。

連携については東京のサッカーミュージアムやライブラリと、また神戸市立の現館長は二〇〇二年のＷ杯で推進室の主幹として、さらに日本大会の組織委員会にも出向していたので機運があります。

来年はW杯の年でもあり、神戸もJ1復帰できたので、賀川さんの講演会をしたいと考えています。継続性というところでは、かなり大きな荷物を背負いました。これから継続的にサッカーの資料をずっと集めていけるかが課題です。

[川端] 僕らにとっては神みたいな存在で。サッカージャーナリストの先駆けで、八八歳の現役の方です。

[南] クラブの歴史のアーカイブについて各氏からお話をいただきましたが、愛媛県立の天野さんいかがですか？

[天野] 堀さんが『普段の図書館でやってる仕事の中でどこでもできる』という話がありましたが、地域の中に普段から目配りをしていないと、地域の資料は残らないという側面があります。今回はサッカークラブのことでしたが、他の地域で活動しているさまざまな団体にも目配りをして、その刊行物もアーカイブしていくことも重要だと思います。逆に、図書館が地域の資料をアーカイブしているということを、地域の組織・団体にもっとPRしていく必要があると思います。

竹中さんからあった『図書館側の組織的な継続』ですが、この連携を一過性のブームで終わらせるのではなく、続いて行くようにしていかなければなりません。また日本サッカー協会にはサッカーミュージアムの中にレファレンスルームがありますが、今回の神戸市立図書館のように公共図書館の中でサッカー資料が体系的に収集されることはなかったので、これもサッカー部の取り組みの成果と言えるのではないかと思います。

[南] ありがとうございました。では次の論点に進めます。地域活性化への貢献ということで、堀さんからおねがいします。

[堀] 地域の貢献で、何が得られたのかということですが、一言で言うなら変化が起きたということです。みんなが図書館のイメージを固定化していました。でも私は、図書館は基本的に枠が無いのではないかと思っています。だからこそコラボが生まれたと思っているのです。図書館がプロスポーツと何かをやる面白い発想、アイデアとしてお客さんが見てくれました。最初は面白がって見ていたのかもしれないが、結果的にいい化学反応が起きたと思います。それを図書館サイドから捉えると、常連にだけ情報発信していただけだったのが、新規の顧客を開拓したということになると思います。地

域に目を向けなくてはいけなくなってきたということです。

実際にJとのコラボによってそういう意識が図書館職員にも芽生えてきました。自分も何かアイデアを出したい、採用してくれるかもというういい化学変化が起きて、職員も地域を意識するようになりました。するとお客さんの、面白いねという部分が『図書館は』面白いねに変化していきます。もしかしたら次は何かやるのではという期待感が生まれて来ます。これらの起爆剤になったのがJとのコラボだと思います。

一〇〇年後にも今の図書館が必要だと思うが、そのための土台作りを今やっている感じです。アメリカで本の無い図書館がOPENしたが、もしかしたら二〇年後に今の図書館が無くなるかもしれない。その時に危機感を感じても遅い。図書館は必要だと思わせるための一石です。

[南] ありがとうございます。クラブの立場から竹中さん、地域の団体と連携しての地域活性化についてお話しください。

[竹中] 私がいた川崎市は、「プロスポーツが根付かない街」といわれ、これまでも大洋、ロッテ、ヴェルディなどの例があります。川崎（フロンターレ）も出ていくのではないかといわれます。

人口は一三〇万人。年間移動人口が一〇万人。ファンクラブも毎年一割が動きます。根付かないのは、クラブではなく行政に問題があると提起しています。クラブに行政担当の窓口を設けるのが大事です。これは、上層部だけじゃなくて事務レベルで専任が必要だと考えています。私はロビー活動でそれを提言してきました。

五年活動するとその時の相手が昇進していきます。クラブがロビー活動をする機能を持ち、クラブ側も行政の施策ニーズを把握することが必要です。お願いするだけじゃなく、返していかないといけないのです。ギブアンドテイクが成立するかどうかです。お互いのいい意味での緊張関係も作らなければならないし、川崎フロンターレ時代はその辺をポイントにしていました。

[南] それでは、どちらの立場でもない川端さん、地域におけるクラブの存在意義についてお願いします。

［川端］存在意義だと大きな話ですが、多彩だと思います。たとえばガイナーレ鳥取があることによって、今まで鳥取に行かなかった人が万単位で行くようになる。人を呼べるというのが行政にも分かりやすい効用です。

ファジアーノ岡山のサポーターが言っていたのは、今までクラブが無い時代は岡山を自分のバックボーンに感じられなかったが、できてからクラブやスタジアムに行く中で地域の人たちとの連帯感が感じられるようになった。喜怒哀楽を共有できるということは、特に地方都市では見えない部分で大事な役を担っているのではないでしょうか。

［天野］堀さんの連携で化学変化というのはそう思います。クラブはベンチャー企業のようにいろんな取り組みをしています。昨年のフォーラムに登壇された川崎フロンターレの天野春果さんの著書を読むと、図書館でも役立つ地域との連携のアイデアが山のようにあります。連携しないと見えてこないものがあると思います。ビジネス支援でも医療健康情報でも他と連携することによって初めて気づくことが必ずあります。

竹中さんの緊張関係を保つということについては、図書館がクラブにお願いするのではなく、一緒にやろうという協力関係を築くことが非常に大事だと思います。

川端さんの喜怒哀楽の共有ということでは、クラブとの連携をきっかけに愛媛に対する愛着をこれまで以上に深めることができました。

［南］続いて三つ目の論点。今後の課題、サポーターの課題解決の支援について。川端さんからお願いします。

［川端］二年半前の東日本大震災で、サポーターの力を実感しました。（選手は）ハンコなしで動けます。団体行動に慣れている分、どこよりも早く動き出すことができました。それに後からJクラブや日本サッカー協会が乗っかって大きなムーブメントになり、その時、彼らの力を感じました。

支援物資を横浜のマリノスタウンに集めた時、中村俊輔が突然現れ、支援物資を提供してくれて、さらに輪が広がって行った。サポーターの力を感じました。組織じゃない組織を地域の中で利用できればいいのかもしれないと思います。

［竹中］川崎フロンターレの中では、当初サポーターともめました。サポーターは客なので、パートナーとして話し合いをするのに苦労しました。図書館でもサポーターズミーティングをやろうとすると、各々仕事があるので昼間には来られない。やるとしたら夜の八時以降になります。相手の事情を図書館側も理解しないといけないということです。

もうひとつ、フロンターレには非公式のカメラマンや、歴代グッズコレクターがいます。陰で支えてくれる存在に図書館側で接触してもらってアーカイブしてもらいたいです。

また、行政が事業を継続していく手法として予算化させることです。そのためにフロンターレはロビー活動をしました。一度通ると予算は継続される可能性が高いと思っています。

さらに、行政内のコンセンサス（合意）を取るのが大変です。これもロビー活動で熱く語って努力しました。新しい無形文化財を自分たちで育てているという考え方、これから地域の宝になるものを図書館が記録していくということだと理解していただきたいです。

［南］私はふだん行政評価や事業仕分けにも関わっているので、予算は自動的には継続しないと思っていますが、外部評価や庁内での行政評価の場で自信を持って予算が必要だと説明してもらいたいですね。

［竹中］その時には、傍聴席にもフロンターレのサポーターを呼んで圧力掛けます。

［堀］サポーターの課題解決支援として菊陽町図書館ができることとして、相手目線でサポーターを見ているかというところで考えました。すぐ思い浮かぶのは、自分の応援するチームが強くなって欲しい、サポーターの仲間を増やしたい、自分の応援するチームを地域の人に知ってもらいたいという三つです。

チームを強くするのは図書館の仕事ではないので、図書館は残り二つの部分ならできるのではないかと思います。そのために、今やっていることを面的かつ時間的にも継続して広めていくことです。県内で本格的にやっているのはうちだけなので、仲間を増やしてネットワークを広げていきたいと考えています。そして、新しいことをやるということはサポーター支援になるかもしれない。菊陽町図書館としては、後ほど最後にお話ししたいと思います。

［天野］愛媛県立図書館には愛媛プロスポーツアーカイブスというコーナーがあります。その立ち上げの際に愛媛ＦＣのサポーターのグループにコンタクトを取りました。コーナーのコンセプトをお話しして協力をいただき、さらにグッズをたくさん持っているサポーターの方とつながり、お宝を図書館に託していただきました。そういう方が地域にいらっしゃるので、繋がると結構理解してもらえると思います。

地域に目を向けて人材を探し出すのは大事です。サポーターのミーティングを図書館に呼び込んだり、こちらから潜り込んだりしてみるのも有効です。サポーターのミーティングではクラブを強くするための話し合いをしていますが、お客さんを増やしてクラブを支える人を増やすことしか手はないということで、チラシ配りやバスツアーなどを自主的にやっています。飛び込んでみることで、取り組みや必要としているものを理解する手がかりが得られます。市民講座に出るような感覚でいいと思います。

大震災の時も、館内でサポーターグループの復興支援の取り組みを紹介したら、スポーツと縁がなさそうなお年寄の方が感心していました。やる意義はあると思います。

［南］さて、ここまで基調報告で示された三つの論点について議論をしてきました。まとめに入ります。まずは堀さん、今後の連携に向けた展望についてお願いします。

［堀］うちはホームタウンではないので、熊本市のスタジアムに出向く活動はやれません。地域のためにやることは二つです。それは、図書館色をより強めることと、そうでない部分の色も強めることです。前者は図書館の仕事の中で広げて深めていくということで、後者は観光パンフを配ったり観戦講座をやったり、図書館とは関係ない部分も広げていくということです。メッセージ性を強くすること、仕事に魂を込めることが大事だと思っています。心がこもっていない仕事は誰も見てくれません。小さくても下手でも、心のこもった仕事は訴えるものが強いと思っています。最終的にはやれるこ

とから、そして続けていくことです。誰でもチャレンジと職場で言っています。

［南］それでは同じ図書館の立場で天野さんから、今後の連携についてお願いします。

［天野］私は図書館海援隊サッカー部を代表する立場からお話します。クラブの歴史のアーカイブを支援したり、サポーターの課題解決を支援したりすることは、地域や住民が抱えている問題に対して図書館が情報提供をして解決のお手伝いをする、図書館海援隊の精神そのものです。（第二部の）生活困窮者支援の図は、転用してサポーターやクラブのために何ができるかを考えるための図にもできます。

図書館海援隊サッカー部というのは一見すると冗談めかした名前ですが、われわれの根っこの精神は、図書館海援隊そのものです。今はサッカーでのアプローチですが、担当が変わって医療健康情報支援やビジネス支援の担当になっても、培った精神やノウハウが役に立つと思います。組織としての継続も大事だが、携わった図書館職員の魂も持ち続けて積極的に取り組んでいけると思います。

［竹中］個人的見解ですが、これからの図書館はもっと大衆化・ファミリー化を含めて、マーケティングニーズを考えるべきです。それは、知のコンビニ化という考え方です。年間四億人が図書館に来ています。国民が年間三回は来ている計算です。これをもっと上げるには、ツールとしてJリーグを使えばいいし、（知識の象徴としての図書館もあるが）、大衆化を含めて、もっと客のニーズを掘り起こした方がいいと思います。

日本図書館協会の略称ＪＬＡは、Ｊリーグ（J League）と共通しています。もっと柔軟に考えた方がいいと思います。多少のノリは必要です。

あとは、これから育てる無形文化財としてのアーカイブの役割をしていると思って欲しい。Ｊリーグは百年構想を掲げています。市長には、川崎フロンターレは二〇〇年か三〇〇年はいるよと言っています。そのくらいのスタンスでやってもらえるとありがたいです。

［川端］　私も家のそばにある図書館でパソコンを開いて原稿を書いています。静かで居心地がいいが席の争奪戦になっている。ライブラリとしての機能は、将来的に紙の本が消えていく流れになった時、余ったスペースは椅子を増やして欲しいと思っています。

図書館の大衆化という意味では、新しい時代の図書館として、Ｊリーグ各クラブは結構力になれると思います。財政的に苦しく全体的にディフェンシブ（保守的）になっているので、Ｊリーグ側からのオファーは難しい状況です。竹中さんのような姿勢の人もなかなかいないので、図書館から積極的にアプローチして繋がってもらえると、Ｊクラブ側でも図書館以外とも繋がれるんじゃないかと意識が変わっていくかもしれないと感じています。

［南］　ありがとうございます。各自の立場からお話をいただきましたが、議論を会場の皆さんの今後のアイデアに活かしていただければと思います。ここで神代隊長からのコメントをお願いします。

［神代］　改めて大事だなと感じたのは、竹中さんのロビー活動についてです。図書館海援隊を始めた理由は図書館に対するアドボカシー（支持）を広めるためです。図書館は本をタダで借りられるだけでなく、地域活性化や課題解決に役立つという意味で市民には欠かせない施設である。だから予算も職員も増やしてほしいということを市民の側から言ってもらうためには、図書館側から働きかけないといけないと思っています。

海援隊の根底にある問題意識はJリーグの百年構想と重なる部分が多いと感じています。医療健康情報や就労支援、スポーツとの連携など、一見図書館とあまり関係なさそうな分野ですが、実は繋がっているということです。（昨年の図書館総合展で川崎フロンターレプロモーション部長の）天野春果さんが言っておられた、「図書館とJリーグクラブは実は似ている」という発言を、図書館関係者もぜひ心にとめて取り組んでいただきたいと思います。

［南］　ありがとうございました。本日、Ｊリーグ事務局の方がいらっしゃいます。Ｊリーグの中におられる方の個人的な感想ということで、青山さまにコメントをいただきます。

〔青山〕 青山です。図書館の中でJリーグの活動を紹介していただいてありがたいと思っています。図書館の抱えている課題は、Jリーグが持っている悩みや考えと共通部分が多いと感じています。(図書館の) 活動が知られていないと言っておられましたが、Jリーグクラブもただサッカーをしているだけと思われています。

私が担当しているホームタウン活動はどうしても出て行きにくい部分なので、図書館の力を借りることでより地域の方に知っていただく機会が増えると思います。Jクラブも地域の課題解決に役立っていかないといけないと思っています。今後さらに連携が重要になってくると思うのでよろしくお願いします。

〔南〕 皆さま本日は誠にありがとうございました。

〔祖父江〕 それではこれをもちまして、第三部を終了します。長時間ご清聴ありがとうございました。

▲パネルディスカッション

困ったときには図書館へ

～図書館海援隊の挑戦～

2014年10月31日　初版第一刷発行
2015年 5月 1日　初版第二刷発行

編　著　神代　浩
発行人　佐藤　裕介
編集人　三坂　輝
発行所　株式会社 悠光堂
〒104-0045 東京都中央区築地 6-4-5
シティスクエア築地 1103
電話　03-6264-0523　FAX　03-6264-0524
デザイン　ash design
印刷・製本　株式会社シナノ

ISBN978-4-906873-21-0　C3000